活在大汉

·历·史·旅·行·指·南·

祁莫昕 ◎ 著

四川人民出版社

图书在版编目(CIP)数据

活在大汉 / 祁莫昕著. — 成都：四川人民出版社，2018.1（2019.4重印）

ISBN 978-7-220-10620-0

Ⅰ.①活… Ⅱ.①祁… Ⅲ.①中国历史—汉代—通俗读物 Ⅳ.①K234.09

中国版本图书馆CIP数据核字（2017）第309133号

HUO ZAI DAHAN
活在大汉
祁莫昕 著

责任编辑	陈　欣
封面设计	周　正
版式设计	罗　雷
责任校对	袁晓红
责任印制	李　剑

出版发行	四川人民出版社（成都市槐树街2号）
网　　址	http://www.scpph.com
E-mail	scrmcbs@sina.com
新浪微博	@四川人民出版社
微信公众号	四川人民出版社
发行部业务电话	（028）86259624　86259453
防盗版举报电话	（028）86259624
照　　排	E本图书
印　　刷	艺堂印刷（天津）有限公司
成品尺寸	170mm×240mm
印　　张	19
字　　数	280千字
版　　次	2018年3月第1版
印　　次	2019年4月第2次印刷
书　　号	ISBN 978-7-220-10620-0
定　　价	49.00元

■版权所有·侵权必究

本书若出现印装质量问题，请与我社发行部联系调换

电话：（010）82021443

前言
[FOREWORD]

欢迎穿越时空隧道，来到富丽、有趣的大汉王朝。

这是一个神奇的王朝，人们都爱穿开裆裤，大家没事都爱跪着；这是一个刺激的王朝，仕途之路充满了各种凶险，外戚宦官也包藏了不少祸心；这更是一个充满了新奇的王朝，异域来的美食、美人，充满刺激的蹴鞠、斗鸡，甚至还有令人脸红的红灯一条街，让人心跳的宫廷K歌房……

这样的王朝充满了诱惑，可你要想在这样的王朝搞点事情，可不是一件容易的事。首先你得懂规矩，跟人说话的时候可别瓢了嘴，"汉范儿"官方语言可得悠着点儿说。跟人打交道，也得谨遵谦逊的礼仪规范，别见了好吃的就生扑。进了官场，那规矩就更多了，汉朝公务员的工作一点都不轻松，不管是在秘书处里写会议纪要，还是在军队里建功立业，都得谨慎小心，否则就有各种"奇葩"大刑等着拿你开荤。当然，也许你对自己的生财之道很自信，想要在商海里打拼一番，那么各种民间铸钱和官方白鹿币也得搞清楚，可别一不小心收了一屋子假币，那可就白忙活了。

其次你要有文化，大汉的开放程度远超你想象，长安是真正意义上的国际大都会，堪称"宇宙中心"。你得懂点儿外语才能和丝绸之路上来朝觐的客商交流，还得具备一定的物理学知识才能和当时的科学大拿汉代"乔布斯"们聊几句。兵器、瓷器，有许多新兴的技术冒出来，你多少要懂点儿。出门去楼兰、精绝这样的古国度个假，你也得了解点儿这几个旅游胜地的历史人文，说不出个三六九还真容易被人看不起。

若想让你的大汉生活活色生香，你还得有品位。大汉人民可是不折不扣的"城会玩儿"，乐舞百戏、蹴鞠斗鸡，不管是文艺的还是运动的，各种新奇玩意儿能让你"嗨"上三天三夜。如果想要站在潮流前沿，愁眉、啼妆、堕马髻、遮阳帽、留仙裙，这些时尚玩意儿你可不能落伍。就算出去吃个饭，你也得会吃生鱼片，能喝鲜豆浆，这才算是会享受生活。如果能穿上胡人服饰来点儿烧烤，那可就能晋升"网红"了，"迷弟""迷妹"们自然不会少了。

泱泱大汉，就是这么潮！来到这里，你可以享受不一样的穿越体验，你会一边惊叹他们的智慧，一边为有趣的生活欢呼，就算没有Wi-Fi，你也一定会爱上这里的生活。

来吧，一起穿越啊！去我大汉朝，"汉范儿"走起来！

目录
[CONTENTS]

第一章　初来乍到，一定会用上的社会常识

这里人都穿开裆裤，你能入乡随俗吗
　　——汉服·················· 2
天黑了，赶紧找个旅馆投宿吧
　　——宵禁制度··············· 11
路不能乱走，车不可乱坐
　　——车辇制度··············· 17
想当黑户不容易
　　——户籍制度··············· 24
椅子是什么东西？你得跪着坐
　　——家具·················· 30
孔融让梨，你请吃大的
　　——汉代礼仪··············· 36
祭祀烝尝，只可观不可玩
　　——祭祀器物··············· 42

专题：世界第一大都会长安
有哪些必去之处·············· 50

第二章　别糗在不懂政治上

班固咸鱼翻身记
　　——"公务员"体制············ 58
军事明星李广为什么难升职
　　——军功爵制··············· 63
司马迁的人生悲剧其实可以改变：赎
　　——刑罚·················· 69
曹丞相，你究竟是个多大的官
　　——三公九卿··············· 78
皇上要削减咱的封地？七国齐吼："反了！"
　　——分封诸侯··············· 83
蠢萌皇后成长记
　　——外戚干政··············· 89

专题：宦官外戚轮流当班的闹剧 ················ 94

第三章 "经济半小时"开播

只要有铜，你就能造钱
　　——民间铸钱 ················ 100
敲竹杠利器：皇上发明的奇葩白鹿币
　　——币制改革 ················ 105
做农民，最牛气
　　——重农抑商 ················ 110
装修买灯具，快到这里来
　　——汉代灯具 ················ 115
你这衬衣太皱了，给你熨熨
　　——日用杂品 ················ 123

第四章 科技文化改变生活

神器在手，再也不用担心地震了
　　——张衡和他的地动仪 ················ 130
竹简太沉，绢帛太贵，换用纸吧
　　——蔡伦造纸 ················ 135
牛先生，有了你，咱们的日子算是轻松多了
　　——汉代的农耕发展 ················ 141
人们都看什么畅销书
　　——汉代的书籍 ················ 146
别嫌这花瓶破，那可是古董
　　——汉代的陶瓷 ················ 152
香水什么的，绝不是COCO小姐的专利
　　——汉代的香薰 ················ 157

第五章 对外交往不容易

太尴尬！匈奴单于写给吕太后的情书
　　——汉匈和与战 ················ 164
穷游西域，楼兰、乌孙、姑师、精绝挨个逛
　　——消逝的古国 ················ 169
悲催的苏武，从使臣混成放羊倌
　　——不好当的使臣 ················ 173
带上丝绸，跟着甘英去趟古罗马
　　——丝绸之路 ················ 178

　　　　专题：两汉通西域的稀奇事儿 ………… 183

第六章　花样繁多的娱乐生活

皇家动物园与天子狩猎场
　　　　——上林苑狩猎 ………… 188
魔术、杂技乐翻天
　　　　——乐舞百戏 ………… 194
没有麻将的日子，我们都这么玩
　　　　——六博、射覆、藏钩 ………… 201
公元前140年，我们这样过节
　　　　——节日 ………… 207
汉乐府建好了，咱们去K歌
　　　　——宫廷娱乐项目 ………… 213
　　　　专题：汉朝的足球比赛 ………… 220

第七章　那些年，大家一起追过的潮流

愁眉、啼妆、堕马髻、折腰步、龋齿笑
　　　　——本朝最时尚扮相 ………… 226
长裙虽好，裙摆记得撩
　　　　——留仙裙引领的女装风潮 ………… 234
"奇葩"无数，彪悍人物辈出的年代
　　　　——游侠之风 ………… 238
汉武帝的神仙梦
　　　　——求仙问道 ………… 246

第八章　婚姻围城里的那些奇趣事儿

刘邦后宫里出了个女汉子
　　　　——宫斗 ………… 256
色衰而爱弛，爱弛而恩绝
　　　　——皇帝艳遇的代价 ………… 267
冲破世俗女追男
　　　　——女性的幸福生活 ………… 275
王太后再婚，长公主改嫁，这都是家常便饭
　　　　——婚姻自主权 ………… 282

　　附录 ………… 292

第一章 初来乍到，一定会用上的社会常识

从随意放纵的现代文明来到韵味悠长的大汉地界，在演绎英雄美人的故事之前，首先你得懂规矩。衣、食、住、行，举止言谈，都得按照『汉范儿』来。穿着开裆裤，走路紧靠边，住店会打尖儿，这都是『汉范儿』国民必须要具备的基本素质。你准备好了吗？

[历史旅行指南·活在大汉]

这里人都穿开裆裤，你能入乡随俗吗

⊙ 汉服

五十六个民族，五十六朵花。小时候每当看着少数民族的人们穿着他们的特色服装走来时，我就既难过又羡慕，总遗憾自己不是个少数民族，没有鲜艳的民族服装。直到有一天，我认识了汉服，看着那大大的袖口、飘逸的腰带，就想让人翩翩起舞，终于感到我们汉族的服装毫不逊色于那些色彩艳丽的少数民族服饰。

我们现在穿衣服，伸个腿，抬个手，套个头，谁不会呀？可是这穿汉服，你还真别想得那么简单。你别不信，我们先来看看汉服的结构，你再说简不简单。

直裾式素纱禅衣·西汉

⊙马王堆汉墓一号墓出土。湖南省博物馆藏。交领，右衽，直裾式，袖较宽，用精缫蚕丝织造，面料为素纱，缘为几何纹绒圈锦。素纱丝缕极细，重仅49克，还不到一两。是世界上最轻的素纱禅衣和最早的印花织物。

▫ 交领右衽，你别穿错了

我们现在的衣服，衣领相对来说是很简单的，不过是围着脖子绕一圈，变化不大，区别也就是有个圆领、鸡心领，至多给你整个一字领。但汉服的衣领可不一般，光听名字"交领"，就知道和今天的衣领不一样。

到底什么是交领呢？你仔细看我给你比画：左侧的衣襟与右侧的衣襟交叉于胸前的时候，形成的领口，在外观上表现为"y"字形，形成整体服装向右倾斜的效果，这就叫作交领。需特别注意的是，左侧衣襟和右侧衣襟交叉时，一定要让右襟掩覆于内，称"右衽"，这就是汉服在历代变革款式上一直保持不变的"交领右衽"传统。

但是，你肯定会好奇，为什么一定要"右衽"而不能"左衽"呢？这是因为在中国历来都"以右为尊"。所以，你要是把汉服穿成"左衽"，那就不光是不好看了，简直就是不尊！你自己不尊重自己，让人看着也觉得有失庄重……

有点复杂？那么多讲究？还真没办法，谁让你来到了一个讲究的时代。你要是不愿入乡随俗，以后的麻烦可还多着呢！你不信，接着往下看，光这衣领咱还没有唠叨完呢。

除了交领，衣服的领子还有"直领"和"盘领"，作为交领的补充。直领最简单，就是领子从胸前直接平行垂直下来，不在胸前交叉，有的在胸部有系带，有的就直接敞开。这种直领的衣服，一般穿在交领汉服外面，在罩衫、半臂、褙子等日常外衣款式中会经常用到。盘领在男装中比较多见，领形为盘子状的圆形，但也是"右衽"的，在右侧肩部有系带，这种盘领大部分用在汉唐官服中。

褒衣广袖，天圆地方

咱们见识了衣领，该往下看看，与这些讲究的衣领相称的衣裳是什么。不知道你对于西方女人的胸甲和裙撑是不是有印象？没错，就是那看起来胸大腰细，穿着特别有味道，但实际能把人勒得喘不过气来的西方经典装束。你是不是还曾经为此感慨过呢？和这种风格的礼服相比，咱们汉代的礼服真可谓大有不同。

汉服的袖子又称"袂"，袖宽且长是汉服中礼服袖形的一个显著特点，这个造型在整个世界民族服装史中都是比较独特的。可以说，当时要是有个世界时装展，那汉服仅仅凭着袖子就能走在时尚界的前端。

当然，我们都知道中华文化博大精深，这么一个大袖口，绝对不只是走时尚路线那么简单。汉服的袖子，也就是"袂"，其实都是圆袂，代表天圆地方中的"天圆"。但并非所有的汉服都是这样，只有汉服的礼服是宽袖，显示出雍容大度、典雅、庄重、飘逸灵动的风采。

汉服的小袖、短袖也比较多见。主要有这几种：参与日常体力劳动的庶民服装、军士将领的戎服、取其紧袖保暖的冬季服装等。

简而言之，大袖口的礼服是少数，毕竟大多数人不过是普通老百

彩绘侍女俑·西汉
⊙侍女俑所穿曲裾袍通身紧窄，裙长曳地，裙口呈喇叭状，行走时不露足，雍容典雅。这是汉朝时期女服中最常见的一种样式。

姓，要进行日常生产，要挥舞胳膊去劳动，整这么一件正式的广袖衣服穿着，如果扛锄头的时候挂住了锄头把，舞镰刀的时候连衣袖一起割开了，这哪里是干活呀，简直是添堵……因此你知道，高大上的广袖衣服通常用于极正式的礼仪场合或极休闲的家居场合，这个极休闲的家居场合请你参考各大皇室。

汉服中还有一个不起眼的部件叫作"隐扣"，其实也没完全"隐"，包括有扣和无扣两种情况。大部分情况下是不用扣子的，都是用带子打个结来系住。即使有非用不可的扣子，也是把扣子隐藏起来，不显露在外面。这个部件的存在，主要保证衣服能够穿得稳，不管细节部分要加多少配饰，或者外面还要套怎样好看的"外衣"，你首先都得将身上这件衣服穿稳，穿板正吧。

可是，不管是带子束缚，或者隐藏扣子，看上去都太普通了，因此在汉服的腰间还有高端、大气、上档次的大带和长带。所有的带子都是用制作衣服时的布料做成，绝对配套，环保且别出心裁，那叫一个洋气啊！

一件衣服的带子有两种，第一种实用性比较强，穿起来也复杂点，左侧腋下的一根带子与右衣襟的带子是一对打结相系，右侧腋下的带子与左衣襟的带子是一对相系，将两对带子分别打结系住完成穿衣过程。不知道你看明白没？

另外一种是腰间的大带和长带，它不仅实用，而且有装饰性，最重要的是它象征着权力。这个好理解，你就看谁的腰带粗呗。接下来再配个腰饰，主要有佩韨、佩玉、佩印、佩绶、佩鱼、佩牌、佩饰等，这个配饰尽显低调、奢华、有内涵！

开裆裤，你敢穿吗

行了，折腾了半天，这衣服是差不多了，裤子还没穿呢。穿裤子前，你还是得先把衣服分分类。

汉服的款式繁多复杂，且有礼服、常服、特种服饰之分，我们按照整体结构给它分三大种类。

第一种是"上衣下裳"的连裳制，上下连裳制最典型的就是深衣。为什么？不为什么，就因为它上下相连呗，"被体深邃"，称之为深衣。包括直裾深衣、曲裾深衣、袍、直裰、褙子、长衫等，属于长衣类。也就是类似今天的大衣、风衣那种风格。

一体是为了方便，上下分裁是有文化内涵的，是为了遵循古制传统。深衣适用范围那叫一个广，不仅男女皆宜，可在日常生活中穿，是一种非常实用的服饰，同时还可被用作礼服。当然，它也是君主百官燕居时的服装。燕居指非正式场合。既然是在非正式场合，那最适合穿的就是休闲服。这个深衣很了不起，普及率很高，流传三千多年，从先秦到明代末年，并形成了一个听起来就很高端的服制——深衣制。

第二种是"上衣下裳"分开的"深衣"制，分为上身穿的和下身穿的衣物。这个深衣要比前面那个复杂，而且高档，包括冕服、玄端等，是君主百官参加祭祀等隆重仪式的正式礼服。并规定"衣正色，裳间色"，也就是说，上衣颜色端正而且纯一，下裳则色彩相交错。这种颜色的严格要求可不是随便规定的，这种颜色搭配好比是"天玄地黄"，因为天是轻清之气上升而成，所以用纯色；地是重浊之气下降而成，所以用间色。这穿的不仅是衣服，更是智慧啊！

第三种为"襦裙"制，主要有齐胸襦裙、齐腰襦裙、对襟襦裙等，实质上也属于上衣下裳制，只是这种衣服没有太多的礼仪规定，也就是一般

游大汉指南

汉服的纹饰上喜欢采用带有吉祥寓意的图纹，如"六合同春""五谷丰登""锦上添花"等图案。同时，依据不同的场合，也会选择不同的纹饰。如新婚婚服和恋人互赠的信物上往往采用鸳鸯为主的图样，如"鸳鸯同心""鸳鸯戏水"等；寿诞则往往采用"松鹤长寿""鹤献蟠桃""龟鹤齐龄"等意味着长寿的图案。

至东汉明帝，参照三代和秦的服饰制度，确立了以冠帽为区分等级主要标志的汉代冠服制度。服饰在整体上呈现凝重、典雅的风格。秦汉时期的男子，主要穿着的是一种宽衣大袖的袍服，主要分为曲裾袍和直裾袍两类，除了祭祀和朝会以外，其他场合均可穿着。汉代女子一般都将头发向后梳掠，绾成一个髻。髻式名目繁多，不可胜举。此外，贵族女子头上还插步摇、花钗作装饰。汉代对鞋也有严格的等级规定。

上衣下裳的典型是深衣。深衣的典型是上衣和下裳分开裁剪，在腰部相连，形成整体；上下连裳，在裁剪上就是分别裁好上衣和下裙，然后再缝缀在一起，最后衣服还是一体的样式，大概就像今天的套装。衣服缝成

的常服。既然是"裙",那肯定是女性服装,加上当时女子的发型,更是特色尽显。对了,说到发型,汉代女子的发型,一般都是绾髻,从头顶中央把头发分开成两股,再将两股头发编成一束,由下朝上反搭上去,挽成各种式样,有侧在一边的堕马髻、倭堕髻,有盘髻如旋螺的,还有瑶台髻、垂云髻、盘桓髻、百合髻、分髾髻、同心髻等。一般老百姓的发髻上不加包饰,而皇后就首饰繁多了,比如金步摇、笄、珈等。综上所述,"三面梳头,两截穿衣"是典型的传统汉族女子的服饰特点。

行,分类大概完了,接下来,咱开始穿裤子吧。

据说呢,汉朝的裤子都是开裆裤。别慌,你先听我说完,那个开裆裤和今天奶娃娃穿的可不一样。如果你用现代婴儿的开裆裤式样去理解古代开裆裤就不对了。古代的开裆裤用于保暖,也就是说开裆裤不会让你"走光",开裆裤里面还会穿着有裆的裤子!"开裆裤"其实是我们的说法,古人把它叫作"袴",不知道你觉得怎么样,反正我是觉得不太好听。

好在后来改名了,称"套裤",里面有裆的裤子叫作"裈",套裤穿着的时候裤腰会形成很大的交叠,加上里面的裤子和衣摆的遮挡,不仅不露,而且还挡得很严实。

在过去,还有相当一部分人认为套裤是农耕民族的专属,甚至还以此嘲笑农耕民族缺乏创造力。在今天看来,这种嘲笑是对历史的不甚了解。我们翻看历史资料可以发现,游牧

陶彩绘仪卫俑·西汉

⊙俑高49厘米,出土于徐州铜山北洞山一座西汉时的楚王陵。徐州博物馆藏。俑有真人体高的三分之一,塑工精细,施彩鲜明。身穿右衽长袍,腰系红色腰带,左侧佩长剑,背背箭箙,箭箙红带结系于胸前。面部墨绘眉目胡须,朱红点唇,颇显生动传神。

第一章 初来乍到,一定会用上的社会常识

陶彩绘拱手跪坐俑·西汉

⊙1995年陕西省西安市阳陵陪葬墓园出土。汉阳陵博物馆藏。俑朱唇黑眉,面容清秀,一袭深衣,正是现实生活的写照。这种俑塑绘出女性的美丽、娴静、细腻的韵致,足以令人倾倒。

彩绘立俑·西汉

⊙1972年长沙马王堆一号汉墓出土。湖南省博物馆藏。马王堆一号汉墓共出土了101件彩绘立俑。其神态、服饰、发式基本相同,大小也差不多。系以一木料雕刻出人形和衣着轮廓,然后敷白粉为地,墨绘眉目,朱绘两唇。以红黑二色彩绘衣着纹饰。衣着为长袍,全部为交领右衽,广袖曲裾,有少数领口稍向外翻。袍缘绘出黑底红花织锦,袍上花纹除有七件为菱形纹外,其余全部为云纹。曲裾向右后方包裹转至左前方,然后以朱带拦腰系住,即所谓"右衽"。两手垂拱于袖中。头顶作发髻。

陶彩绘舞俑·西汉

⊙美国纽约大都会艺术博物馆藏。此陶制舞俑身着的服饰即为"上衣下裳"的连裳制深衣。上下分开裁剪,腰部相连形成整体。

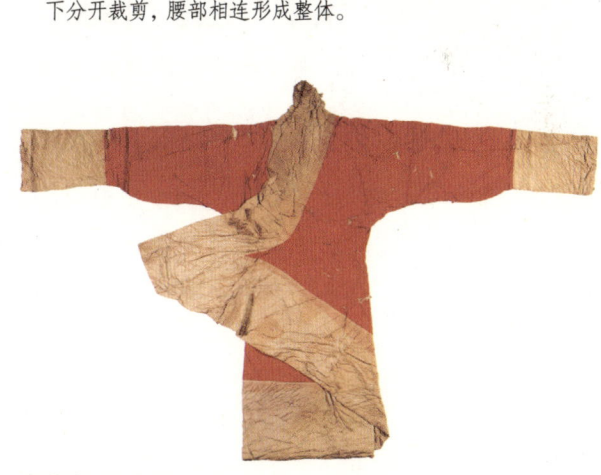

朱红菱纹罗丝绵袍·西汉

⊙1972年长沙马王堆一号汉墓出土。湖南省博物馆藏。朱红菱纹罗丝绵袍上衣下裳相连,衣领相交,衣襟由左向右折到右侧身旁。这种款式在西汉早期贵族妇女中广为流行。朱红菱纹罗面料是一种单色的暗花绞经组织丝织物,由两根经丝相互绞转织成,具有特别明显的方孔。这种方孔不易发生滑移,十分牢固。

民族和农耕民族一样会穿套裤，而且还非常普遍。例如匈奴人、粟特人、突厥人、女真人、契丹人、蒙古人、满洲人等全都穿过套裤。所以说套裤并不专属于某个民族或族群，只是和气候有关，比如北方寒冷地区穿套裤的概率要远远高于相对温暖的南方，这个就太好理解了，就像今天的秋裤，天气冷的地方穿秋裤的概率必然是要高于天气热的地方。

现在，开裆裤，你敢穿了吗？

"襌衣"还是"禅衣"

素纱襌衣常常被误写为"素纱禅衣"。这样的误会是如何造成的呢？自然要从素纱襌衣的得名说起。素纱襌衣是长沙马王堆一号汉墓出土329-6号物品，用纱料制成，因无颜色，没有衬里，出土谴册称其为素纱襌衣。襌衣的命名是有古代文献可依的。例如，《说文》中记载，"襌，衣不重也"；《释名·释衣服》中也有言，"襌衣，言无里也"，"无里曰襌"。"襌"属于生僻字，认识并理解其含义的人并不多，这便容易造成传播过程中因为偏旁的缘故，经常将"襌"误作"禅"。事实上，有学者对此进行研究，指出"禅衣"的错误源自马王堆一号汉墓考古报告和织物分析。在《长沙马王堆一号汉墓出土纺织品的研究》中，内容均为"襌衣"，但有多处标题误作为"禅衣"，应是分析报告中的用字错误。然而，报告中的这一用字错误却被后来的人多次引用，以致造成流传甚广却又影响极大的出土文物之定名错讹。

[历史旅行指南 · 活在大汉]

天黑了，赶紧找个旅馆投宿吧

——⊙ 宵禁制度

第一章 初来乍到，一定会用上的社会常识

　　在大汉朝玩得挺高兴，兴致高涨时你是不是想多玩会儿？心里想着喝点小酒，听听小曲，看看夜景之类的。怕不尽兴就玩上一通宵，大不了白天再回去补觉。得了，你慢着，先别想那么美好，这是哪儿，你还记得不？大汉朝啊！对呀，所以在咱们大汉朝，哪儿能容你通宵玩啊，天黑了你要还不回去，在大街上溜达，就叫违反宵禁令，你可别不当回事。这违反宵禁令的人轻则拘禁，重则就地正法。所以在这大汉朝，你还是要早点回去歇着，别没事儿总想着玩通宵。

▫ 宵禁令从何而来

　　翻翻历史书，我们不难发现从商周时期就有了宵禁令，而且一直延续到隋唐时期。生活在那个时代，如果你想约一两个闺蜜、损友找个有情调的饭馆吃个晚饭、喝点小酒、聊聊天，再借着酒劲吼两嗓子，来个对酒当歌，人生豪迈，那你就省省吧，饭店在天黑之前必须关门，你根本吃不上。你要实在想在外面吃一回饭，也不是不行，你得等，等到什么时候呢？就是上元节，也就是元宵节，这个时候你就能在外面玩一晚上了，不过不是到处都能去的，这

11

壁画《宴饮百戏图》(局部)·东汉

⊙1959年河南新密打虎亭二号汉墓出土。《宴饮百戏图》是一幅长7.3米、高0.7米的巨幅壁画。画面的上边绘彩色帐幔，其下绘百戏图。画的左部绘红地黑色幄幕，其前绘有大案，案面绘朱色杯盘。案前围坐二人，身着长衣，似为墓主人宴饮图像。幄幕两侧各绘四个衣着不同的侍者，案前绘有跪、立的人像。画面上下两边各绘一排贵族人物，他们身穿各种不同色彩的袍服，跽坐于席上，宴饮作乐，观看百戏。图中绘有跳丸、盘舞等多姿献技的百戏图像。

个元宵节解除宵禁令一晚的特权仅限于京城。

不过也别急，到了晚唐时期就舒服多了，宵禁令也松弛了许多，管得没那么严。以前饭店关门早，吃不着晚饭，到晚唐时期，不仅能吃晚饭，还能逛夜市，想想跟我们现在晚上散步逛地摊差不多，应该挺热闹。要是逛饿了，还可以进饭店接着胡吃海喝，因为饭店很晚才关门，甚至饭店老板一高兴，一晚上不关门也是可以的。

如果你觉得到晚唐的时候就已经很不错了，那我告诉你，先别这么早下定论，再过个百八十年，到五代及宋朝时期，那简直爽翻天了，宵禁令几乎已经废除了，夜市空前繁荣，北宋时期的开封都快成不夜城了。

但是，有高峰就有低谷，到元明清三代，宵禁令卷土重来，而且来势凶猛，尤其是明清时期，不仅会关城门，而且在大街交叉路口都要拦起栅栏，栅栏门口有关卡，设有"卡房"，类似于现代岗亭，都由官府的衙役看守着。栅栏昼开夜闭。不过按照规定，这晚饭你还是能在外面吃的，只是你得早点回去，听曲儿、唱歌什么的就免了罢。

▫ 宵禁令，你敢不遵？

在这个有宵禁令的朝代，天一黑你就赶紧回家吧，别在外边儿磨蹭。如果你抱着侥幸心理想着晚两分钟回去没关系，我跟你说，这可千万使不得，这不像回你家小区，回去晚了还可以叫保安给开门。你要在这大汉朝晚回去了，在路上被人抓着了可就不那么简单了，那是犯罪，你还别不服，罪名称"犯夜"。真有这罪名，不信你看《汉书·李广传》，其中记载有一次李广带着一个随从骑马外出，和人在郊外饮酒。回到霸陵亭的时候，恰好霸陵尉喝醉了，大声斥责李广，李广的随从回答说："这位是过去的李将军。"霸陵尉回答道："就是现在的将军也不许晚上出来，何况是过去的将军。"让李广直接待在了霸陵亭下。通过这个故事，可以看出汉代宵禁还是很严苛的。

所以说别小看宵禁令，在那个年代它可是被写进法律的。法律把宵禁令称为"夜禁"，并对其做出了详细的规定：一更三点暮鼓一敲，禁止出行；你想出去就要等到五更三点晨钟响了才行。要是二、三、四更还在街上逛的，笞打四十下，要是在京城街上逛的，就要打五十下。我们来算一下，古代的一更就是现在的晚上7点到9点（戌时），9点到11点为二更（亥时），夜里11点到1点为三更（子时），凌晨1点到3点为四更（丑时），凌晨3点到5点为五更（寅时）。也就是说，晚上7点多就不能出去了，更何况晚上9点以后还在逛大街，那是会受到惩罚的。当然百姓要有个什么十万火急的事还是可以破例的，比如疾病、生育、死丧就可以在宵禁时通行。

晚上有这么严的制度管着，那逛逛夜市总可以吧？夜市不是东西便宜，还有很多小吃吗？这个也不违法，怎么就不行呢？

你还是先淡定，再听我说。实在不好意思，在汉朝，还没有"夜市"

← ← ← 游大汉指南 → → →

既然汉代的老百姓生活有那么多的限制，如果严格按照法律要求来办，基本上没什么娱乐活动。而且明确规定"三人以上不得聚饮"；当然，假如朝廷有重大庆典的时候，皇帝会特许臣民聚会欢饮，此谓"赐酺"，一般会有三天时间的大吃大喝，不加禁止。

第一章 初来乍到，一定会用上的社会常识

这回事！为什么？因为从更早的时候起就一直有宵禁制度了，国家或者地方都有严格的规定，天黑了没事儿就洗洗睡吧，你要是出门闲逛，很可能被冠名"非奸即盗"，一旦被抓就是各种惩罚。你想想，谁敢约上一帮人在街上摆夜市摊子呢？因此，你要是随便逮着个路人问"长安城最热闹的夜市在哪里"，人家肯定会一头雾水，觉得你不知所云，因为这个词是那么的陌生！

陶彩绘舞俑·西汉

好吧，咱不逛夜市，可是这青楼讲究灯红酒绿，总不能大白天开门做生意呀，可晚上又要宵禁，到底这生意怎么做下去？

你还真是替古人操心。可以说，在汉朝施行的是"官妓"，那些退休的老鸨想要张罗一堆姑娘挣点男人的钱还是很困难的，至少办不到营业执照，当然也不敢光明正大做生意。

"上有政策，下有对策"，只要有人敢偷偷摸摸经营，就一定有人敢铤而走险地去光顾，这就不是咱们能够操心的了。

从大方向来看，7点就不能出门，确实是有点不好玩。所以肯定不会每个人都遵守规定。既然规定只是说夜晚不能在街上逛，那就在自己家玩，只要不出门就行。在古代，比较有生活情趣的人就常常邀请朋友到家里饮酒玩乐，玩晚了就留宿，一夜不出门就OK了。那些逛妓院、泡酒馆的人就在宵禁规定的时间之前赶到，直接夜不归宿，第二天再回家。

在有宵禁的时代，你若想赏赏夜景，

只有在一些节日里才行。比如历史上的明成祖时，每逢元宵节，北京城内张灯结彩，灯市贩售各种花灯，还有妇女群游祈免灾咎的习俗。也就是说，只有在这样特殊的日子里，你才可以明目张胆地当一回"夜游神"。

宵禁令也有一些好处

实施宵禁，官府也没闲着。每个驻有官府的地方一到晚上，就得严严实实地封锁城门，禁止出入。城门的钥匙必须交到官府内衙。到了清代就更严了，城门钥匙官府都没资格管，得交给地方驻军长官。即使是城里的最高级文官晚上有紧急公务要出城，也要向驻军长官申请领钥匙。

其实这样严格的宵禁令对于老百姓生活来说也没什么妨碍，只是对于有些需要夜黑风高才能行动的人来说，就是个挺大的问题。比如歌伎舞女夜间演出，回家时就会比较麻烦，除非她们的服务对象是执金吾，那就万事大吉。否则，想这么悄悄地走回去门儿都没有。一旦抓着了就有可能被惩罚，保管再也不敢犯第二次。

接下来，我们说说会被宵禁令"妨碍"的行为。最典型的是赌博，那可是历代法律严令禁止的，但是依旧屡禁不止。赌徒为避人耳目，在有宵禁令的年代都要冒着危险在晚上聚赌。常常赌得天昏地暗，直到夜深人静时，输光了的赌徒才想起来回家。可是大半夜的城里的道路都已封禁，不准通行。赌徒们就会绕道走一些比较荒无人烟的路，甚至过一两个臭水塘子。即便是这样仍会被巡夜的更夫或者是巡逻的长官拦下盘问，赌徒支支吾吾、面露难色便难免会露馅儿。

赌博一直都不是什么好事，不少赌徒也不是什么大好人，这些赌徒害人害己的故事，在当时的书里就已经揭露了不少，更有一些精彩的篇目记载了赌徒逃避宵禁的各种办法。那些有权有势的赌徒就利用权势逃避宵禁。比如明代时期一个父亲是布政使（相当于当地行政长官）的赌徒，就大大咧咧地说："夜深了，打上我这盏布政司灯笼，栅栏上也没人敢拦；锁了栅栏，他们也不敢开。"这家伙，一听就是个"坑爹货"。

先不管他是不是"坑爹"，总之很多有权有势的人是不把宵禁放眼里的。比如汉代著名的游侠郭解，宵禁对于他这样的人来说简直可以视如无物，毫无约束。

陶彩绘乐舞俑（一组）·汉

《汉书·游侠传》里面有两个关于郭解的小故事，都是与夜间活动有关的。一个是讲洛阳有两个人之间有仇，洛阳城里的贤士豪绅居间调停了十几回，毫无结果。于是有人就找到了郭解，请他出面调停。郭解深夜去见仇家，仇家勉强听从。郭解对仇家说："我听说洛阳的头面人物多次调停，你都不答应。你现在能听我的，我怎么能以外人而驳了洛阳头面人物的面子？"连夜就走，没人知道。并且告诉仇家："不必听我的，等我走了之后，让洛阳的头面人物调停你再答应化解仇怨。"可见像郭解这样的"教父"级人物宵禁是毫无用处的。

郭解这样的人物尚且如此嚣张，公然犯禁，那其他与之关联的人物就更明目张胆了。郭解个子不高，平时很有礼貌也很自律，出门从不骑马，也不会坐车直入县衙。去别的地方，能办的事绝对办到，办不到的事一般都会尽力协调，令双方都满意了才会接受宴请。因此很得大官豪士的器重。县里面的地痞以及其他县的豪杰之士，经常深更半夜来拜访郭解，经常十几车。像这样的人物，宵禁更是毫无用处，反而显示了他们的张狂和大胆，成为他们"亮胳膊"的一种标志。

所以说，宵禁令并非一无是处，虽然少了点夜生活乐趣，但是治安好啊。你想啊，那小偷、强盗什么的，刚出大门，还没作案呢，先因为"犯夜"被抓了，想想是不是觉得也不错呢！

[历史旅行指南 · 活在大汉]

路不能乱走，车不可乱坐

— 车辇制度

第一章 初来乍到，一定会用上的社会常识

    古往今来，无论身处什么样的社会，过着怎样的生活，交通工具无疑非常重要，如果什么都只靠两条腿是难以想象的。说起古代的交通工具，我们还真是能躲在自个儿车上暗自窃喜，不仅仅是因为我们现在的交通工具速度快，而且我们现在没有那么多限制，只要你有资本，买辆好车满世界跑都随你高兴。而在汉代可不行，那时的车可不是你想买就能买的。凭啥？凭身份地位！

西汉栈车（模型）

⊙栈车一般是用竹木做成的车子。士乘栈车，庶人乘役车。栈车以竹木为棚。可见西汉的车辆有严格的等级制度。

17

◘ 走累了，能坐车回家不？

你想坐车回家？咱们先了解一下这个时期的车再说吧。古代将这样那样的车辆称作"车辇"。值得我们骄傲的是——中国是最早使用车的国家之一。据说我们老祖先大约在4600年前，也就是黄帝时代已经创造出了车。

大概4000年前吧，就有一个以造车闻名于世的薛部落。《左传》里提过这个薛部落，薛部落的奚仲担任夏朝（约前21世纪—前17世纪）的"车正"官职。《墨子》《荀子》和《吕氏春秋》也都记述了奚仲造车的事例。

"车辇"这高端的名字在《周礼·地官·小司徒》中已有记载："使各登其乡之众寡，六畜车辇，辨其物，以岁时入其数，以施政教，行征令。"多的也不说了，反正你记得"车辇"就是古代的车就行。那是不是任何时候都可以乘着车辇回家啦？NO！你得明白在那个以天子为尊的王朝中，车辇不单单是交通工具那么简单，它更是一种身份的象征，正所谓："舆辇之别，盖先王之所以列等威也。"想坐车辇，得跟你打游戏似的先升级，级别高了，才有资格用好装备。

所以说这车辇还真不是随随便便就能坐上的。

◘ 汉朝车辇的变化

我们现在的车可谓种类繁多，名气大的数都数不完，例如奔驰、宝马、保时捷、劳斯莱斯、奥迪等，名气小的就更多。古代的车辇分不分类呢？咱一个个摆事实看，首先先秦时代的车，被分为"小车"和"大车"两类。到了汉朝，这车的分类就更仔细了。《后汉书·舆服志》记载的车就有"玉辂、乘舆、金根、安车、立车、耕车、戎车、猎车、轺车、青盖车、绿车、皂盖车、夫人安车、大驾、法驾、小驾、轻车、大使车、小使车、载车、导从车"一二十种。从皇帝到县令，车的形制、装饰、乘坐模式都有严格的规定，不能随便僭越。

而且，汉朝的车子与先秦相比较，变化也很大。单辕车慢慢变少了，相反，双辕车倒发展起来了，车的种类从原来的两种变成多种，主要用途也变了，原先用来打仗，现在主要用于载人装货。

战争年代，自然是很多资源都用到战场上去了，到了咱大汉，车肯定不用天天往战场上推，主要作用自然就是拉人载物了。

话又说回来，大汉也没太平多久，就到了"东汉末年，分三国"的战乱时期，那个时候，车子肯定又得干老本行，往战场上钻。你别说，战场上还真少不得这车，打仗又不飙车，车有啥用？当然是运粮草啊！俗话说"兵马未动，粮草先行"，打仗的时候，粮草可是头等大事。为了运送粮草，东汉三国时期出现了一种既经济又实用的独轮车，别小看这只有一个轮子的小东西，它在交通史上是一项重要的发明。诸葛亮的木牛流马听过吧？那在运送粮草上是省时省力速度快啊，许多学者也认为当时的"木牛"，就是一种特殊的独轮车。

怎么样，知道什么叫"小车辇，大作用"了吧？所以说你别光想着你现在开车不容易，那个年代的车辇你还不一定有资格驾驶呢。记得我们老祖宗的"六艺"不？"礼、乐、射、御、书、数"，其他的我们先不说，你看这"御"指的就是驾车，可见当时驾车在人们心中的地位。

不光驾车，坐车都得讲规矩，哪像你现在坐车，往自

独轮车（模型）

⊙西汉时制造出独轮车。它由一人推动，虽然稳定性差，但对道路条件要求低，适合在半山区和农村田间使用。

19

家小车上一坐,高兴了唱支小曲儿,累了坐后座去把鞋袜一脱,横着就睡了。古人乘车讲究着呢,他们崇尚左侧,以左为尊。人还不能多,一车三人,尊者在左,骖乘(就是陪乘者)居右,御者(就是驾车的人)居中。兵车又跟一般车的坐法不同,如果是将帅乘坐,居中的就不是驾车人了,而是主帅,这样方便指挥,御者换去左边,护卫守在右边;如果是一般小兵乘坐的兵车,还是御者居中,左边甲士一人持弓,右边甲士一人持矛,相互配合,协同作战。

铜车马·东汉

⊙1975年在贵州兴义东汉墓出土,现珍藏于贵州省博物馆。原物为一车一马,青铜铸造,总长1.12米,通高0.88米。马由头、耳、颈、躯、尾、四肢等11段分铸组合,用17个销栓固定,作昂首、立耳、竖鬃、嘶鸣、奔腾状。车的结构分驾马、轮与轴、车厢与篷盖三部分。造型自然生动、惟妙惟肖,铸制结构严谨、工艺精湛,外形雄伟壮观、灵动典雅,展现骏马三足站立、一足腾空、昂首欲奔的英姿。

▫ 成亲要门当户对，乘车要"车当人对"

《隋书·礼仪志》记载："辇，案《释名》'人所辇也。'汉成帝游后庭则乘之。徐爰《释问》云：'天子御辇，侍中陪乘。'今辇制象轺车，而不施轮，通幰朱络，饰以金玉，用人荷之。副辇，加笨，制如犊车，亦通幰朱络，谓之蓬辇。自梁武帝始也。舆，案《说文》云：'篦，竹舆也。'《周官》曰：'周人上舆。'汉室制度，以雕为之，方径六尺。"

在那些等级森严的年代，车辇必然也是分等级的。至于具体怎么分的等级，我们暂且一放，先来看看人的等级。最高级毋庸置疑是天子，然后是太皇太后、皇太后、皇后、嫔妃、太子、公主以及各位王侯、大臣。

天子是何许人也？是皇帝，九五之尊啊，车辇必然要与众不同，要让人一眼就认出来这辆车与众不同，知道乘坐它的人一定尊贵无比才行。这皇帝的车辇尊贵到什么程度？皇帝的车辇不能叫车辇，叫作"乘舆、金根、安车、立车"。有什么特色呢？《后汉书》讲得很清楚："轮皆朱班重牙，贰毂两辖，金薄缪龙，为舆倚

彩绘木轺车·西汉

⊙甘肃武威市磨嘴子汉墓出土。甘肃省博物馆藏。马高88.2厘米，长78.8厘米；车高95.2厘米，长96.5厘米。由舆车、伞盖、御奴和马组成。舆车有双辕，双轮各有辐条16根。御奴跪坐，作双手持缰状，以黑、白两色勾出眼、鼻及冠服。马用红、白、黑三色彩绘，马口含兽面饰衔嚼一副，颈上套轭。据汉代制度，此车为六百石至千石的官吏乘坐的车。

较，文虎伏轼，龙首衔轭……"而且对马也有要求，乘舆用六匹马拉，其他车用四匹马拉。一句话，就是超级华丽，十足彰显皇家气象。

如果是太皇太后、皇太后的法驾，乘坐的是金根车，上面有青色的车网，青色的车帐。不是法驾出行的时候，则乘坐紫色毛毡帷幕的辎车，拉车的马呢只能用三匹。而长公主则可以乘坐红色毛毡帷幕的辎车，至于大贵人、贵人、公主、王妃、封君则

铜车马仪仗俑队·东汉

⊙武威市雷台汉墓出土。甘肃省博物馆藏。这是迄今发现数量最多的东汉车马仪仗铜俑,气势宏大,铸造精湛,显示出汉代群体铜雕的杰出成就。

铜斧车·东汉

只能乘坐油漆彩画的辎车，马只能用一匹。

　　皇太子、皇子这个层级，乘坐的就是安车，红色的车轮，青色的车盖。而且这种安车对于皇子来说，只能是封王之后才能乘坐，所以叫作"王青盖车"。而皇孙则是乘坐绿盖车。都是用三匹马拉车。到了三公诸侯这个层级，也可以乘坐安车，车轮也是红色，只是车盖变成了黑缯盖，马变成了一匹。太守级别乘坐的朱轓黑盖车，再往下车盖颜色就会更单一，装饰就会更简单。而且还明确规定，商人绝对禁止乘坐马车。

　　行了，唠唠叨叨说了那么半天，其实就那一句话：这车，不是你想坐就坐的。

车舆制度

　　汉代车马依乘坐方式、车行、驾畜种类及数目、车马饰、应用场合分为许多不同的等级，不同级别的人乘用相应的车驾，所谓"授车以极"。是也，车马区别身份的功能由之体现。以驾畜数量言，《续汉书·舆服志》引《逸礼·王度记》所述"天子驾六马，诸侯驾四，大夫三，士二，庶人一"的古礼，就是根据身份而形成的驾马数的六、四、三、二、一的数列。以车盖言，等级的差别体现在颜色和质料上，二百石以下白布盖，三百石以上皂布盖，千石以上皂缯覆盖。

　　根据景帝诏书可知，当时已经形成了二千石朱两轓、千石至六百石朱左轓，以下乃素耳的等级，加上天子车斑斓耳，公侯黑轓，一个由颜色、数字共同组合而成的等级序列就形成了。

[历史旅行指南·活在大汉]

想当黑户不容易

——⊙ 户籍制度

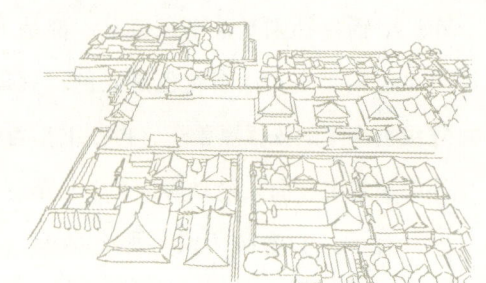

"哎,叫你呢,过来过来,看你贼头贼脑的,哪儿的人啊?叫什么名字?性别?年龄?身份证号码是多少?"乱跑遇上警察叔叔,哦,不,遇上户曹(汉代官职,主管户籍、农桑、祭祀)叔叔了吧,一番查问不要觉得意外,你没听错也别慌,这就是传说中的"查户口"。

▫ 什么是户籍

户籍制度古已有之,汉朝当然也不能例外。只不过叫法不太一样,汉代户籍又叫作户版、名数、名籍。《周礼·官伯》上记载:"版,名籍也,以版为之,今时乡户籍谓之户版。"

这个户籍制度有啥用呢?这就说来话长了。所谓户籍制度,就是中央或者地方政权对所辖区域内的人口进行申报、登记、立户,以便于统计人口、征调赋役、控制人口滚动、进行社会管理的档案系统。

《中论·民数》中说:"民数者,庶事之所自出也,莫不取正焉。以分田里,以令贡赋;以造器用,以制禄食,以起田役,以作军旅。国以之建典,家以之立度。五礼用修,九刑用措者,其惟审民数乎。"

24

看懂了吧，户籍就是用来登记你从出生到死亡的唯一凭证，从你什么时候出生，家里几户几口开始，到让你分田分地、交税、服兵役，最后到你离开人世，都会有所记录。

你仔细回想一下，生孩子的时候，是不是得早早办理"准生证"等一系列证明文件，生完孩子后，还要在户口本上登记上孩子的名字。虽然事情烦琐，但不得不做，为的就是给孩子登名造册，在地方档案中占有一个"窝儿"。

你可能要问，虽然表面上是有户口了，可谁都知道，重男轻女、暗地里生孩子的人还是很多，按规定去登记就免不了要被罚款，但没钱交罚款啊，只好隐瞒着，让孩子变成了黑户。这些问题避免不了，有人来检查，就躲起来让你找不着，等风声过了再跑回来，就像是和工作人员捉迷藏。但说实话，有时也真是没办法，漏网之鱼总是有的。可是在汉朝，户口清查相当严格，你想要成为漏网之鱼，还是需要一点运气和策略的。

▯ 各人有各户

汉朝的户籍制度，基本上是从秦朝承袭过来的，《史记·萧相国世家》中说道，刘邦入咸阳后，萧何"收秦丞相御史律令图书藏之"，后来"汉王所以具知天下阨塞，户口多少，强弱之处，民所疾苦者，以何具得秦图书也"。

由此可见，萧何是有准备的，用"拿来主义"的策略承袭秦之制度。当然光拿是不够的，还是要改进一下，不然如何体现政绩呢？所以萧何制定了《户律》，可惜啊，到了现在，却已经失传了。

虽然我们不知道萧丞相具体的改进措施，但根据一些史料还是可以略见一斑。比如汉代户籍增加了"户等"的概念，也就是根据家庭资产做了划分。这本来是个细化的好方法，

← ← 游大汉指南 → →

在户籍的类别方面，汉代也存在一般平民户籍与各种特殊户籍的区分。特殊户籍中，也有"宦籍""宗族籍"及"市籍"等名目，而增加了封通侯者的"通侯籍"、诸侯的"侯籍"、宫廷后妃的"后妃籍"及"博士弟子籍"等名目。这些都是在秦制的基础上发展而来的。

但是呢，因为历史条件等原因，又没有制定很明确的标准，只是做了一些很粗略的户等划分，大致分为三个种类："小家""中家""大家"。可作为比较标准的东西就是家里的"家訾"，三万家訾以下的，就是小家；家訾十万的，就是中家；家訾十万甚至百万以上的，就是大家。

"大家"能富到什么程度？看看这些取自史书的片段吧，"一马伏枥，当中家六口之食"；"所居宅一区，直百万"……啥意思呢？

也就是说，这大户人家家大业大，财大气粗，光是养一匹马的费用，就相当于中等人家六口人的花费；他们的住宅也气派呀，和我们现在的富人区别墅一样，动不动就成百上千万，奢侈啊！所以你要是见到"大家"人，不要犹豫，不要客

《南郡使人簿》木牍·西汉

⊙荆州博物馆藏。该木牍长22.5厘米，宽6.4厘米，上面写满了字，荆州纪南松柏1号墓出土，现藏于荆州博物馆。统治者根据这块木牍上的记录制定了赋税、兵役等一系列政策。它就是西汉时南郡的"人口普查表"，木牍上密密麻麻地写着："江陵使大男四千七百二十一人大女六千七百六十一人小男五千三百一十五人小女二千九百三十八人……"统计的就是南郡下辖的各县及侯国的人口数量。

气，直接上去高呼："土豪，我们做朋友吧。"

咱们言归正传，继续说说这个户籍的问题。汉朝承袭了秦朝的户籍制度，在此基础上发展完善了很多东西，除了一些叫法不同之外，分类也详细了很多。比如针对"大家"，登记的不只是这家人的名字，还有年龄、机关、职务、爵级、家中固定资产以及流动资产的名称和估价等。这一点非常重要，也就是说，你要是个有钱人，你的家族在国家可是有"名籍"的，你有多少房子多少车，家中几口人，每年收入多少，都别想逃过官府的眼睛。要是遇上什么天灾，朝廷要求在民间征粮征钱的话，估计你会是第一拨被请到县衙的人。

这名籍还根据不同的身份地位有着不同的登记内容。如上面所举的例子属于"计訾名籍"，这一统计主要是为了配合征收"訾算"的制度，所以很强调家中财产的估价。除此之外，还有"戍卒名籍"，要求写清楚姓名、年龄、籍贯以及所任的职务、所受封的爵级等。如果职位低一些，则还需注明所任职的地区和单位。第三种是记录官吏功劳的名籍，这种名籍除了标准的姓名、年龄、籍贯等内容之外，还需要记录此人的劳赐、数量，还有此人的特长，比如"能书会计，治官民颇知律令文"等内容。

不仅如此，官府还专门有"通缉令"名籍，和我们今天的通缉令类似，有名有姓，有出生年月，还有详细的体貌特征，只是少了一张照片而已。

总之，不管是什么款式的名籍，都尊崇一个基本模式，就像颜师古所说的："名，其人名也；县，所属县也；爵，其身之官爵也；里，所居邑里也。"这些是所有名籍必须具备的基本内容。

▫ 户口这事儿没法弄虚作假

名籍有了，证明你不是一个黑户，但你可能会想到，那些超生的，没有户口的，官府要怎么查？

在汉朝，每年都有一个固定的时间段来清查户口。西汉初每年清查两次，分别为三月和八月，到后来才统一到八月，并延续到了东汉。这查户口的第一步，先"自占"，也就是说，作为大头百姓的你，要自觉、自愿、主动地将自家成员的籍贯、爵位、姓名、性别、年龄以及纳税情况、赋役情况、健康状况还有每个人同户主的关系、家里的财产数额等全部信息整理出来,上报到里长那里,再由官府整理好之后层层上报。

你说啥?"偷税漏税""逃避徭役""谎报漏报"?这些情况当然有。因此在各家各户自占之后,官府还要派人进行"案比",就是有官员拿着你家自占的名册上门来一一进行对比。官员常常都是搞突袭,要是你的自占内容有鬼,往往防不胜防。好吧,被揭穿了也不怕,汉朝的律法还是比较宽容的,一次两次不计较,但如果累计三次误报,你就等着受刑吧。知道"沦为司寇"是什么概念吗?就是司法机关判处徒刑,将你派到边疆去服劳役,并且随时准备抵御外寇。

怎么?作为一个从邻县逃婚出来的丫头,你和这家主人的关系不错,人家都认你当了通房大丫头,户口的事情自然会替你隐瞒?哎,恐怕没那么好的运气。按照规定,居民间有相互纠察监督的责任和义务,你天天在这里生活,隔壁邻居不可能不认识你吧?最重要的是无户籍者与藏匿者同罪,你怎么敢保证人人都会为了你担风险?所以还是不要心存侥幸的好!

你又要问,是不是正房死了,你就能顶上人家的户口?我想说的是,这样也不行!历史上最恨小三的第一人吕雉太后,已经把你这点小心思提前防得死死的,不信看《户律》的规定:"诸不为户,有田宅,附令人名,及为人名田宅者,皆令以卒戍边二岁,没入田宅县官。"

哎,这小小贱婢还想僭越,真是无法无天!这下你就不必再想着户籍的事情啦,直接成为主人家的财产登记造册了。财产是什么概念?就是可以拿出来买卖的……你认命吧!

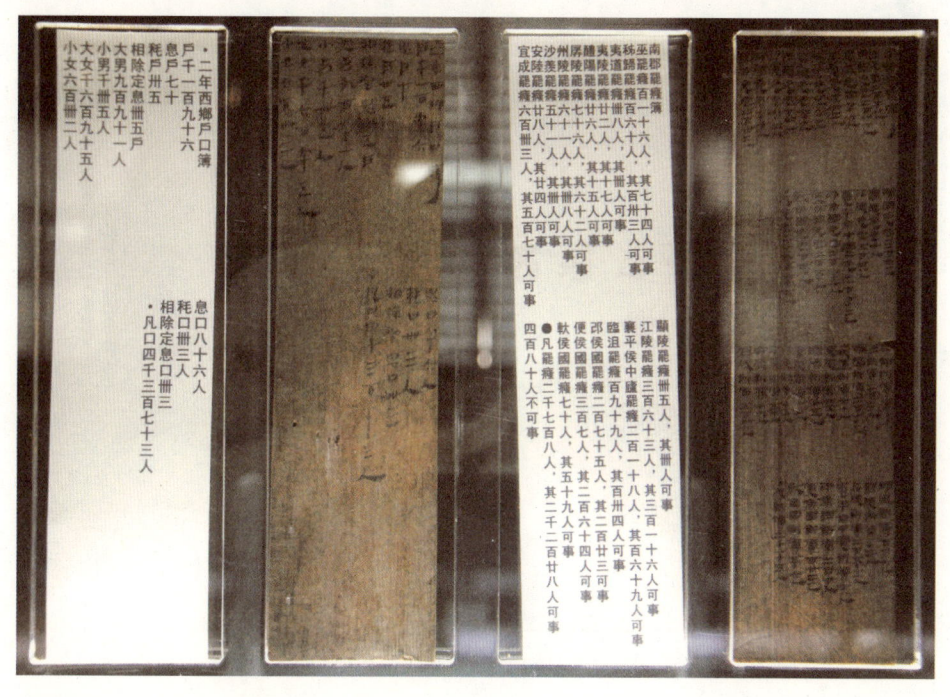

《悬泉置户籍》木简·西汉

⊙汉景帝后，西部羌人不断归附于汉，一旦归附，便被登记于朝廷户籍册上，载其所属部落、种姓等，如图中右1简"归义聊（部落）藏耶芘（种姓）种羌男子东怜（人名）"。左2简则是内地流民或官奴性质的人的户口登记，"步进里上造尹悍年十八"，此人名尹悍，18岁，工匠。可见汉代户籍管理之严格。

总之，事实证明，要想在社会上混，咱还是先弄个户口本。别以为政策不严，你没户口就可以偷税漏税，不服劳役不服兵役，想得美，没户籍可是寸步难行啊，还买房开店不？还结婚生子不？还出国旅游不？做梦吧你。

那怎么办户口呢？按照汉朝官方要求，每年的八月统计一次，《后汉书·礼仪志》曰："仲秋之月，县道皆案户比民。"所谓"仲秋之月"，即每年八月。多出来的登记，少出来的划掉，没电脑的时代，这可不是一个小工程啊。汉代6000万人口，啧啧，这信息量，书法家都能练出几个了。

[历史旅行指南·活在大汉]

HUOZAI DAHAN

椅子是什么东西？
你得跪着坐

──○家具

唐宋太师椅，明清八大件，随便得上一件，就够你一家三代吃上小半辈子了，更不要说年代更久远的家具了。要是能有一把汉代的椅子……哎，我说你哪快醒醒吧，这日上三竿啦，咱们赶紧收拾收拾，今天还得去拜访一大户人家呢。

▣ 跪坐聊天，案上吃饭

汉代社会跟咱们今天虽然有不同，但是富豪的生活一点也不次于现代。有钱人家不但宅子大，硬装豪华，而且软装也十分高大上。不过，万变不离其宗，在那个时代，不管是有钱人还是没钱人，家具用品中一些基本的形制大体上还是相同的。

彩绘漆案及杯盘·西汉
○这些食具均为木胎，用朱、黑、灰绿色漆描绘几何云纹、变形鸟纹和变形龙纹等。漆案平底，四角有2厘米高的矩形足。

壁画《夫妇宴饮图》·东汉

⊙出土于洛阳东北郊一座东汉晚期墓葬。在这幅壁画上,墓主人夫妇端坐在帷幕下的座席上,面前食案杯盘罗列。男主人头戴赭色进贤冠,高鼻朱唇,留八字胡,颌下长须,身穿黑色长袍;女主人头戴黑帽,柳眉秀目,高鼻小口,容貌端庄姣好,身穿红袍。男主人的一边并立两个男仆,女主人的一边并立两个女侍。整幅壁画颜色鲜艳,人物形象饱满,线条流畅,不仅具有极高的艺术价值,而且是研究当时社会生活的重要实物资料。

敲开人家的门,进的是主人家客厅,感觉一路走来相当疲惫,很想在沙发上坐下歇歇,突然想起来,那时候还没沙发这个东西呢。那即便是把椅子也行,总不能让客人站着说话吧?

你到处瞅到处看,还真没找着椅子、板凳什么的。难道是主人家小气,不舍得买这些家具?那你就想多了,实际上在汉朝,椅子还没被发明出来呢!

从祖先们发现直接坐在地上容易受凉,不如垫着点儿枯树叶、干草什么的来得舒服些,直到汉朝,其实也没过去多久,因此这垫屁股的东西也只是从随便划拉来的枯树叶变成了规规整整的"席"。

这席方方正正,一般用蒲草编织而成,松软舒适,非常适合当坐垫使用。你擦亮眼睛再仔细瞅瞅,这不客厅里已经摆放好蒲草席了吗?

你热情地和主人打过招呼,别别扭扭地坐在了席上。先等等,你不能随意地盘腿而坐,你得跟着主人学,咱说的这"请坐",可是让你跪坐在席上的。双腿并拢,跪下,脚背朝地,屁股墩儿与脚后跟亲密接触。你皱着眉头发话了:敢情这席不是为了让屁股舒服,只是为了保护膝盖的?

你答对了!

幸而,眼前这华丽丽的桌子吸引了你的注意。不过在咱汉朝,不管这个叫桌子,而叫作"食案"。顾名思义,这也是桌子的意思,而且是吃东西的桌子。你现在看见的这个食案在汉朝人家算是豪华的了,20厘米高,2米见长,1米见宽,细致的彩绘图案足见制造者的精细功夫,桌腿上用鎏金铜包裹做装饰。

在这长方形的食案旁边,还放置着一个小方桌,高度和食案差不多,只是桌腿变成了弓形的。这个呀,汉朝人管它叫"几"。怎么样,是不是想起我们今天的茶几来了?没错,现代的茶几最初就是从这个"几"演变来的。

你可能要问了,这食案也是桌子,几也是桌子,有什么不一样的用处吗?

这个问题呀,可就有讲究了。在汉朝的大户人家,一般将案和几的作用分得很清楚。案上是吃饭的地方,而几呢则用来看书学习。而且这几还有一个特别的作用,那就是用来挂胳膊。

话说到这儿,你还跪坐着呢?是不是觉得腿有些麻了呢?可主人家还在那里热情地讲东讲西,你也不好起身哪,这几就派上用场了。把胳膊挂在几上,分散一点身体的重量,是不是瞬间轻松很多了呢?没错,这几的另一项作用就是这个。

但大户人家有钱,也不在乎多买点家具,因此案和几的功能可以细分。但在一般的家庭,这两样东西的功能几乎是重叠的,《说文解字·木部》里面说了:"案,几属。"而且,普通的案也没那么大,就是长1米左右,宽半米左右的矮桌子,自然也没那么多装饰。该吃饭的时候吃饭,吃完饭收拾开了,又摆上纸笔来学习。

榻上喝酒,床上睡觉

好不容易,主人说完了,你终于可以起身活动活动腿了。这客厅的主要物件咱们参观完了,该看看其他地方啦。什么?你说客厅陈设太简单?要知道,你参观的已经是大户人家了。在汉朝,家具装饰等都颇为简单,样式也就那几样,况且那时候也没什么电器,至于空调、电视机、冰箱什么的,你还是别想了。

由于汉朝承袭春秋战国时期留下来的坐礼,因此与坐有关的东西我们都统称为"坐具"。前面介绍的席算其中之一。除此之外,还有枰、榻和床。

枰的本义为棋盘,这是汉朝居室中常见的坐具,多为木质,与围棋棋盘差不多大小,四面有10-20厘米高的呈矩尺形的足。因为只能容纳一个人坐在上面,因此它又称为"独坐"。《释名·释床帐》中是这样解释的:"小者曰独坐,主人无二,独所坐也。"

这下你能理解了,就是一个矮小的方凳。讲究点的人呢,会在枰上再垫一层蒲草席,这样跪坐着就能稍微舒服一些。

比枰大一些的坐具称为"榻","长狭而卑曰榻,言其榻然近地也"。用今天的计量单位来解释,这榻大约长84厘米。

宋太祖有一句非常经典的话,"卧榻之侧,岂容他人鼾睡",由此可见榻的作用不但可以用来坐着聊天,也可以用来躺着休息。虽然宋太祖他老人家这会儿离出生还早,但这"卧榻"却是早已投入使用了。

照榻的长度来看,是可以两个人一起坐的,因此也称为"合榻"。当然,这得和主人关系好的,才能拥有合榻的距离。两人对坐,中间摆上一个几,端上一壶酒,对饮畅谈,也是汉朝人民的社交方式之一。要是喝多了,直接躺下睡会儿,这榻的多重功能就充分体现出来了。

可是这榻毕竟面积小了点,如果要正正式式、舒舒服服地睡觉,你还得到床上去。

床,是汉朝坐具中形制最大的家具了。一般为木质,当然也有独特的石质床。如果按照礼仪尊卑来排序,床应该算是汉朝家庭中最尊贵的家具,在《风俗通义·愆礼篇》中有这样的记载:"南阳张伯大,邓子敬小伯大三年,以兄礼事之。伯卧床上,敬寝下小榻,言:'常恐清旦朝拜。'"看人家这邓子敬多讲规矩,比张伯大小三岁,就把床让给伯大睡,自己睡在旁边的小榻上。这足以证明床的地位要高一些。

为了保持一定的私密性,在汉朝,人们常常在床的旁边放置屏风。这也是汉朝家具中比较醒目的物件

青铜鹿形镇·西汉

⊙镇是用于压镇帷帐或席角，除了实用功能以外还带有辟邪祛恶的作用。该铜镇出土于海昏侯墓，造型精巧，构思奇妙，是同时期此类文物中的精品。

漆绘龙纹屏风·西汉

⊙1972年长沙马王堆一号汉墓出土。湖南省博物馆藏。斫木胎，长方形，屏板下有一对足座加以承托。屏板正面红漆地，绘有一条巨龙穿梭在云层里，龙首上长着两只长耳，龙身绿色，朱绘鳞爪，作飞腾状。边框饰朱色菱形图案。屏板背面用朱地彩绘几何方连纹，以浅绿色油彩绘，中心部分绘有谷纹璧。此屏风是为随葬而制作的冥器。

了。屏风一般宽两米、高一米，木质结构，中间雕花镂空，绷有绸布。从一个屏风的讲究程度就能看出一个家庭的富庶程度，有钱人家的屏风多漆有彩绘，有的甚至装饰有华贵的宝物。

因此，与其说这屏风是用来遮羞的，不如说是用来"显摆"的。不然你再去平民百姓家看看，哪能见得到这么个讲究物什呢？当然，显摆就要显摆到底，每一个细节都不能放过。

光说这光秃秃的床或榻，躺着就不舒服，自然得在上面铺一层席，通常都是铺竹席。主人家既铺了竹席，又怕席子卷边不好看，于是便在四个角上放了四个"镇"，用来压住席子。这"镇"的材料也很讲究，没钱的用石头镇，有钱的用青铜镇、玉石镇。

铺上了竹席，镇上了玉镇，前面挡上了屏风，这床上还差点什么东西？没错，就差点柔软的装饰——帷帐。

这里所说的帷，最初指的是车中的门帘，后来慢慢被广泛应用，成了居家装饰品。帷帐不单用来挂在床上，也会用在门窗等地方，夏天遮挡蚊蝇，冬天防御风寒，既美观，又实用。

总体上看来，汉朝人也不浮夸，即便是豪华的装饰，也还是能够派上大用场。当然，还有两样东西就完全是用来养眼或讲排场的了，它们分别叫作"壁衣""地衣"。简单点说，"壁衣"就像我们现在的墙纸一样，不过材质是锦绣，有钱人用锦绣来包裹光秃秃的墙壁，以防露出难看的土墙原色。地上也一样，铺上一层毛织品，不但踩上去松软舒服，而且也遮住了地板本来的颜色，重要的是还有防潮功能。这大概就是最早的地毯了吧，不过汉朝人民不那么叫，他们称之为"地衣"。

走在厚厚的地衣之上，看过了华丽的屏风，低调的玉石镇，"仙"气十足的帷帐和壁衣，对汉朝有钱人家的家具是不是已经有一些认识了？你也许注意到了，主人案旁边的几上还放置有雕刻精美的香炉、造型别致的灯具。你要是去拜访平常百姓家，我保你见不到这些东西。

[历史旅行指南·活在大汉] HUOZAI DAHAN

孔融让梨，你请吃大的

——⊙ 汉代礼仪

古老的中华文明源远流长，在5000年的历史长河中，不仅创造了灿烂的文化，更是形成了高尚的道德准则、完整的礼仪规范和优秀的传统美德，拥有了令人骄傲的"文明古国，礼仪之邦"之美誉。你还别说，仔细想想，我们国家的礼仪教育的确是从小抓起，小学我们就已经学习了"孔融让梨"的故事，让我们学会了尊重长辈，学会了谦让。

《仪礼》简·西汉

⊙1959年出土于凉州磨嘴子6号汉墓。甘肃省博物馆藏。计有《仪礼》简469枚，其他日忌、杂占简11枚。《仪礼》简分三种：甲本木简398枚，包括《士相见》《服传》《特牲》《少牢》《有司》《燕礼》《泰射》7篇；乙本木简37枚，内容仅《服传》1篇；丙本竹简34枚，内容仅《丧服》1篇。

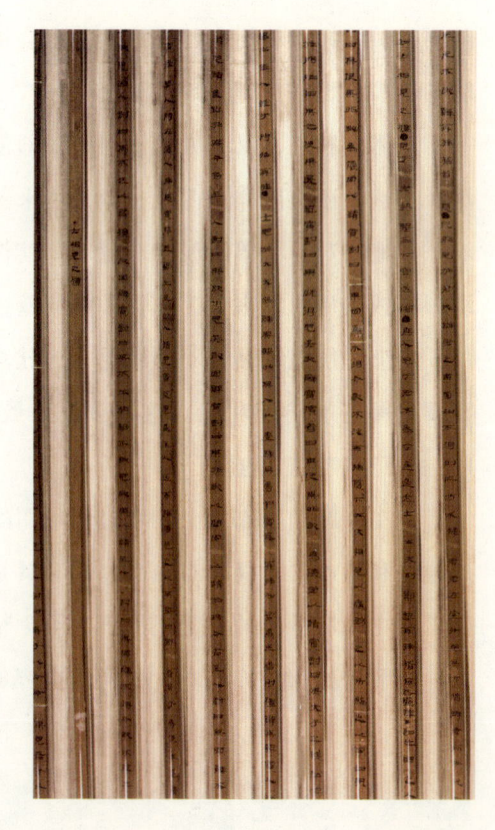

第一章 初来乍到，一定会用上的社会常识

◘ 皇帝登基环节

礼仪到底从何而来？就像江河水总有一个源头，礼仪之邦"礼仪"的源头与儒家主张的"君君臣臣，父父子子"的理念有很大关系，也就是孔老夫子主张的"当国君的要符合当国君的要求与规范，当臣子的要符合当臣子的要求与规范；当父亲的要符合当父亲的要求和规范，做儿子的要符合做儿子的要求和规范"。

在中国，礼仪世世代代传承，每朝每代都有各自的风采，既然我们现在活在汉朝，那就重点了解一下汉朝的礼仪。

皇帝登基相信你在各式各样的电视剧里都看过，知道这是新皇帝即位。一般电视剧里，我们能看到皇宫内外戒备森严，连守卫都发了新衣服，文武百官更是衣着光鲜，

《孔子圣迹图册》之《汉高祖祭孔》·明·无款

⊙此图出自明代彩绘绢本《孔子圣迹图册》，现藏于曲阜孔庙。前195年，汉高祖刘邦经过鲁地，以太牢之礼祭祀孔子，表达了对孔子的崇敬之情，开创了历代皇帝祭孔的先河。

乌压压跪倒一片。新皇帝则会身着华丽的服装，戴着各种配饰，步伐沉着坚定以显庄重。然后文武百官高呼"万岁"，新皇帝微微一笑，大手一挥，中气十足地说出"平身"二字，这礼算是成了。

你还别嫌电视剧演得简单，在汉朝，登基之礼确实是挺简单的。首先新皇登基之前，有关官员需选择好良辰吉日。待到吉日，群臣奉上天子玺绶，太子即皇帝位。太后就尊为太皇太后，皇后为皇太后。拜谒高庙，大赦天下。之后照例下诏赏赐诸侯王及文武百官等，礼毕。

皇帝登基这种高端的礼仪，我们平头老百姓根本没资格参与，只能听听。我们的重心还得回到自己的生活中去。但我们可以去别处瞅瞅，比方说可以找一位德高望重的老先生拜访一下，学习学习汉朝的礼仪文化。

不是所有男人都可以叫"先生"

见了老先生赶紧行礼，90度大鞠躬，尊称一声："老先生，晚辈有礼了。"老先生大手一挥说道："起来吧，要了解礼仪文化，先问问你，你喊我'老先生'，可知这'先生'之称从何而来？"嘿嘿，不知道了吧？听老先生说吧。

最开始"先生"泛指长辈，因为"先生，先生"是先出生的人嘛。随着社会的发展与变革，"先生"用来称呼氏族中的老者，问题是氏族中的老者也不是只有一个人啊，难道个个都叫"先生"？肯定不是！能在氏族中被称为"先生"的都是在朝廷当过官的。他们荣归故里，受万众瞩目，必然成了年轻人的教导者。说到这儿你可能已经想到了一个无比光辉的职业——老师。对了，这也是后来学生把老师称为"先生"的缘由。到了宋元时期，"先生"的范围渐渐广了，凡是有学问的人都可以称为"先生"。

在汉朝，有一段时间女子流行把自己的丈夫叫"先生"。这个你怕是不陌生吧，回忆一下哪怕我们现在的生活，有时也会这样使用，这都是跟汉朝学的。

我们今天的礼仪有不少是从汉朝传下来的，其中我们最熟悉的就是"礼尚往来"。过去的"礼"和今天可不一样，可谓是大有讲究啊，你随我去看看。

▫ 来而不往非礼也

在中华文明5000年的发展过程中，"礼"一直贯穿其中。《礼记·曲礼上》说："礼尚往来。往而不来，非礼也；来而不往，亦非礼也。"在古代，"礼尚往来"中的"礼"不仅是一种礼物，也是一种在送礼物过程中产生的行为礼节。我们主要看看汉朝读书人之间见面的礼节。

读书人见面可不是一时兴起，上门邀约了就出去开怀畅饮、高歌一曲。第一次见面，先要派一位传话者去主人家传达拜访意图，得到主人同意了才能去拜访。如果你直接去拍门求见是不礼貌的！

去拜访人家，多多少少得带点东西，以表心意。带点啥呢？买礼物在当下社会可以说是一件令人头疼的事，生怕买了不合人家心意。要放古代这事儿就容易多了，因为作为见面礼一般都用"雉"，别看名字挺洋气，其实说白了就是野鸡。夏天炎热的季节里，你还得把野鸡风干了再送。当然了，这礼送去主人家，对方照例是要推辞一番的，以显示谦虚。

为什么非要送野鸡呢？《白虎通》里说："士以雉为挚者，取其不可诱之以食，慑之以威，必死不可生

《拜谒图》画像砖·东汉

《谒见图》画像砖·东汉

⊙重庆市博物馆藏。画像砖所描绘的是客人拜见主人的情景。在屋宇之下，主人戴冠佩剑跪坐在左侧，客人持雉跪拜于右侧，在客人的手中可以清晰地看到雉头。这是对《白虎通》中描写的士相见礼的真实反映。

畜，士行威介，守节私义，不当转移也。"意思是说这野鸡不好抓，食物诱惑不了，恐吓也不见成效，还宁死不屈。当时的士人以雉为礼，是取其一身好品德，以表达对主人的赞扬。

既然"来而不往非礼也"。那么收到野鸡的主人，也要挑选合适的时间，带着野鸡回访。

▫ 酒过三巡，菜过五味？

聊了半天我们该请给我们讲礼仪的老先生吃饭了，趁现在天还亮得赶紧吃饭，如果到了晚上宵禁时间，可能不但吃不上饭还会被抓去问罪。

找家装修不错的酒家，上菜之前，你先和老先生聊聊天。"老先生，这'酒过三巡，菜过五味'具体是什么意思，劳烦你给说说。"

老先生眼睛一瞪："啥？啥'酒过三巡'，没听过，只知道'菜过五味'。"哎哟，你看我这脑子，"酒过三巡"是唐代才有的说法，这汉朝老先生肯定没听过。"老先生，不好意思，那你给说说'菜过五味'怎么讲，我们长长见识。"

一道好菜，讲究色、香、味俱全。"五味"特指辛、酸、甘、苦、咸。一桌菜，这五味全了，也说明菜品不少了。而这"五味"是由商朝一位有名的贤相伊尹提出来的。伊尹幼年时寄养于庖人之家，学习烹饪之术，长大以后成为精通烹饪的大师，并由烹饪而通治国之道。这位伊尹大人说，动物大致可以分成三种味道：水里的腥，食肉的臊，吃草的膻。如果要把它们做成美味佳肴，就要靠辛、酸、甘、苦、咸五种味道和水、火、木三种材料共同烹饪，这便是"三材五味"之说。伊尹大人还说，治理国家也是如此，要讲究各方面和谐统一，著名的"治大国若烹小鲜"之说便由此产生。

用到现在，意思也就是说，菜吃得差不多了，大家都该谈谈正事了。为何非要"菜过五味"方能言事呢？这与我们中国传统的酒文化和礼教文化密切相关。从古到今，设酒宴客一直很重礼数。"菜过五味"多是铺垫，吃吃喝喝差不多之后尽开言，这就叫"言归正传"。想想也是，等吃得差不多了，主宾也酒至酣处、耳至热时、情绪正好，又有"吃人家的嘴短"之疚，此时说事正当其时。

▫ 餐桌礼仪，不可小觑

菜差不多都上齐了，拿起筷子准备动手前，先听听餐桌礼仪。我们先看上菜，店小二上菜可不像我们现代社会，桌子上哪有空就往哪挤。饭菜怎么摆，书上可是做了详细规定的，规定如下：凡是陈设便餐，带骨的菜肴放在左边，切的不带骨的肉放在右边。干菜肴靠着人的左手方，羹汤放在靠右手方。烧烤什么的放远些，醋和酱类放在近处。蒸葱等伴料放在旁边，酒和羹汤放在同一方向。如果要分陈干肉、牛脯等物，则弯曲的在左，挺直的在右。这可不是我编的，《礼记·曲礼》里有着明确记载："凡进食之礼，左肴右胾，食居人之左，羹居人之右。脍炙处外，醯酱处内，葱渫处末，酒浆处右。以脯脩置者，左朐右末。"觉得这规矩太严格？其实这还不算什么，上菜规矩也很多！我们当代社会，一般人家或餐厅端菜上桌，没有太多礼数规矩。在古代上菜可没那么简单，上菜时，左手端盘子，右手要扶着盘子；如果是上鱼，则要以鱼尾向着宾客，冬天时要鱼肚向着宾客的右方，夏天则需将鱼脊向着宾客的右方。

若是把我们今天带转盘的以方便大家夹菜的桌子拿去古代用，人家才不会领情，也许还会劈头盖脸一顿呵斥："吃个饭一点规矩都没有！"

这一趟来得挺值，学到了不少东西。让人不得不感慨一番：随着社会的进步，礼仪得到了进一步完善和发展。而礼仪的发展，使中华民族的优秀文化传统得以弘扬，使中国以泱泱大国之姿被世人称为"礼仪之邦"。

[历史旅行指南·活在大汉] HUOZAI DAHAN

祭祀烝尝，只可观不可玩

⊙祭祀器物

祭祀是华夏礼典的一部分，是儒教礼仪中的主要部分，礼有五经，莫重于祭，是以事神致福。

当人类认为万物都有灵魂，人的灵魂可以依附在自然万物之上的时候，原始的祭祀活动就开始了。旧石器时代晚期的山顶洞人，他们会在尸体上撒红色的矿石粉粒以象征血液，认为这样便可以使死者复活。

从最初简单的对生命的渴望，到后来发展成对神灵的祈求，祈求保护和庇佑。于是祭祀对象不断追加，连萧何、

青铜牛虎祭盘·战国

⊙器高43厘米、长76厘米，云南江川李家山出土。云南省博物馆藏。工匠利用宽厚的牛背作俎面，直立的四条牛腿自然形成同俎的四足。在镂空的牛腹下，又横置着另一头较小的立牛，把带弯角的头和前肢微露在大牛腹外。大牛的臀部，还趴伏着一只老虎，用它的尖牙利齿撕咬着肥厚的牛体。此器具有古代滇族青铜造型艺术独特的风格。

韩愈、岳飞都担任了土地爷的角色。三国时代，又产生了一个守护城市的城隍，以后渐次扩大普及，成为手工业、商业神。城隍主阴，掌冥籍，纠善察恶，疾恶如仇，审鬼招魂。于是地面与地下，都有神来管了。

祭祀的对象多了，祭祀的器物必然也就多了。求不同的神要用不同的器物。我们今天就了解一些汉朝比较常见的祭祀器物。

▫ 神仙也要吃东西，祭祀要用牛羊豕

话说民以食为天，在老百姓眼里食物是最重要的，所以他们认为祈求神仙保佑就要把自己最好的东西奉献出来。于是最初的祭祀就以献食为主要手段。《礼记·礼运》称："夫礼之初，始诸饮食。其燔黍捭豚，污尊而抔饮，蒉桴而土鼓，犹若可以致其敬于鬼神。"意思是说，祭祀礼起源于向神灵奉献食物，只要燔烧（用火烧）黍稷并用猪肉供神享食，凿地为穴当作水壶而用手捧水献神，敲击土鼓作乐，就能够把人们的祈愿与敬意传达给鬼神。

为什么一定要是肉食呢？神仙不爱吃素？我觉得和神仙爱不爱吃素没有关系，倒是和我们人类有关。你想想，当时要吃肉可不像现在拿着菜篮子去菜市场买回来一样方便，那个时候想吃肉要自己去狩猎，各种围追截堵，简直是集脑力劳动和体力劳动于一身的任务。这样得来的肉食自然就显得很宝贵啦。就连孟子构想的理想生活都是以70岁能吃上肉为重要标准。所以肉食就成为献给神灵的主要祭品。

好吧，那就把猎到的野兔送去祭祀吧。停！祭祀是件大事啊，哪能随随便便拿块肉就完事了。古代用于祭祀的肉食动物都有一个响亮的名字叫"牺牲"，指马、牛、羊、鸡、犬、豕等牲畜，我们今天称"六畜"。六畜中最常用的是牛、羊、豕三牲。鱼兔野味也用于祭祀，但不属"牺牲"之列。当然也有比较重口味且残忍的祭祀品——人。祭祀也有用人的，但人本身不叫"牺牲"，古书只说"用人"，不说"人牲"。

到了汉朝，用肉食来祭祀仍然是存在的，而且要求更多。祭祀也要分尊卑。天子祭器称为"九鼎八簋"——九鼎所盛牛、羊、豕、鱼、腊、肠胃、肤、鲜鱼、鲜腊，这种种被称为"大牢"，而群臣祭器则只能

祭祀贮贝器·西汉

⊙1955-1960年云南晋宁石寨山出土。中国国家博物馆藏。通高51厘米,盖径32厘米,底径29.7厘米。此器出土时器内贮贝300余枚,上铸圆雕立体人物127人(残缺者未计入),以干栏式建筑上的人物活动为中心,表现了滇王杀祭诅盟的典礼场面。此贮贝器器身呈筒形,腰微束,两侧有对称的虎形耳,底部有3只兽爪足。盖上铸1间干栏式房屋及各种人物127个(未计残缺者)。房屋建筑主要由屋顶和平台构成。屋顶呈人字形,平台由小柱支撑,上面高凳上垂足坐着一位主祭人。主祭人周围放置16面青铜鼓,左前方和右侧均为参与祭祀者,面前摆放着祭品。平台左右两侧为椎牛刑马、屠豕宰羊等场面。

七鼎六簋，接下来的则依次递减。

▣ 玉不只用来做首饰

说起用玉做祭祀用品，先强调一下，不是所有的玉都可以用作祭祀。只有璧、琮、圭、璋、璜、琥被称为"六器"的玉制品可以用来祭祀。在古人眼里，玉是沟通人神的信物。这种观点其实已经流传下来了，我们今天不都说玉是有灵性的吗？甚至关于玉的灵性，还有个传说：据说某龙王太子爱上了人间的一个姑娘，爱得情深意切、死去活来。但是龙太子也非常清楚人神不可共同生活的道理，否则是害人害己。于是只能放弃这段感情，但是心里始终还是放不下这个姑娘。龙太子也是够痴情，把自己变成了一只翠绿的玉镯戴在姑娘的手上，希望可以守护她一生一世平平安安。

讲完故事，让我们继续说说"六器"。先说说很特殊的"璧"。"完璧归赵"的故事我们都不陌生，但是除了故事本身，还要知道这个"璧"不是一般的玉，用来祭祀日月星辰的玉才能被称为"璧"，一般是扁圆形，中间是空的，长得有些像现在的平安扣之类。另外的五件玉器则用途比较广，祭祀、丧葬都可以用到。

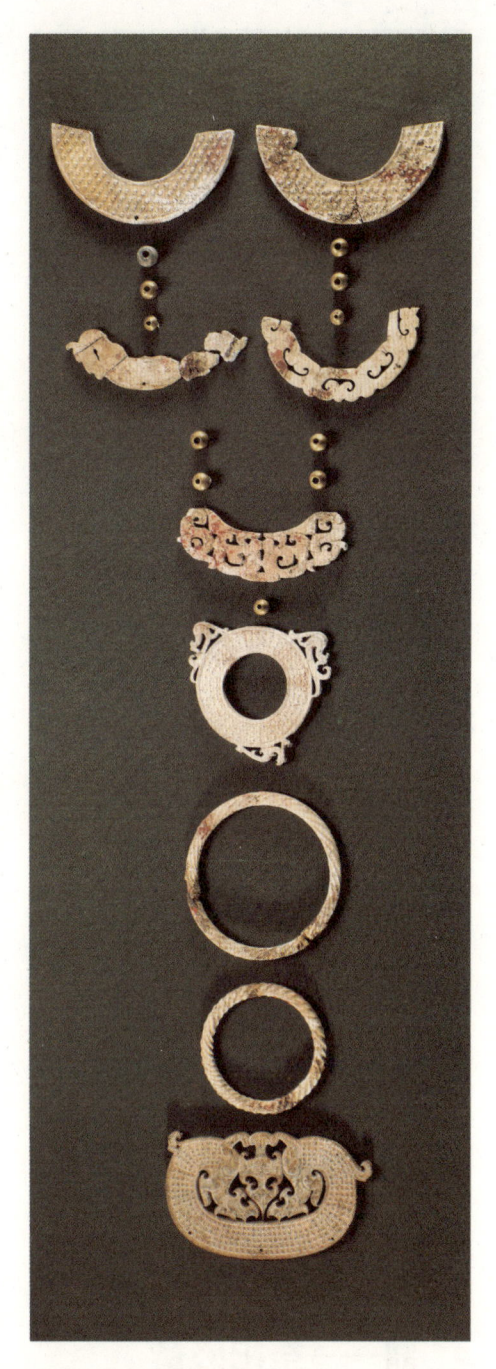

南越王墓组玉佩·西汉
◎广州西汉南越王博物馆藏。组玉佩是由多件玉器串联而成，用于规范礼仪和表示身份。

第一章 初来乍到，一定会用上的社会常识

45

绿釉带盖陶鼎·东汉

⊙美国弗利尔-赛克勒美术馆藏。顶盖呈圆形，盖顶拱起，与鼎身子母口相合。鼎胎质呈红色，通体施铅绿釉，釉层凝厚，釉色浓郁。盖顶浮雕云气纹、锯齿纹等，鼎身光素无纹饰。先秦陪葬使用的青铜鼎，到了两汉时期，一般都由陶鼎来替代，一般为灰陶制成，高档一些的则加釉装饰。

玉是除食物之外最常用的祭祀物，也是最重要的手段，《周礼》里就有"以玉作六器，以礼天地四方"之说！

在汉代有君子"玉不去身"之说，用玉作符节、印信，十分贵重。玉的礼仪制度在这时候得到了空前发展！人们把玉视为美好的代名词，甚至想象中天神的居处也称为玉台。

▪ 鼎——祭祀必备

鼎被视为传国重器，是国家权力和身份的象征。"鼎"字也被赋予"显赫""尊贵""盛大"等引申意义，如一言九鼎、大名鼎鼎、鼎盛时期、鼎力相助，等等。

鼎也是青铜器中最重要的祭祀器物之一，在祭祀中用以烹煮肉食和盛贮肉类。三代及秦汉延续2000多年，鼎一直是最常见和最神秘的礼器。鼎大多是圆腹、两耳、三足，也有四足的方鼎。

为什么祭祀的肉食一定要用鼎，用碗不行吗？你别急，听我慢慢说。鼎本来是古代的烹饪之器，相当于现在的锅，用来炖煮和放鱼肉。许慎在《说文解字》里说："鼎，三足两耳，和五味之宝器也。"有三足圆鼎，也有四足方鼎。最早的鼎是黏土烧制的陶鼎，后来又有了用青铜铸造的铜鼎。再加上后来有了这样一个传说，鼎的地位就更上一层楼了。

传说夏禹曾收九牧之金铸九鼎于荆山之下，以象征九州，并在上面镌刻魑魅魍魉的图形，让人们警惕，防止被其伤害。自从有了禹铸九鼎的传说，鼎就从一般的炊器而发展为传国重器。国灭则鼎迁，夏朝灭，商朝兴，九鼎迁于商都亳京；商朝灭，周朝兴，九鼎又迁于周都镐京。历商至周，都把定都或建立王朝称为"定鼎"。

▫ 无酒不成礼

在中国古代有"无酒不成礼"之说，酒是祭神享祖、礼仪交往、宴宾会客等活动的必备之物。这个文化倒是一直延续下来了，你看今天朋友聚会、同事聚餐、家庭宴请，哪张桌子上会少了酒？若少了这东西就不是说你小气了，而是礼数不周！既然酒那么重要，盛酒的青铜器具也就自然成为礼器了。

酒器最简单的组合是一爵一觚，用以斟饮。爵这种酒器的命名，由于它的造型像一只雀鸟，前面有流，好像雀喙，后面有尾，腹下还有细长的足，而古代"爵"与"雀"同音通用，所以称为"爵"。爵、角、斝均为饮器，但形制上有区别。角无柱，尾和流均呈三角形的尖端。斝的容量一般较大，有两柱而没有流和尾。商末周初，出现觯，多与爵组合在一起使用。觥也是一种饮器，其形制有盖、有流、有鋬，下有方座或四足。至于作为饮器的杯、樽则出现在战国中期，至汉而盛行。储酒器主要有尊、卣、方彝、瓿、罍、壶等。尊、

青铜龙纹扁壶·西汉

⊙美国弗利尔-赛克勒美术馆藏。壶椭圆口，长方形壶身，下有两个正方形座。壶盖子母口与壶口相合。盖及壶身均装饰盘旋缠绕的云龙纹，纹饰细腻而富于变化。有活环提梁。汉代扁壶在先秦扁壶的基础上有所改进，纹饰更为精美且时代特色明显。此壶是典型的实用酒器。

第一章 初来乍到，一定会用上的社会常识

> **← ← 游大汉指南 → →**
>
> 历史上有"问鼎"的典故，语出《左传·宣公三年》，大意是：楚庄王为讨伐外族入侵者来到洛阳，在周天子境内检阅军队。周定王派大夫王孙满去慰劳，楚庄王借机询问周鼎的大小轻重。王孙满说：政德清明，鼎小也重，国君无道，鼎大也轻。周王朝定鼎中原，权力天赐。鼎的轻重不当询问。楚庄王问鼎，大有欲取周王朝天下而代之的意思，结果遭到定王使者王孙满的严词斥责。后来就把图谋篡夺王位叫作"问鼎"。

卣多相配套使用。方彝出现稍晚，也与尊相配合。一组尊、卣或尊、方彝，在古代是尊贵的酒器，有人认为尊贵之"尊"也因此而来。战国以后，大腹的圆壶自名为钟，也是一种酒器。汉代，方壶自名"钫"，扁壶在战国自名"钾"。有些储酒器内附有挹酒用的勺，勺为长柄，前端作杯状。禁也可称之为酒器，它是托在酒器下面的长方台座。

▫ 肉食用鼎，其他食物用什么盛？

酒有酒器，食物自然就有食器啦。青铜食具也是礼器，因为用不同的青铜器皿盛煮食物代表着不同的等级。真正意义的食器有簋、簠、敦、豆等。簋是食器中最常见的一种，是盛黍稷等食物用的容器。簋的外观多样，分为有盖、无盖，有耳、无耳之别。商代晚期，西周、春秋时期较为流行。周代的簋，圈足以下多附有方座，这是由于古代人席地而坐，食器附座，便于取食。簋有器形很大的，如周厉王簋，高59厘米，重60千克。簋与鼎相配，为偶数，如八簋、六簋、四簋、二簋，分别代表不同的贵族等级。春秋中期后，出现了敦这种食器，渐次流行。春秋时代的敦为圆体加盖，到战国时代，敦演变成盖器同形，全体呈卵圆形，俗称"西瓜鼎"。敦同簋一样，呈偶数组合。还有一种食器是豆。青铜豆有深腹的，有平盘的。战国时代有一种方体的豆，应叫"锜"。平盘的豆，自名为"铺"。此类器物一直沿用到汉代，器形变化不是很大而材质有差别。

充满人文精神的祭祀礼仪，一直延续了下来。今天的祭祀不再是简单地祭鬼神，也不是盲目崇拜神灵，而是人文精神的陶冶。另外，在"事死如事生"观念的作用下，对祖先的祭祀就像孝道一样成了道德的根本。

青瓷刻纹镂空簋·东汉

⊙美国耶鲁大学艺术陈列馆藏。簋圆形,附盖。口沿微外撇,弧腹,高圈足稍外撇。胎色灰白。通体施釉,釉色青中泛褐。盖顶置环形钮,钮上套圆环,并塑有三个兽形足。盖面刻花叶和三角纹。口沿镂空小圆孔一周并刻画树枝纹。腹部刻菱形纹。簋为盛食器,功能相当于大碗,以陶质、青铜质或瓷质较为常见。新石器时代大溪文化、良渚文化、昙石山文化以及夏、商、西周遗址和墓葬中均有出土。早期陶簋一般为侈口、圆腹、圈足,有的有双耳。商代中期开始,器形演变为敛口、折沿、深腹、圜底、圈足,有的则为敞口、卷沿、斜腹。商代始见原始青瓷簋,三国至西晋时浙江的青瓷窑依然烧制瓷簋。

专题

世界第一大都会长安
有哪些必去之处

汉城筑于惠帝时，在今西安市西北，周围25千米；隋城筑于文帝时，号大兴城，包括今西安城和城东、南、西一带，周围36千米。

长安，是举世闻名的世界四大文明古都之一，居中国古都之首，是中国历史上建都时间最长、建都朝代最多、影响力最大的都城之一。

"长安"名由汉高祖刘邦所赐。高祖五年（前202）刘邦灭楚后，本打算建都洛阳，后来听从大臣建议，认识到关中战略地位的重要性，决定定都关中。

但当时秦朝遗留下的宫室大多已经被项羽焚毁，刘邦只能暂时居住在秦朝旧都栎阳。同年后九月，刘邦决定首先修复兴乐宫，并改名为长乐宫，以此为基础，兴建都城，名为长安城。

长安哪些地方最值得去，旅游攻略有吗？没有？！那也没关系，我们可以去长安边游边写，自己写一本《长安旅游》，说不定马上就成畅销书，红遍汉朝。

丝路起点就在这里

丝绸之路，不只是一条丝绸贸易之路。实际上，丝绸之路自开通以来就是连接古代东西方及沿线诸国各族的纽带、桥梁，成为汉朝与西域之间互通有无、物畅其流的商贸、物种的传播之路，也促进了汉朝和西域在文化、艺术和科技方面的交流。

白虎瓦当·汉

各族还通过这条路传播佛教、摩尼教、景教和伊斯兰教等宗教，所以它也成为各教徒的朝圣之路。

丝绸之路所产生的诸如此类广泛而持久的作用，在丝路沿线打上了深深的烙印，成为这个时期世界历史的主要标志之一。可以说，丝绸之路聚集了当时世界上各种主要的历史事件，其沿线诸国、各族的历史和他们之间的关系史，极大影响了当时历史发展的格局和进程。

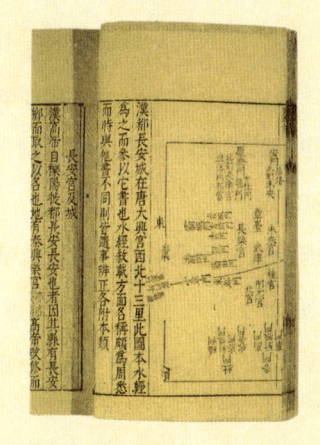

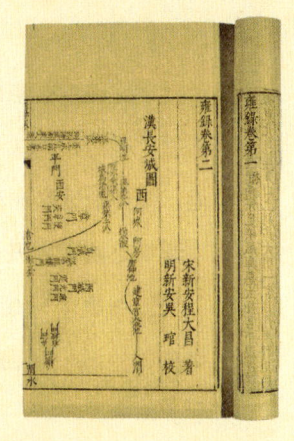

宋人著作《雍录》中的汉长安城图
⊙宋代的陈大昌（1123—1195）著《雍录》十卷，考证关中历史地理沿革，附有地图32幅，是现存最早的长安城与关中地区历史地图集。

陕西西安丝绸之路群雕

丝绸之路的起点就在你脚下的长安城。出了城门往西跨越陇山山脉，穿过河西走廊，通过玉门关和阳关，抵达新疆，再沿绿洲和帕米尔高原通过中亚、西亚等地，最终抵达非洲和欧洲。

丝绸之路得以开辟，得益于前119年，汉武帝派张骞第二次出使西域。伟大的外交家张骞率领使团，带着上万头牛羊和大量丝绸，访问西域的许多国家。西域各国也派使节回访长安。汉朝和西域的交往从此日趋频繁。丝绸之路由此产生。

丝绸之路在中国境内这一段就长达4000千米，沿途有霸气的兵马俑、举世闻名的法门寺、无与伦比的敦煌莫高窟等历史文化古迹以及青海湖、罗布泊雅丹地貌、天池等壮丽多样的自然景观。这样的一条路，别说过去，放在今天也是文艺青年们追捧的一条大道！

汉代三宫

每个地方似乎都该有一个标志性的建筑物，比如法国的埃菲尔铁塔、美国的自由女神像、古罗马的斗兽场。而在汉朝则是并称"汉代三宫"的未央宫、长乐宫与建章宫。

先从长乐宫看起。这里曾居住过吕后，因为其位于未央宫东，又称东宫。取名"长乐"自然是希望"长久快乐"。你别忙着欢呼雀跃想着今天就把这长乐宫逛完，为什么？因为长乐宫总面积约6平方千米，大小相当于约8个故宫。听完就把"一天逛完长乐宫"的雄心壮志打消了吧。你别难过，我给你讲个小故事补偿补偿。

据说秦朝灭亡之时，项羽的一把大火在咸阳连烧了三个月，当年雄视一切的王朝在大火中消亡。汉代的开国国君刘邦住进了秦朝遗留下来还没完全被烧坏的兴乐宫。堂堂皇帝住在前朝被烧毁的宫殿是有些掉价。所以刘邦开始筹建自己的宫城——长乐宫与未央宫。长乐宫位于长安城的东南角，未央宫位于长安城的西南角。长乐宫已经非常华美，但后建的未央宫规模更是壮丽。当时，刘邦从外

汉长安城未央宫前殿遗址

⊙未央宫前殿遗址在今天的西安市未央区未央宫乡。南边是邓六路（邓家村－六村堡），东南是西马寨村，东北是大刘寨村，西边是卢家口村，北边是小刘寨和柯家寨村。正北有天禄阁遗址，现在在天禄阁小学内。西北偏北，天禄阁正西有石渠阁遗址，石渠阁正西是周家河湾村。西北偏西有柏梁台遗址，在卢家口和周家河湾村之间。

汉长安城建章宫遗址

还京，见丞相萧何正指挥营建未央宫，刘邦抬眼一看工程如此浩大，不禁怒火中烧，质问萧何："天下匈匈苦战数岁，成败未可知，是何治宫室过度也？"萧何淡定回答："天下方未定，故可因遂就宫室，且夫天子以四海为家，非壮丽无以重威，且无令后世有以加。"刘邦听后想想好像挺有道理，于是点头称是。

听完故事心痒痒了？好奇这个未央宫？走，看看去！

未央宫是西汉皇家宫殿，也是古代汉族宫殿建筑之精华，位于今陕西西安西北约3千米处，建于长安城西南角，为长安城地势最高之处的龙首原上。因在长乐宫之西，汉时称西宫。为汉高祖七年（前200）在秦章台基础上修建，同年自栎阳迁都长安。

自未央宫建成之后，汉代皇帝都居住在这里，所以它的名气之大远远超过了其他宫殿。更重要的是西汉许多重大历史事件曾经发生在这里：张骞从这里出发开辟丝绸之路；美女王昭君在这里自愿出塞，和亲匈奴；著名词语"环肥燕瘦"里的赵飞燕曾居住于此。

这地方大了就是容易迷路，走来走去，绕哪儿去了自己都不知道。你别着急，抬头看看这是哪儿？建章宫。对啦，你还真是运气好，误打误撞找到了汉代三宫中的最后一宫。

建章宫建于汉武帝太初元年（前104），规模宏大，有"千门万户"之称。汉武帝建造建章宫本意呢是想求仙，后来却发展成了选养美女的地方。武帝命将燕、赵地区年龄15以上、20以下的美女纳入此宫，供他挑选。

建章宫位于长安城外，在未央宫西，跨城池作飞阁，两宫相通，皇帝就乘辇往来于两宫之间。据史书上说，建章宫有高20余丈的阙，阙上有铜凤，高大的阙门，迎风而立的铜凤表达着汉武帝非常想和仙人相见的意愿。宫内建有昂贵的玉堂，阶陛皆为玉造，造价相当高，是汉武帝准备迎见仙人的场所。真仙是行踪杳然，一个没见着，铜铸的仙人倒是每天都在为武帝"服务"。建章宫的神明台，高5丈，上有承露盘，一位铜仙人手把铜盘玉杯，承接雨露。汉武帝就用接来的雨露和玉屑一起吃，希望得到永生。

行了，你再往这边走几步看看这个——太液池。哎，我说你有什么大惊小怪的，来建章宫看见太液池至于把你激动成这样吗？哦，我知道了，这个池在汉代古装剧中挺出名的，以前光听了，今儿见着真的了，你就控制不住激动的心情了，差不多还是收一下，先观光要紧，毕竟这些景物在西汉末年毁于战火后就再也没机会见了。

你别因为它被毁就怀疑它的存在。《史记·孝武本纪》里可是有多处记载的："其北治大池，渐台高二十余丈，名曰太液池，中有蓬莱、方丈、瀛洲、壶梁象海中神山，龟鱼之属。"太液池是一个相当宽广的人工湖，因池中筑有三神山而著称。这种"一池三山"的布局对后世园林有深远影响，并成为创作池山的一种模式。

太液池畔有石雕装饰，有大鱼、龟，以及各种叫不上名字的兽。这个《三辅故事》里有记载："池北岸有石鱼，长二丈，广五尺，西岸有龟二枚，各长六尺。"《西京杂记》里有关于太液池畔植物和禽鸟的记述："太液池边皆

汉长安城城墙东南角遗址
⊙汉代长安城尚存护城河（一部分被改建为城市水库和公园）、夯土城墙遗迹、各城门门道、部分高台遗址，村落间散落石础，地面可见大量灰瓦碎片。考古发现了许多重要殿宇和建筑群的基址。西安市政府保护全遗址，该区域一直没有被开发，目前被许多村落、小厂房、田地、树林覆盖，大多数遗址被埋在地下。

是雕胡（茭白之结实者）、紫荸（葭芦）、绿节（茭白）之类……其间凫雏雁子，布满充积，又多紫龟、绿鳖。池边多平沙，沙上鹈鹕、鹧鸪、鹩青、鸿猊，动辄成群。"

城墙也是风景线

宫殿看得差不多了，还有什么可以展示汉朝的风采？那么，我推荐你去看看城墙吧。

长安城的周长约25.7千米，总面积约36平方千米。其中东墙长6千米，南墙长7.6千米，西墙长4.9千米，北墙长7.2千米。纵使数学再差，看到这样一组数字也该知道，长安城的形状是不规则的方形。

长安城墙所以不规则，完全是受渭河、潏河、地形高低和未央宫、长乐宫位置的影响，并非像有些猜测说有意把城修成"北斗星"和"南斗星"的形状。北墙多达6处曲折，与渭河的走向完全一致。西墙仅1处曲折，也是受潏河和未央宫的制约，南墙做直角形曲折，除受两宫位置影响外，主要是为了把高地圈进城内。汉长安城的形状完全受到地理条件的制约，因地制宜是修建汉长安城的基本原则。

别小看这些墙，你站在城门楼上，眺望远方，一座座巍峨的宫殿，一所所温馨的民居分布在路的两侧，更远处是城的另一边，也竖着高高的城墙。护住的是一个又一个的大汉子民，这些大汉的子民用他们的臂膀扛起了大汉王朝！

第二章
别糗在不懂政治上

纵横捭阖的汉朝政坛上，不仅有青云志，也有战神梦！无数的先贤留下了他们的故事，有人用锦绣文章赢得了掌权者的欢心，有人用生花妙笔改写了震惊世人的历史，而有些人却因不谙其中门道而惨遭刑罚⋯⋯想要在云谲波诡的政治舞台上博得一片天，只有勤恳钻研大汉政治游戏的规则，才能成就一番权力梦。

[历史旅行指南 · 活在大汉]
HUOZAI DAHAN

班固咸鱼翻身记

— ⊙ "公务员"体制

要问男人有多难,家庭事业一肩担,不管是21世纪新时代,还是2000多年前的汉朝,大多数男人都要承担赚钱养家的责任。只不过,与现代人多元化的求职机会相比,汉朝人的选择就少得可怜了,无外乎士、农、工、商四类。对于想要"宣威沙漠、驰誉丹青"的汉朝青年们来说,求得一官半职,无疑是职业生涯的最佳选择。

▫ 青年班固之烦恼

那是汉光武帝建武三十年(54)的一个春天,按照中国人习惯使用的"虚岁"计算,班固已经23岁了。自16岁起他便在洛阳太学求学,7年里,他不仅学习刻苦,贯通诸子百家,年年都被评为"优秀三好太学生",而且还结识了一大批优秀青年,为自己的职场仕途铺平了道路。升职加薪、在朝堂之上挥洒翰墨、指点江山的大好前程就在眼前,想到这点,班固的心里还真是有点小激动呢。

然而,天不遂人愿,这一年班固的父亲班彪撒手人寰,班固伤心落泪之余,更失去了经济来源,再三权衡之后,班固最终从京城洛阳迁回扶风安陵的

（今陕西咸阳东北）老家居住。

鲤鱼没有跃成龙门，反而被晒成一条咸鱼，人生的大起大落，简直太刺激了！

这样的打击，如果落在常人身上，即使不会万念俱灰，恐怕也得消沉个一年半载，但是班固却毫不气馁，他决心继承父亲未竟的事业，在父亲撰写的《史记后传》基础上，开始撰写《汉书》。

不过从事文化创作的班固，也并非就此打算一门心思当个文艺青年，学而优则仕才是那个年代的最高目标，写作之余，班固时刻留意着合适的工作机会。

就这样一直到了汉明帝永平元年（58），前一年光武帝刘秀龙驭归天，结束了他传奇而光荣的一生，其子汉明帝继位，次年改元永平。新朝新气象，登基不久的新皇帝任命自己的亲弟弟东平王刘苍为骠骑将军，并允许他挑选40名属官。

"机会来了！"待业青年班固得知这一消息后，心里大声呐喊。他连夜奋笔疾书，写了篇名为《奏记东平王苍》的书信，在信中大谈"幕府新开，广延群俊，四方之士，颠倒衣裳"的理论，并向东平王推荐了多名自

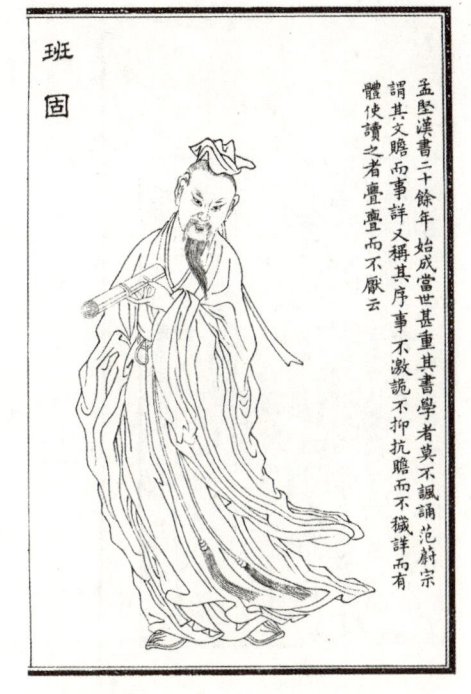

班固像

⊙班固（32—92），东汉历史学家。他在阴阳、儒、墨、名、法、道六家学说之外，又分出农、纵横、杂、小说四家，合为十家。

己的老同学，进而委婉地表达了自己的求职意向。东平王收到信后十分感动，录用了班固举荐的多名人才，然而却拒绝了班固的求职。

面对这样的结果，班固恐怕只能用"假如生活欺骗了你，不要悲伤，不要哭泣"来安慰自己了，但是班固万万没想到，生活还会继续欺骗他。

永平五年（62），已过而立之年的班固同学，本着"此处不留爷，自有留爷处，处处不留爷，爷去写《汉

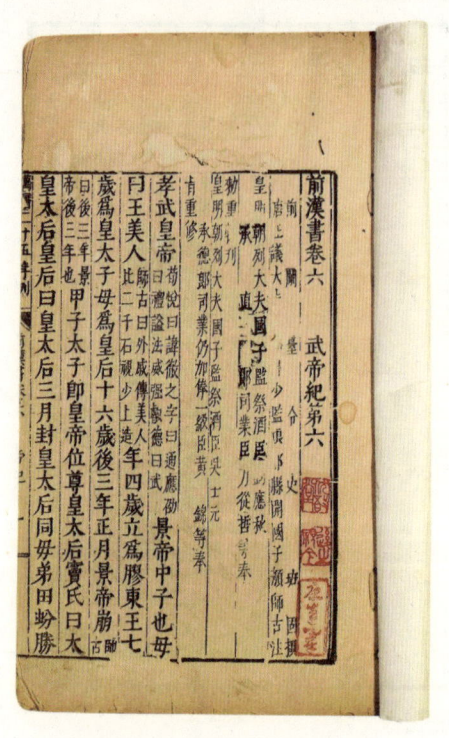

班固《汉书》书影·清

书》"的理念，一门心思在家搞他的创作。不曾想，却有人向朝廷告发班固"私修国史"，汉明帝下诏扶风郡逮捕班固，将其关进京兆监狱，书稿也被官府查抄。

面对突如其来的打击，班家上下乱成了一锅粥，班固这样的文艺青年进了班房，如何挨得住折磨！弟弟班超更是关心其安危，这位日后仅凭36人便收服鄯善、平定西域50余国的"开挂达人"在家里坐不住了，他决定采取行动。

班超骑上快马，穿华阴、过潼关，一路赶到洛阳上书，为哥哥申冤。班超这一驰书诣阙、告御状的举动在京城引起不小的轰动，并且得到汉明帝的重视，他特旨召见班超核实情况。

朝堂之上，20出头的班超已初显"开挂达人"的雄姿，他热血沸腾地讲述着父兄两代人几十年修史的辛劳及宣扬"汉德"的夙愿，让同样20多岁的汉明帝备受感动。与此同时，扶风郡守也将查抄的书稿送至京师。汉明帝抱着试一试的心态阅读了班固的作品，结果对其才华大加赞赏，啧啧称奇，立即下令释放班固，并将其召进京都皇家校书部，拜为兰台令史，掌管和校订皇家图书。终于，班固这条曾经跃龙门未遂的咸鱼，在而立之年因祸得福，得以翻身。

▫ 大汉"公务员"制度

身为汉朝最具学识的青年才俊之一，班固的求职道路可谓是一波三折，直到而立之年，才算是谋到了一官半职。虽然说是点背不能怨社会，命苦不能赖政府，但是班固之所以会经历如此多的挫折，跟汉朝的公务员选拔制度有着密不可分的关系。

汉朝时期，后世所流行的科举制度尚未诞生，公务员选拔制度主要有两种：征辟制、察举制。

所谓"征辟"，就是国家自上而下地擢拔人才，皇帝征召称之为"征"，官府征召称之为"辟"。一般情况下，皇帝或者官府征辟的对象，大多是上层社会名流，毕竟一个人的名字能够传到皇帝耳朵里，肯定不会是等闲之辈。而受征辟对象，一般也都会被授予较高的官职，有的直接成为天子近臣，平步青云。

征辟制在东汉时期最为盛行，王侯公卿皆以能够招揽到文艺圈的知名大咖为荣。许多有志青年，为了能够得到组织的垂青，更是四处交游，今天混沙龙，明天参加高端party，为的就是在圈内混个脸熟。

不过汉代也有不少著名学者，一门心思搞研究，对当官发财不感兴趣。例如东汉名士蔡玄"学通五经，门徒常千人，其著录者万六千人。征辟并不就"。后来越来越多的文化名流，为了彰显自己的格调，皆以拒绝征辟为荣。

当时班固作为一名尚未崭露头角的无名文青，无论是身份地位，还是在圈内的声名，显然都不足以被执政者重视。所以当他的那封《奏记东平王苍》邮寄出去后，自然是泥牛入海。

察举制是汉朝时期另外一种公务员选拔制度，同时也是当时最重要的选官制度。与征辟制自上而下选拔人才所不同的是，察举制是一种由下而上推选人才为官的制度。

察举制的具体操作程序是，皇帝下诏指定举荐科目，科目可分为岁科与特科两大类，岁科有孝廉、茂才、察廉、光禄四行，其中最主要的为孝廉科。随后由丞相、诸侯王、公卿和郡国守按科目要求考察和举荐人才，应举者按不同的科目进行考试，根据考试成绩高下分别授予官职或者候补官职。

察举制与科举制最大的不同在于，读书人想做官，必须得到领导的推荐。察举制诞生之初，举荐者尚能实事求是地举荐那些品行端正、学识过人的青年才俊。但是任何优秀的制度，都会遇到不同的阻力。任你才高八斗、学富五车，也抵不过官二代们凑到察举人跟前"叔叔""大爷"地攀一通关系。最终察举制渐渐变成了"拼爹游戏"。

到东汉时期，察举制已经基本被世家大族所垄断，各大家族结成团伙，互相提携对方家族中的后辈。对豪门子弟来说，入朝为官如探囊取物，他们在各种三叔四舅的关照下，基本上是三年升一级，用不了几年就能混到二千石级别的高官，倘若自己再争点气，位列三公九卿也是指日可待。

但是对于寒门子弟来说，能不能被举荐，被举荐能不能通过考核，都是未知数。通过了考核能不能受到朝廷任命，好不容易做了官能不能升迁，更是不在个人掌控范围之内。这就好比一场马拉松比赛，本来就输在了起跑线上的寒门子弟，还要面对一群穿着火箭靴的对手，就算全程都以刘翔110米栏的速度飞奔，恐怕也赢不了。

除了征辟制和察举制之外，汉朝还有一种名为"任子制"的公务员选拔制度。顾名思义，任子制就是直接任用官员子弟为官。汉朝政府规定，两千石以上官员，只要任满三年，即可在其兄弟子侄中挑选一人，任命为郎官。

如果说察举制中，富二代们是通过各种作弊手段赢得比赛的话，那么任子制基本上就是连上场都不需要，直接就上台领奖牌了。

我们的班固同学，本来是有一次成为官二代、赢在起跑线机会的，只是他的父亲班彪没能把握住，在没给儿子安排好后路的情况下，便撒手人寰了，所以班固没法"拼爹"，只能"拼命"。幸好他才华了得，学习的信念也够坚定，在经历了九九八十一难之后，终于等到了翻身的机会。

《帝鉴图说》之《蒲轮征贤》·明·无款
⊙法国国家图书馆藏。《蒲轮征贤》讲述的是汉武帝为了征聘当时的大儒申公，特地派人前去迎接。因申公年纪高迈，特地用蒲草将车轮缠裹，以防颠簸，表现了汉武帝求贤若渴的心情，也是汉代征辟制的典型案例。

军事明星李广为什么难升职

—— 军功爵制

"朝为田舍郎，暮登天子堂。"当上"公务员"、迎娶美娇娘，对于大多数的汉朝经济适用男来说，恐怕就是奋斗一辈子的最高理想了。梦想有多大，舞台就有多大，对于有着更高目标的青年来说，高官厚禄已经不能满足他们，有朝一日得以凭借功勋晋爵封侯，从此步入贵族行列，才是他们的奋斗目标。

错失封侯

前后两汉，侯爵不仅是人臣的最高待遇、最高荣耀，也是普通人所能取得的最高地位。凡是进入仕途的人，梦寐以求的无不如此。已是两鬓斑白的"飞将军"李广，人到暮年，越发对自己的命运感到迷茫，功勋卓著却未能封侯的遗憾，就像一道阴影笼罩在他的心头挥之不去。

李广，出身军人世家，其先祖为秦朝名将李信，其家族世代学习弓马骑射。汉文帝十四年（前166），匈奴大举进犯，李广参军抗击匈奴，因为精通骑射，在战斗中表现异常突出，被提升为郎官，年纪轻轻便成为骑常侍。因为李广作战勇敢，汉文帝曾经感慨说："可惜你没生在高祖时代，不然的话封个万户侯不在话下！"

我们大概可以推测，年轻的李广听了皇帝这句话，尽管表面上笑而不语，但心里却有可能很不服气。三分天注定，七分靠打拼，自己正值壮年，武功卓拔，建功立业的日子长着呢，未必就不能封侯晋爵。但是，不信邪的李广没有想到，汉文帝那句无心之话就像个诅咒一般，直到他变成了老李，还是没能封侯。

前157年，汉文帝驾崩，享年47岁。太子刘启继位，是为汉景帝。不久之后，李广出任陇西都尉，后来又改任骑郎将。两年后，七国之乱爆发，一场逐鹿中原的史诗大戏再次上演，对于职业军人李广来说，建功立业的机会终于来了。

七国之乱期间，李广以骁骑都尉的身份，跟随太尉周亚夫反击吴楚叛军。在昌邑城下，正值壮年的李广夺取叛军军旗，立下赫赫战功，名震天下。然而一时间被胜利冲昏头脑的李广，却浪费掉了这么一个大好的加官晋爵的机会，因为他接受了汉景帝胞弟梁王授予的将军印信，惹得皇帝大为不悦，待其还师长安后并没有得到皇帝的任何封赏。

作为后来人，我们知道，这是李广与封侯的机会离得最近的一次，但就这样被李广错过了。不知道晚年的李广会不会感叹：曾经有一次封侯的机会，我没有珍惜，直到失去后才追悔莫及。

李广难封岂非命也

七国之乱平定后，李广被调任为上谷太守，加入到了对匈奴作战中。也许是看到其他战友纷纷加官晋爵，自己却只是平级调动，心中愤懑不平，同时又将错失封侯良机的悲愤化

陶彩绘骑兵俑·西汉

⊙耶鲁大学艺术陈列馆藏。马作立姿，腿长胸阔，头部瘦削，是典型的汉代骏马形象。马通体红色，另以黑、白两色绘出鞯、辔缰等，细致入微。俑人以红黑二色装饰，端坐马背，神态静穆，双手前屈持缰，头系巾，身着盔甲，腿扎行滕，表现了汉代轻装骑兵的装备情况。

《李广骑射图》画像砖·西晋

⊙1992年甘肃省敦煌市佛爷庙湾村晋墓出土。敦煌市博物馆藏。图中疾驰的骏马四蹄腾空,马上人物侧身拉弓。右上方黑书榜题"李广"二字。画面色彩鲜明、描绘简洁,具有强烈的运动感。

成一股力量,希望能够再立奇功。在对匈奴的作战中,身为高级将领的李广,总是战斗在最前线。在随后的几年,李广又转任陇西、雁门、代郡、云中等各边郡太守,赢得了"飞将军"之名。

前141年,继承了汉朝皇帝短命传统的汉景帝驾崩,享年48岁,汉武帝即位。李广由上郡太守调任卫尉,位列九卿,统率未央宫禁卫军。这一年,李广已经年过50,对于一个征战沙场多年的军人来说,李广渴望在生命的最后阶段建功立业,为自己的戎马生涯画上一个完美的句号。

前129年,汉武帝派遣李广、公孙敖、公孙贺和卫青四将,各率1万骑兵分别从雁门、云中、代郡、上谷四个方面同时出击入侵的匈奴大军。这次出征,除了李广之外,其他三名均是血气方刚的年轻将领,这似乎标志着一个新时代的到来,烈士暮年的李广虽是壮心不已,但能否续写飞将军的传奇,一切都是未知数。

结果,汉武帝时期的第一次对匈反击战中,李广遭遇匈奴主力,1万骑兵全军覆没,李广本人被生俘后逃回。这一战的失败,对李广来说,似乎是一个不祥的预兆。前123年,李广以偏将军的身份随卫青出征,为卫青麾下六将之一,结果李广无功而返;前120年,李广领兵4000,与匈奴左贤王部的4万骑兵遭遇,由于张骞的援军未能及时赶来,又一次全军覆没。

前119年,汉武帝集结10万铁骑,派遣卫青、霍去病两员不世名将,对匈奴发动漠北总攻,意欲一举平定匈奴之患。这一年,李广已年过60,这是汉朝对匈奴的最后一战,更是李广军事生涯中的最后一战。

未央宫里,李广在汉武帝面前老泪

《漠北之战图》·现代·王绪阳
⊙中国军事博物馆藏。此图是现代画家王绪阳的代表作,以极其宏大的场景再现了汉代漠北之战的历史场面,艺术风格古朴典雅。

纵横,他请求皇帝给予他最后一次建功立业的机会。望着白发苍苍的李广,汉武帝起初以他年老没有答应,后来经不起李广请求,最终任命他为前将军跟随大将军卫青出征漠北。

最后一次出征,戎马一生的李广大概也想过,自己有可能会永远地留在漠北荒原,但是那又能怎么样呢?大丈夫生当建功立业,纵使战死沙场、马革裹尸,亦是死而无憾。但是李广不会想到,等待他的将是一场悲剧。

漠北之战中,卫青得知匈奴单于本部就在自己的正前方,于是自率精兵,追击匈奴单于,令前将军李广自东路迂回策应。此役卫青穿越大漠,奔袭千余里,大败匈奴伊稚斜单于。

然而担任迂回策应任务的李广,却因迷路,未能与卫青主力部队会师,导致合击计划破产,未能完成活捉匈奴单于的作战目标,伊稚斜逃往漠北。

李广因迷路延误军机,按律当追究其罪责,老将军对自己的部下说:"我从少年起与匈奴作战70多次,如今有幸随大将军出征同单于军队交战,可是大将军又调我的部队走迂回绕远的路,而我又偏偏迷路,难道不是天意吗?况且我已60多岁,不能再受那些刀笔小吏的污辱了。"于是拔刀自刎。

就这样,一代名将李广含恨而逝,留下了"李广难封"的典故,令后人扼腕叹息。

用战绩说话，汉代军功制度

李广难封，有人说是李将军命不好，也有人认为是汉武帝重用自己的小舅子卫青和大外甥霍去病而不待见李广，而李将军则认为可能是自己早些年杀过降兵，遭了报应。而想要探讨李广难封的根本原因，还得从汉朝的军功制度说起。

汉初军功爵位共有四等，分别是侯级爵、卿级爵、大夫级爵、小爵，其中含金量最高的非侯级爵莫属。侯爵又分为关内侯和列侯两种，前者级别较低，有封邑无封国；列侯级别较高，不仅有封国，而且是其封国内的最高统治者。一旦得到了列侯的爵位，就意味着脱离了平民阶层，成了和皇室宗亲一样的贵族。

《史记》与《汉书》中的统计结果显示，汉武帝时期，封侯者共计79人。其中敌方高级投降人员封侯者高达44人，其他35人中，抓捕造反者立功封侯的9人，因父亲立功战死而封侯的2人，真正因军功封侯的只有24人。

其中因俘虏、斩杀匈奴王以上首领而封侯的12人中，斩杀匈奴将军而封侯的

西汉军队简表

兵役制度	实行郡县征兵制，以募兵制作为补充		
兵种	材官（步兵）、轻车（车兵）、骑士（骑兵）、楼船（水兵）		
军队体制	军别	统领	任务
	京师兵（禁卫军）	卫尉、中尉、郎中令等	护卫皇帝、守卫京城，一部分战时出征
	郡国兵（地方军）	郡太守、郡尉	维持治安并接受中央调遣
	戍卒、屯田卒等（边防军）	边郡太守、都护、校尉	戍边、报警、屯田、修城塞等
编制序列	编制	组成单位	人数	指挥官	备注
	大将军军	临时编成	无定员	大将军	太尉掌兵事，将军掌征伐、将军不常置，军以上单位不常设，平时部（校）为最高编制单位
	军	临时编成	无定员	将军	
	部	五曲	约1000人	校尉、司马	
	曲	两官	约200人	侯、千人	
	官	两队	约100人	五百将、卒长	
	队	五什	约50人	队长	
	什	两伍	约10人	什长	
	伍	五士	约5人	伍长	

1人，俘虏匈奴阏氏封侯的3人，率部斩敌首级过千而封侯的5人，为击败敌军做出突出贡献而封侯的3人。

由此可见，汉朝封侯的四条标准为：一、斩杀俘虏地方高级将领；二、率部斩敌首级过千；三、为胜利做出重大贡献；四、父亲立功而死，儿子亦可获封。

从李广一生的战斗经历我们可以看出，七国之乱时期，夺取叛军军旗，是为奇功一件，极有可能因此封侯，但是李广却因接受梁王印信，错失良机。其后几十年间，李广一直战斗在对匈作战的最前线，但是由于汉景帝时期，汉朝一直秉承防御政策，尽管李广御敌有术，却无法对匈奴取得更大胜利，因此一直与封侯无缘。

武帝时期，李广参加汉军四次大规模对匈作战行动，第一次全军覆没；第二次无功而返；第三次遭遇匈奴主力，尽管斩敌3000有余，自己却也全军覆没，功过相抵，仍旧没有封侯的资格；第四次出击匈奴，李广不仅因迷路，未能与匈奴接战，更因贻误军机，最终自杀身亡。

由此可见，李广之所以难封，归根结底是因为汉朝严格的军功制度。

霍去病雕像
⊙与李广形成鲜明对比的是霍去病，他首次出征，就斩俘2000余人，其中就包括单于的叔父罗姑比，从而进封冠军侯。可见汉代封侯和战绩是紧密相连的。

司马迁的人生悲剧其实可以改变：赎

○ 刑罚

大家都知道，汉文帝时候有一个勇敢的小姑娘缇萦，因父亲获罪被处以肉刑，故而上书救父，汉文帝深受感动，废除肉刑。实际上在汉代，刑罚种类之繁多，不胜枚举。而司马迁获罪被处以宫刑更是令人唏嘘。这其中有何原因，待我慢慢道来。

▫ 关于李陵的处理办法

前99年，汉武帝刘彻当家。这位早已过了知天命年龄的皇帝一心想要给爱妾李夫人的哥哥李广利封爵，便先封了李广利为将军，并派他率军讨伐匈奴，打算派李广的孙子李陵为别将，负责押运辎重。

这李陵是将门之后，而且也得了好遗传，善于带兵且骁勇善战，哪里愿意听从李广利那个脑满肠肥的皇亲的调遣呢？于是有些赌气地率领着自己麾下的5000步兵深入，独立行军。谁承想，迎面竟然遭遇了匈奴的8万主力骑兵。

狭路相逢勇者胜，李陵虽然步步败退，却是越战越勇，那气势吓得匈奴主将不敢再追杀，决心放弃。

但这李陵也够倒霉的，这时恰逢他队伍中的军候管敢叛逃到了匈奴那里，一股脑把汉军的军事机密都给抖搂了出来。最重要的是，这人告诉匈奴主将，李陵的队伍是孤军作战，根本没有后援。

这对匈奴人来说真是一个天大的好消息啊！这匈奴军队的人数，是李陵部队人数的十倍还不止，就这样被李陵吓得放弃了，实在有些丢脸。现在知道李陵已经孤掌难鸣，更是要乘虚而入了！于是，匈奴主将大旗一挥，杀将开去，手上只剩几百残兵的李陵悲惨地被俘了。

李陵兵败的消息很快传到了长安城，汉武帝这时候是个什么心情呢？他没有声讨兵败的原因，没有追问两军对垒的差距，更没有提主将李广利的只言片语，只是默默地希望李陵就此战死疆场。

汉武帝是什么人？他是天下的大BOSS啊，他眉头稍微皱一下，嘴角稍微牵动一下，就有无数人在猜测他内心的活动，恨不得钻到他肚子里当一条蛔虫。于是，朝臣们纷纷进言了，有称赞李陵英勇的，有为李陵家人请赏的，甚至有人更能扯，说李陵之所以能够带着几千士兵勇猛地厮杀直到战死，完全是因为

陶彩绘持盾武士俑·西汉

⊙陕西咸阳杨家湾汉墓葬坑出土。咸阳市博物馆藏。杨家湾出土陶俑中步兵俑1800多件，另有文官、乐舞俑、杂役俑，共计2548件，是所见汉墓出土陶俑最多的。杨家湾俑的彩绘保存较好，这在汉俑中也是非常罕见的。兵俑、陶马周身彩绘，有红、白、黑、绿、黄等多种颜色。立式俑罩衣上多绘有甲片，袖口、领口、帽、靴等处也有彩绘。

主将李广利指挥得当……把汉武帝捧得心里美滋滋的。

殊不知，下一封奏报接着就给了汉武帝和朝臣们当头一棒：李陵投降匈奴了！然后，整个朝堂上的氛围变得非常滑稽可笑，大臣们纷纷转舵，把矛头指向李陵，完全不顾自己所说的话前后矛盾至极。

该怎么处理这个事情？汉武帝也略显尴尬，他满殿扫视，最后将目光停在了之前未发一言的小史官司马迁身上。

"司马迁，你说说看，这李陵事件咱该怎么处理？"

老板都这样点名了，司马迁不可能再沉默不言吧，于是他站了出来，规规矩矩地行了个礼，然后说了这样一番话："陵事亲孝，与士信，常奋不顾身以殉国家之急。其素所畜积也，有国士之风。今举事一不幸，全躯保妻子之臣随而媒蘖其短，诚可痛也！且陵提步卒不满五千，深輮戎马之地，抑数万之师，虏救死扶伤不暇，悉举引弓之民共攻围之。转斗千里，矢尽道穷，士张空拳，冒白刃，北首争死敌，得人之死力，虽古名将不过也。身虽陷败，然其所摧败亦足暴于天下。彼之不死，宜欲得当以报汉也。"

《司马迁像》·明·无款

这一堆话表达了什么呢？一共三个信息。

第一，司马迁认为无论从李陵的为人，还是他的功勋来看，他都是具有国士风范的。司马迁评价李陵为"国士"，这赞誉就高了去了。何谓国士呢？首先，可以指一国之中才能最优秀的人，比如战国时候的赵策。其次，国士指的是一国中最勇敢、最有力量之人。这第一个信息，就与满朝文武此刻的进言背道而驰了。

第二，司马迁说，这李陵手里只有几千步兵，遭遇了匈奴的几万骑兵，纵是这样，他也照样坚持战斗，打了好几天，李陵所杀匈奴士兵的数量已经远远超过了他部队损失的士兵数量，这样算起来，汉军不算亏，还赚了。

第三，李陵家世代忠良，他这时候投降匈奴，应该是伪装的，实则当间谍去了，总有一天他会带着匈奴的军机回来报效汉朝的。

司马迁这番话，有理有据，而且平心而论，是很公平的，当然最后一条，那是他的推测，原本想着这样说出来，宽宽汉武帝的心，也算是替李陵求情了。

倒霉的司马迁

然后，接下来发生的事情，不但是司马迁人生的转折点，而且可以称得上是历史的转折点了。

大BOSS坐在宽大的龙椅上，死死地盯着司马迁，眉头一点点地皱了起来。最后，他面目阴沉地说了一句："把这个目无尊上的浑蛋给我拖出去！"于是，司马迁就这样莫名其妙地下了大狱，并在酷吏杜周的各种残忍折磨之后十分冤枉地获了个"诬上罪"。

"诬上罪"是什么罪呢？咱们在史书上也找不到专门的定义，估计就是这杜周自己杜撰出来的。但是从字面意思你应该就能理解，"诬"，大概就是诬蔑、诬陷的意思，"上"，自然就指的是圣上喽。诬蔑了圣上，你说该受到怎样的惩罚呢？

自然逃不过一个死罪，请注意，这才是最重要的，死罪！

当然，要是司马迁就这样被处死了，那就没有后来的故事了，所以说这命运往往都是曲折离奇的。

要知道，在汉朝，死罪是可以想办法免去的，这并非"潜规则"，而是有条有款，完全能够放到台面上来操作的。如何操作呢？方法还不少。

第一种方法，如果祖上曾经有功于国家，在皇帝那里换来过免死金牌，那么只要金牌没被皇帝老板收缴，后世子孙也享受这"免死令"。当然这是极少数情况了，乱世或开国的时候，挣得免死金牌的可能性要大些，到了盛世，皇帝一般也不会轻易地把这东西拿出来赏人，为什么？以防止搬起石头砸自己的脚呀，万一哪个人处心积虑，拿了这免死金牌，然后造反怎么办？

当然，司马迁是没有这个好东西的，他生在一个普通的史官家庭，父亲也就是整天埋首书堆整理资料的"书呆子"，一没有建立功勋的想法，二也没有这个机会。因此，与那高贵的免死金牌自然无缘。

如果没有这么好的东西来抵罪，还有第二个方法，就是花钱赎罪。这是汉武帝时期颁布的特殊政策，此前可没有，即便有，那也得暗箱操作，花无数封口费的。不过因为汉武帝这位老板当政的时候，扩大疆域、稳定边疆的仗是常年在打，消耗非常巨大，导致国库空虚，所以老板经过深思熟虑后，就给全国的"公务员"下了一道通知。

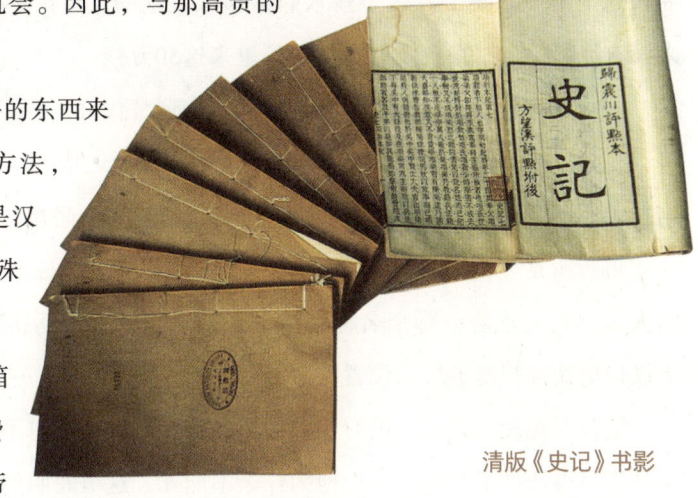

清版《史记》书影

各位亲爱的员工们：

　　你们都是我大汉的员工，管理着各行各业，国计民生，为我大汉的强大富有做出了巨大的贡献，感谢你们！现针对你们惯用的律法进行一些细微的调整，所有犯了罪的人，皆可通过上交一定数目的金钱来减轻罪责，具体减免条例后面会在各单位公告栏上公示。此项所得银两，全部上交国库。

老板：刘彻

　　到了司马迁获罪的时候，这项特殊政策已经实施多年了，连他自己都很清楚，想把这死罪免了，得向国家缴纳50万钱。

　　50万钱是多少？这个说起来稍微有点混乱，不过根据时间我们可以判断，司马迁出事儿的时候，汉武帝已经完成了多次币制改革，也就是说那时的货币基本定性了。再根据汉宣帝时期"谷至石五钱"来推断，那时候的粮食价钱在每石5—10钱。而一石粮食大概相当于我们现在的100斤。按照现在的粮食价格计算，50万钱大概折合人民币1500万元。

　　真贵，太贵了！司马迁只是一个小小的史官，在公务员体系中，收入排在

73

靠末尾的地方。每个月领了薪水勉强够家人吃喝，节余都没有。而且他们家一来没有经商的，二来也没有贪污，哪里来这50万钱？

好吧，只能考虑这第三个办法了：以宫刑替代之。

"宫，淫刑也，男子割势，女人幽闭，次死之刑。"这宫刑是怎样的一个刑罚，你不可能不知道吧？……怎样，有没有点心生恐惧？

再听听这宫刑的其他名称，蚕室、腐刑、阴刑、椓刑……哎哟，血淋淋，叫人直起鸡皮疙瘩，哪个名称都活生生地反映了这个刑罚的残酷性，怪不得登上汉代刑罚排行榜第二的位置呢！

既没有免死金牌，又没有足够的买命钱，可又不能也不愿意死，无奈之下，司马迁只得选择了宫刑。至于他为什么不能死，这事儿咱们放到后面再说。今天就司马迁的这出人生悲剧，咱们顺带聊一聊汉代的刑罚吧！

▫ 大汉刑罚

西汉建立之初，大部分的制度都是沿袭秦朝旧制，这刑罚也不例外。刑罚大致分成了死刑、徒刑、笞刑及罚金几种等级，在不同的等级之下，又有各种各样的形式。

咱就先说说这个死刑吧。在秦汉时期，死刑根据不同的死法有不同的称呼，枭首、腰斩、弃市、磔刑、车裂、凿颠、抽胁、镬烹、囊扑、具五刑、定杀等，听上去很野蛮，执行起来也很残忍。比如这枭首，实际上就是把犯人的头砍下来并且悬挂示众的意思，也就是我们通常所说的"枭首通衢"。各位坐稳了，咱先来仔细地认识一下这个"枭首"。

传说中，"枭"

永初七年刑徒砖拓片·东汉
⊙刑徒砖又称"刑徒墓砖"，是汉代犯人死亡后用以记录其名籍、生卒年月等内容的刻画砖铭，与死者尸骨共埋，相当于墓志铭。

指的是一种不孝的恶鸟,当小枭还在鸟巢里嗷嗷待哺的时候,母枭便到处奔波,找食来喂养自己的孩子。待到小枭们羽翼渐丰,母枭早已累得筋疲力尽,视力严重下降,无法再出去捕食了,这时候,小枭们群起而攻之,争抢着去啄母亲身上的肉吃,母枭无力躲闪,只能死死地咬住树枝,任凭孩子们疯狂地啄食,直到最后,母枭被吃得只剩下脑袋。可是,你别觉得这母枭有多么可怜,它不也是吃着母亲的肉,喝着母亲的血活过来的吗?因为这种不孝之鸟的归宿都是挂在树上,因此得名"枭"。

所以说,只有那些犯了实在让人气不过的罪的人,才会被判枭首,因为这种刑罚不只残忍,重要的是还比较伤自尊。咱古人不是讲究身体发肤受之父母吗?即使死也要保个全尸,而如果你罪不可赦,就只能死得这样难看了!

当然,死刑没有不残忍不见血的,因为咱汉朝也没有什么注射啊、

吊俘矛·西汉

⊙云南晋宁石寨山出土。中国国家博物馆藏。在青铜矛的矛叶下角,用锁链悬吊两个俘虏,俘虏赤身裸体,低垂着头,长发下披,双臂倒剪在背后,绑缚的双手悬吊在锁链上。这件矛可能是滇人使用的仪仗用具。

第二章 别穆在不懂政治上

> **游大汉指南**
>
> 徒边刑并非沿承秦制，它出现于东汉时期，是一种减死罪一等，并发配边疆服役的刑罚。《后汉书·郭躬传》所谓"以全人命，有益于边"，即指此而言。据《北堂书钞》卷四五记载，汉灵帝时的蔡邕因所谓"以仇怨奉公"而被判处弃市，后被"减死一等"，与家属一起徙往朔方。又据《后汉书·阳球传》载，阳球因得罪宦党，被"诛死，妻子徙边"。这说明，徒边也是死刑的株连刑罚，罪犯被处死，妻子儿女也被发配到边疆去。

电椅啊之类的现代化死亡手段。反正不是砍头就是齐腰砍断，再不就是五马分尸，血淋淋那是避免不了的。

其实比死刑更为残忍的是肉刑。你说死就死吧，反正死刑来得果断，再怎么痛苦也就一会儿的事情。但肉刑就不同了，什么割鼻子、割掉脸上的肉，砍掉手指、脚趾……还不带打麻醉的，这哪一种不是痛？痛吧，还不让你死，就得活着，一辈子带着受过刑罚的印记，走到哪里都让人看不起。这才是最大的折磨。

因此，开明的汉文帝在他当政的时候，经过一番努力，最终废除了肉刑，用徒刑、笞刑以及死刑来取代。

当然，汉文帝也不喜欢更加残忍的宫刑，在废除肉刑的时候也一并将此刑罚废除了。可是既然汉文帝已经废除了宫刑，这后世的司马迁何以又遭受了宫刑的罪过呢？

原因就在于，宫刑是传统的代替死刑的办法，就像今天的死缓，是一个过渡过程。因为免了一个人的死刑，总不能就直接放他走吧，既然被判死刑肯定是罪过不小，即便罪不至死也要考量考量，但总得惩罚一下不是？没有了宫刑，反而失去了一个接替死刑的刑罚。

到了汉景帝时期，经过再三斟酌，又恢复了宫刑。于是只能说，司马迁的悲剧都是命运的捉弄啊。

说到这个"徒刑"，你应该好理解吧，所谓"有期徒刑""无期徒刑"，那都是徒刑的不同形式。简单地说，就是将犯人监禁起来，让其在一定时间内失去人身自由，并且要为国家和政府做一些事情的刑罚。

在汉朝的徒刑有1年至5年期限的。相比较当代，服刑的日子较短。但这干的活儿可就不一样了。像什么修筑城墙、造兵器、造工具、为宗庙砍柴伐薪等活计，都是由这些被判了徒刑的罪犯来做。更有甚者直接发配到边疆去服苦役。你别以为到了边疆山高皇帝远的跑了都没人知道，这被判刑的，可是登名造册的，而且专门有人负责押送到地方，去了就戴上镣铐或圈禁起来做苦力活儿，每天还有人点名查岗，想开溜？哪有那么容易！

到底是失去人身自由痛苦，还是被狠狠打一顿痛苦？你可能会觉得长痛不如短痛，犯了错还不如被打一顿了事来得果断呢。

"笞刑"正好满足了你这样的想法。所谓笞刑，就是指"用竹板或荆条拷打犯人脊背、臀部或者腿部的刑罚"。竹板或荆条虽算不得"利器"，但抽在身上的感觉可真心不爽。你要是咬着牙能受得十下，就算是身子骨硬朗的了。那"笞五百""笞三百"的，简直就算是酷刑啊，经常出现的情况是，还没等打完呢，犯人就已经断气了，真可谓"活活打死"。这样和死刑有什么区别？

因此又在咱们汉景帝的斟酌下，层层递减了笞刑的数目，为的就是让犯人被惩罚完了还能有口气，以便在将来的日子改正自己所犯的错误。

虽然说"天子犯法与庶民同罪"，但显然这是统治者说出来欺骗老百姓的伎俩罢了。所有的刑罚由统治者制定，为的是约束普通大众而非统治者自己。因此，官员犯错显然要比百姓犯错所受到的处罚轻得多。

比如身份刑和罚金刑，不过就是剥夺官位爵位，处罚一些金钱罢了。如若不是什么实在难以原谅的罪过，很多官员是可以花钱免灾，完全无须承受肉体之痛。

可是，司马迁只是个穷官，他没有钱，自然没有拿钱买命的资本。但是他很想活着，因此只能用"命根"来换命了。

刑罚代代有之且逐渐趋于完善。我们常常会为那些罪大恶极之人受到应有的惩罚而拍手称快，但也时常会因为一些人遭受的不平冤屈而难过同情。但法律的严苛就在于，它必须具有一定的强制性，才能够真正成为治理国家的利器。时到如今，我们也只能这样想，没有这场灾难，也许司马迁未必能够写出《史记》，如若他只是一名平凡的史官，我们将少学到多少知识呀。

[历史旅行指南·活在大汉]

曹丞相，你究竟是个多大的官

⊙ 三公九卿

曹操，字孟德，小名阿瞒，手下小弟以及江湖上给个面子的朋友，都尊称其一声"曹丞相"。尽管跟他对着干的其他几位扛把子，往往称其为"曹贼"，但是曹操的丞相之职却是货真价实的。

▫ 曹操升官记

汉献帝建安十三年（208），时年53岁的司空兼车骑将军曹操，征战半生之后，登上其军事生涯的顶峰。他以天子之名征伐四方，对内破黄巾、灭二袁、诛吕布，对外降匈奴、征乌桓、逐鲜卑，一时间睥睨群雄、雄踞宇内。

六月，曹操上表汉献帝，罢黜司空在内的三公之位，重新设置丞相之职，并且当仁不让地"毛遂自荐"出任丞相，天下舆论随即一片哗然。荆州刘

《魏武帝曹操像》·明·无款

表、江东孙权、凉州马超以及还在四处打酱油的刘备等各路军阀，纷纷指责曹操此举包藏祸心，有谋朝篡位之意图。也就是从那时候起，后世的舞台上多了一个头戴纱帽、身披锦袍的白脸曹丞相。

对三国历史有所了解的人都知道，早在自任丞相之前，曹操便已形成挟天子以令诸侯之势，就连当时最具势力与资格，可与曹操逐鹿中原的袁绍，也被击败于官渡之战中。不管曹操是司空也好，是丞相也罢，汉朝中央政府都牢牢把握在他的手中。究竟是什么原因，让天下豪杰对曹操为自己戴上的那顶丞相乌纱如此敏感呢？

我们不理解的原因，在于我们对汉朝三公九卿制度不够了解，通过丞相这一官职，当时的人们能够轻而易举地看到曹操的野心之所在。现在咱们就来深入聊一聊汉朝的三公九卿制度。

丞相到底有多大

要说三公九卿制度，得从秦始皇时期说起，中国历史上许多制度追根溯源，都能追溯到这位中国大一统的开创者身上。秦帝国建立之后，秦始皇在地方上以郡县制取代分封制，在中央则设立三公九卿制，以统治全国。

帛书《张掖都尉棨信》·西汉

⊙由红色长方形绢制成，周缘卷边，上方缀系，左右竖排两行墨书篆体"张掖都尉棨信"六字。棨信即信幡或幡信，悬挂于棨戟上，为高级官吏出行的标志，也是通行关禁的证件。

秦朝二世而亡，大汉王朝的创始人刘邦，是个地头蛇出身的秦朝乡长，刘邦聘请的职业经理人萧何、曹参等人则是秦朝基层公务员。汉朝立国之后，基本继承了秦朝的全套政治制度。三公九卿制度作为中央政府的基本架构，也被保留了下来。

西汉时期，所谓的三公九卿，三公指的是丞相、太尉以及御史大夫。其中丞相是政府部门的最高行政长

司隶校尉印·西汉
⊙司隶校尉是汉代监督京师和地方的监察官。

官,太尉是全国最高军事长官,御史大夫主管监察。表面上看来,三公各有分工,地位相当,颇有些"三权分立"的感觉,实则不然。

太尉虽然是全国最高军事长官,但和平时期却是没有兵权的,战时也要有皇帝的符节,才能调动军队,所以军权归根结底是在皇帝手中,太尉充其量也就是总参谋长。而御史大夫的权力更小,除了监察职能外,更多的是承担一些管理图籍、奏章的文书类工作。

与之形成鲜明对比的是,西汉早期,丞相权力极大。皇帝作为天子,拥有至高无上的地位,有权任命丞相,但是丞相一经任命,便全权负责管理国家。皇帝若对丞相的行政管理有所不满,虽然有权罢免丞相,却无权直接插手政务。

丞相的权力如此之大,以至于西汉初年,曹参在担任丞相时,曾直接要求皇帝不要插手政务。他对汉惠帝说:"高皇帝与萧何定天下,法令既明具,陛下垂拱,参等守职,遵而勿失,不亦可乎?"翻译成现代汉语就是,老一辈已经定下了基本国策,陛下你什么都不用插手,我们这些做臣子的恪尽职守,天下就一定太平了。

西汉初期,丞相位高权重,以至连皇帝都要礼敬三分。凡丞相觐见,皇帝得离座;丞相病重,皇帝得亲临问疾,并遣使送药;丞相去世,皇帝要前往吊唁,并赐棺、赐葬地、赐冥器等。此外,西汉初期的丞相萧何、曹参等人,还都有"赞拜不名、入朝不趋、剑履上殿"的特殊待遇。

皇权的反击战

丞相一人之下万人之上,位高权重,这无疑极大地削弱了皇帝的权力。汉武帝时期,皇权与相权之间的矛盾达到顶峰。汉武帝在位54年,先后任用过13位丞相,其中7人被罢免,5人被处死或是被迫自杀,仅1人善终。38.46%的死亡率以及53.85%的失业率,使得丞相成为这一时期最为危险的职业。

对于有着雄才大略的汉武帝来说，即使是不断撤换丞相，仍然不能让他感到满意，他的最终目的是加强皇权、削弱相权，做到真正的"号令天下，莫敢不从"。为削弱相权，汉武帝下令，政府颁布的行政命令，必须加盖皇帝玉玺才能生效。

同时，汉武帝在"内朝"中增设尚书台，专门负责审议政府奏章工作。凡是奏章、文件等，只有经过尚书台审议，最终交由皇帝加盖玉玺之后，才具有法律效力。就这样，国家大权在尚书台拐了一个弯之后，又回到了皇帝手中，渐渐地，尚书台成了最有权威的机构，丞相最终就只有"坐而论道"的权力了。

据传，汉宣帝时期，丞相丙吉在长安城内散步，路遇打架斗殴致人死伤，他不闻不问，行不许久，遇见有驾车的老牛在喘气，他反而上前询问驾车之人。随从人员大惑不解，丙吉解释说："打架斗殴，有京兆尹管，丞相不必过问；牛若未走多远就喘气，是天时不正，作为丞相，我有责任协助皇帝调理阴阳，所以要问问。"由此可见，曾经权倾朝野的丞相，已经彻底沦为闲职。

除了对丞相动手之外，汉武帝还废黜"太尉"一职，将最高军事长官更改为"大司马"。之所以取"司马"之命，在于汉朝征讨匈奴，骑兵是当之无愧的主力，而战马也就成了最重要的战略物资，名为"司马"，实则取"司战"之意。汉武帝最为钟爱的两员名将卫青、霍去病，都曾担任大司马一职。

后来，汉成帝时期，更"御史大夫"为"大司空"，汉哀帝时"丞相"更为

《丙吉问喘图》·宋·无款

"大司徒"，汉朝三公正式改为大司马、大司徒、大司空，由此"三公"也被称为"三司"。

三公的命运

25年，光武帝刘秀登基称帝，定都洛阳，史称后汉。刘秀即位之初，承袭前汉制度，以大司马、大司徒、大司空为三公。后来，刘秀改大司马为太尉，同时去大司徒、大司空"大"字，称司徒、司空。

与此同时，光武帝进一步扩大尚书台的权力。尚书台既出诏令，又出政令，尚书台最高长官尚书令拥有选举、纠察、举劾、典案百官之权；参与国家重大政事的谋议、决策，对朝政有着重大影响。

三公被架空，只剩下议事功能，毫无实权。不过值得"庆幸"的是，拥有实权的尚书令权重却位卑，职阶尚在九卿之下，这样做的目的在于方便皇帝控制，这样一来，三公仍旧是名义上的政府最高行政长官。只不过，位高权轻的三公，除了议事之外，最大作用是在天下发生灾祸之时，引咎辞职，以平息天怒。

与三公的曲折命运不同，负责具体行政工作执行任务的九卿，职权变化一直比较小。九卿分别为：奉常，掌管宗庙礼仪，地位很高，属九卿之首；郎中令，掌管宫殿警卫；卫尉，掌管宫门警卫；太仆，掌管宫廷御马和国家马政；廷尉，掌管司法审判；典客，掌管外交和民族事务；宗正，掌管皇族、宗室事务；治粟内史，掌管租税钱谷和财政收支；少府，掌管专供皇室需用的山海池泽之税及官府手工业。

两汉400年间，九卿最大的变化在于名字的更改。汉景帝改"奉常"为"太常"，"卫尉"为"中大夫令"，"廷尉"为"大理"，"典客"为"大行令"，"治粟内史"为"太农令"。武帝时改"大行令"为"大鸿胪"，"郎中令"为"光禄勋"，"太农令"为"大司农"。

我们不难看出，三公九卿制度的演变，是皇权与相权斗争的结果。最初的丞相权倾天下、架空皇帝，经过数代皇权的反击，架空三公，牢牢地掌握了权力。而东汉末年，曹操废除早已彻底沦为虚职的三公，重置已经消失两三百年的丞相之职，并由其一职独大，无疑是对皇权的"反攻倒算"，无怪乎天下哗然。

[历史旅行指南 · 活在大汉]

皇上要削减咱的封地？
七国齐吼："反了！"

—— 分封诸侯

周朝用自己的亲身经历证明，分封制无疑是一种花样作死的行为，但是仅仅过了几十年，汉朝再一次玩起了分封制。汉高祖刘邦分封的大小王爷果然没有让刘邦"失望"，没过多少年，就全都反了。

▫ 汉初封王运动

谈起汉朝的分封制度，就不得不提汉朝创始人刘邦的头号竞争对手——项羽。楚国贵族出身的项羽，在反秦成功之后，对春秋战国时期的"血色浪漫"格外钟情，于是自封西楚霸王之余，大封诸侯。楚汉相争时期，刘邦为了与项羽抢地盘，也跟风搞起了分封制度。功大者封王，功小者封侯。

在大汉帝国正式立国之时，刘邦已经先后分封了七个异姓藩王。不过刘邦搞分封，显然是迫于形势，等到竞争对手项羽彻底破产之后，刘邦就开始拿那些异姓王开刀了。楚王韩信、梁王彭越、赵王张耳等异姓王，全被刘邦收拾了。

不过刘邦在收拾几个异姓王的过程中，还在思考一个让所有开国皇帝都头疼的问题。如何才能让老刘家的江山万世永固呢？仔细分析秦朝灭亡的原因，

83

刘邦认为，最大的问题就是老嬴家自己人带兵打仗的太少了，外姓人怎么可能像自己人那样忠心？

出身底层又没什么文化的刘邦一拍大腿，还是自己的叔伯弟兄儿子侄子靠得住，那些打工的外人怎么可能跟自己一条心！想要保住刘家的江山，就得重用老刘家人。封王！封老刘家人当王。就这样，刘邦陆续分封了9个刘氏宗室子弟为诸侯王，并与群臣杀白马盟誓，此后非刘氏子弟不得封王。由此汉室江山初定，只是可惜了那匹无辜的白马。

汉初刘氏诸王的封国，土地辽阔，人口众多，东部以及东南部大片富庶的土地都处在诸侯王的统治下。诸侯王在封国内独揽大权，他们不仅拥有征收赋税、铸造钱币的权力，同时还拥有强大的武装，成为实际上的独立王国。高祖时期，由于各诸侯王与刘邦血缘关系极近，对汉朝皇室的忠诚无可置疑，所以很好地维护了中央政权的稳定。

▫ 汉文帝削藩之策

不过我们应该以发展的眼光看问题，生活在2000多年前的刘邦显然不懂这个道理。前180年，周勃、陈平等老臣平定诸吕，迎立高祖第四子、代王刘恒为帝，是为文帝。汉文帝以高祖庶子继统，地位本来就不稳固，而汉初所封诸侯王，已经历了两三代的更迭，与文帝的血统关系逐渐疏远，政治上已不那么可靠，因而一再发生叛乱。

朱虚侯刘章和东牟侯刘兴居，在平定诸吕的过程中虽然有功，但是他们二人均是齐王刘襄的亲弟弟，本来计划拥戴齐王为帝。汉文帝登基之后，并未给他们分封新的土地，只是让他们各自分割齐国一郡，封为城阳王和济北王。

城阳王刘章不久死去。济北王刘兴居于文帝三年，乘文帝御驾亲征匈奴之际，起兵反叛，后来兵败自杀，济北国被除。3年后，淮南王刘长谋反，事发被贬至蜀地，死于道中。这些事件预示着王国与中央政权的矛盾正在加深，尾大不掉的诸侯王已经成为汉朝中央政府所要面对的最大的麻烦。

为了巩固汉朝中央政权，汉文帝采取了一系列重要措施。首先，他封自己的皇子刘武为梁王，梁王是太子刘启同母弟弟，梁国是拥有四十余城的大国，位于东方诸国与长安之间，是屏蔽中央政府的关键。

其次,把一些大国拆分为几个小国。例如东方势力最为强大的齐国,本是刘邦长子刘肥的封国,被汉文帝拆分成齐、城阳、济北、济南、淄川、胶西、胶东七国。齐国旧地虽仍在齐王刘肥诸子之手,但是每个王国的地域和力量都已缩小,而且难于一致行动。汉文帝的这一系列措施有效地稳固了汉朝局势。终文帝一朝,虽偶有叛乱爆发,但国家大局未乱。

▪ 七国之乱,兄弟们反了!

前157年,汉文帝刘恒驾崩,太子刘启继位,是为汉景帝。新皇登基,大赦天下,本是举国欢腾之日,有一人却怎么都高兴不起来,这个人就是吴王刘濞。吴王刘濞是高祖刘邦的次兄刘仲之子,统治吴地三郡五十三城。其辖区豫章郡产铜,刘濞铸造铜钱;吴地滨海,刘濞煮海为盐,获利颇丰。

如果说人有钱就幸福的话,那么刘濞绝对可以入选"幸福汉朝"十大人物。但是富有的刘濞却一点都不幸福,尤其是刘启登基之后,他总是北望长安,恨不得将这个新皇帝生吞活剥了。

吴王刘濞与汉景帝刘启之间的恩怨要从刘启做太子开始说起,当时吴王太子刘贤入朝,陪伴皇太子刘启读书。这位吴王太子在吴国嚣张跋扈惯了,来到长安后根本不把刘启这个皇太子放在眼里。有一次,二人对弈起了争执,刘贤态度不恭,皇太子刘启一棋盘砸死了刘贤。吴王刘濞的反叛之心由此而生。

"广陵王玺"金印·东汉

◯江苏邗江甘泉山二号东汉广陵王墓出土。南京博物院藏。该印由高纯度黄金制成,龟钮精致,纹饰精美,印文阴刻篆书"广陵王玺",布局疏密有致,行笔直中有曲,流畅和谐,坚挺饱满。广陵王玺是迄今发现的唯一一枚汉代刘姓诸侯王的印玺。

帛画《驻军图》·西汉

⊙1973年长沙马王堆三号汉墓出土。湖南省博物馆藏。本图上方为南，下方为北。采用红、黑、青三色绘画，出土时色彩艳丽。图中所绘主区位于今湖南南部宁远九嶷山与南岭之间，绘有山脉、河流、居民点，着重标出9支军队的驻地、军队番号、防区界线、军事设施和行动路线。

吴王刘濞怀不臣之心，汉景帝刘启也有削藩之志，在御史大夫晁错的建议下，这位年轻气盛的皇帝决心以雷霆之击，行削藩之事。景帝前元三年（前154），刘启下令削减吴王东海郡作为惩罚，削赵王刘遂河间郡，削胶西王刘昂六县；后来景帝又与群臣商议削夺吴王刘濞的封地事宜。

重病之人不宜用猛药，汉朝立国数十年，藩王势力根深蒂固，藩王之患也积疾甚深，景帝削藩之举无疑操之过急，震动朝野。

削夺吴国封地的风声传到吴国之后，本就心存反念的吴王刘濞亲往胶西，与胶西王刘昂相约反汉，事成之后两国分天下而治。刘昂同意谋反，并与他的兄弟、齐国旧地其他诸王相约反汉。吴王刘濞同时还派人前往楚、赵、淮南诸国，通谋相约起兵。

没过多久，削夺吴国豫章、会稽两郡的诏书传到吴国。早就准备的刘濞立即杀死了吴国境内所有汉朝中央政府任命的两千石以下官吏，随后联合早已串通好的楚王刘戊、赵王刘遂、济南王刘辟光、淄川王刘贤、胶西王刘昂、胶东王刘雄渠六王公开反叛。

由于准备充分，刘濞等人很快便纠集起了一支30万余众的军队，以"诛晁错，清君侧"的名义，举兵西向，史称"七国之乱"。

▫ 平定七国之乱

由于刘濞等人早有预谋，所以七国军队在叛乱之初势如破竹。曾当过吴国国相的袁盎建议汉景帝诛杀晁错，以满足吴王"诛晁错，清君侧"的要求，换取七国联军退兵。随后，丞相陶青、中尉陈嘉、廷尉张欧联名上书，弹劾晁错。无奈之下，景帝腰斩晁错于东市。

汉景帝诛杀晁错之后，刘濞等人非但没有撤兵，反而认为景帝软弱无能，

阳陵虎符·西汉

⊙中国国家博物馆藏。"虎符"为古代帝王调动军队之信物。虎颈至胯间左右各有错金篆书铭文两行十二字，书曰："甲兵之符，右才（在）皇帝，左才（在）阳陵。"阳陵为汉景帝改戈阳后始有，故此虎符应是汉景帝时期的文物。

刘濞自称东帝，与汉室分庭抗礼。景帝决心以武力镇压叛乱。

太尉周亚夫领兵抵御吴楚联军主力，曲周侯郦寄领兵攻打赵国，栾布攻击齐地诸叛国，大将军窦婴驻屯荥阳，监视齐、赵的动向。

吴楚联军向东进军，与景帝之弟梁王刘武交战，吴楚联军并力攻城，梁王刘武一面拼死抵抗，一面向朝廷告急。太尉周亚夫认为，吴楚联军气焰正盛，与之正面决战并无胜算，于是计划让梁王军队拖住吴楚主力，寻找时机切断对方补给，然后伺机击溃叛军，景帝同意了周亚夫的计划。于是周亚夫绕道进军，走蓝田、出武关，驻屯洛阳。

吴楚屯兵坚城之下，一时难以取得突破性进展，于是挥师进攻洛阳。周亚夫坚守壁垒，不肯出战，趁机遣轻兵南下，断绝了叛军的粮道。吴军断粮之后，士兵饥饿，战斗力下降、军心不稳，决战之中周亚夫大破吴楚联军。吴楚联军溃败之后，吴王为东越王所杀，献其首级于汉朝，楚王刘戊自杀。七国之乱主力吴、楚被破之后，其他诸王也相继被汉军所破。

七国之乱，起于正月，三月即被平定，七王皆死，六国被除。至此，中央政府的权力大大加强，其他未参与叛乱的诸侯王的力量也被削弱。从此之后诸王不再拥有治国之权，仅能在封地征收规定数额税赋作为俸禄，已不再具备与中央对抗的实力。

不过，由于平定七国之乱过程中，汉景帝胞弟梁王刘武立下头功，梁国实力更加壮大，加之窦太后对其宠爱有加，以至于刘武萌生夺取储君之位的野心。后来梁王先于汉景帝病逝，其封国也被一分为五，曾经实力雄厚的梁国不复存在。

汉武帝继位之后，为了巩固中央集权，允许诸侯王将自己的封地拆分给子弟，诸侯国越分越小，汉武帝再趁机削弱其势力。武帝以后，王国辖地不过数县，其地位相当于郡，分封制所带来的弊病被彻底革除。

有銎戈·汉
⊙戈是中国古代所特有的一种带柄兵器。

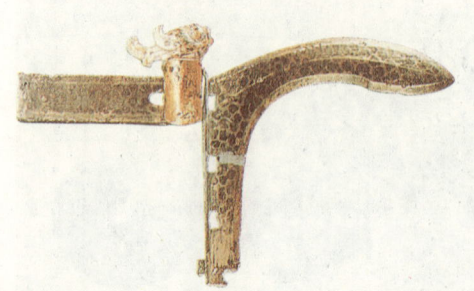

[历史旅行指南·活在大汉]

蠢萌皇后成长记

—— 外戚干政

经济条件不富裕的年代，媳妇偷偷往娘家塞东西，这绝对是让许多男人头疼的事，不仅普通老百姓如此，就连皇帝也要面对这样的苦恼。自汉朝立国之后，外戚专权，就成了一项"光荣传统"。老皇帝驾崩，小皇帝继位，皇太后临朝，大国舅当政，这样的剧情在汉朝尤其是东汉时期，几乎成了固定模式。

吕后专权

前195年4月25日，汉高祖刘邦因病逝世，享年62岁。刘邦驾崩后，16岁的汉惠帝刘盈继位，太后吕雉临朝听政。

按常理来说，二人是结发夫妻，吕雉不满20岁就嫁给了比自己大15岁的刘邦，夫妻情分应当很深。但是刘邦创业成功之后没能逃过"男人有钱就变坏"的定律，大搞男女关系，彻底伤透了吕雉的心。

吕后专权之后，为了报复负心汉，把仇都记在了刘邦那些小老婆以及她们的孩子身上，大批刘邦的姬妾、儿子被吕后残杀。与此同时，吕后重用吕氏子弟。吕后专权期间，西汉王朝表面姓刘，实质上却是吕家的天下。为了能够长期把持朝政，汉惠帝刘盈死后，吕后一连立了两名小皇帝。

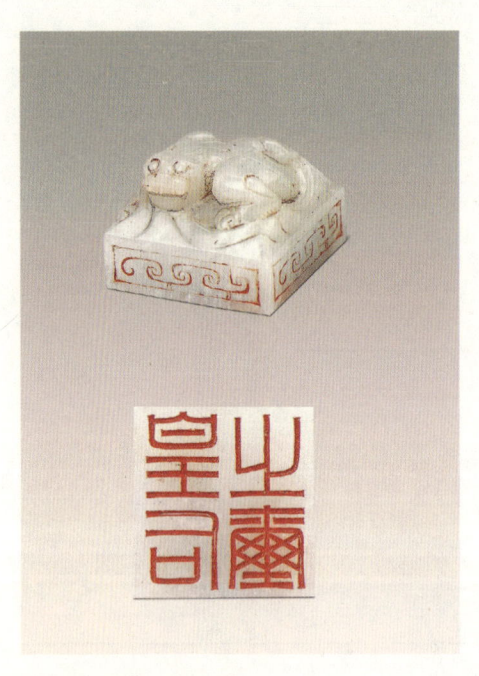

"皇后之玺"玉玺·西汉

⊙1968年于陕西咸阳韩家湾公社狼家沟汉高祖陵墓附近出土。陕西历史博物馆藏。"皇后之玺",玉料呈白色,为新疆和田玉,印体为正方形,上饰凸雕的螭虎纽,四侧阴刻云纹,印文为阴刻篆书"皇后之玺"四字,是迄今所知汉代帝后用玉玺仅有的一件出土遗物。因其发现地为长陵陵园,故而被认为是吕后之玺。

吕后死后,随即爆发了刘氏皇族与吕氏外戚集团之间的血腥斗争,在周勃、陈平等一干老臣的支持下,刘氏皇族赢得了胜利,西汉终于回到了刘家子孙手上,从而进入第五、六任皇帝领导下的"文景"时代。

窦氏家族

汉文帝登基之后,长子刘启被立为太子,刘启生母窦姬被册封为皇后。窦皇后出身低微,早年离家,和自己的兄弟也再没有往来。在她被册封为皇后之后,她的弟弟窦少君来到长安与姐姐相认。文帝赏赐给窦少君财物、田宅,让窦家迁居到长安,一家人得以团聚。

窦氏一族有三人封侯,窦太后兄窦长君早死,长君子窦彭祖被封为南皮侯;太后弟窦少君封为章武侯,太后侄窦婴为大将军,封魏其侯。

面对日益壮大的窦氏一族,老臣周勃等人感到了一丝不安,经历过了吕后专权那段历史后,老臣们担心,在窦皇后的庇护下,数年之后,窦家难保不会成为第二个吕家。于是周勃、灌婴等人建议汉文帝,挑选品德高尚的长者及行为端正的士人教导出身低微的窦氏兄弟。数年之后,窦氏一门子弟皆成谦虚礼让的君子。

其后,文帝、景帝皆英年早逝,窦太后经历文、景、武三朝,威望极高。武帝继位早年,窦太后一度左右朝政,但是窦家却并未因此专权,这首先得益于窦太后始终忠于刘家,其次也因为窦氏子弟始终保持着谦虚守礼的情操。

▫ 卫霍之功

汉武帝统治期间，皇后卫子夫的弟弟卫青、外甥霍去病立下不世之功，卫霍家族成为西汉年间第三个显赫一时的外戚家族。不过，汉武帝雄才大略、享国日久，霍去病、卫青始终对汉朝忠心耿耿，并先汉武帝去世。

汉武帝晚年，因"巫蛊案"，杀太子刘据，立幼子刘弗陵为储，任命霍去病异母弟弟霍光为辅政大臣。前87年，汉武帝驾崩，8岁的刘弗陵继位，是为汉昭帝，辅政大臣霍光执掌政权。此后20年间，霍光成为汉朝政权的实际执掌者，其间实行轻徭薄赋、与民休息的国策，为"昭宣中兴"奠定了坚实基础。

由于刘弗陵体弱多病，21岁便撒手西去，霍光再一次被推到了"托孤辅政"的重任上。

因为汉昭帝无子，霍光选择了汉武帝的孙子昌邑王刘贺为帝。结果此子荒淫无度，于是霍光在群臣支持之下，行伊尹之事，废黜刘贺，立戾太子刘据之孙、汉武帝与卫子夫曾孙刘病已为帝，是为汉宣帝。

当年戾太子刘据于"巫蛊案"中

霍去病墓前的马踏匈奴石刻·西汉

被杀，很大一部分原因，是其舅舅卫青、表兄弟霍去病早逝，以致失去外援，最终遭人陷害。后来，刘据之孙能够在霍光支持下入继大统，也算得上是蒙卫、霍庇佑。

汉宣帝之后，汉朝走向衰落，继位的汉元帝盲目信任外戚史、高，同时又极其依赖宦官集团，外戚、宦官、士大夫争斗不休。汉元帝死后，其子刘骜继位，是为汉成帝。由于沉溺酒色，迷恋赵飞燕、赵合德姐妹，无心朝政，以至太后王政君的家族掌握大权。

太后王氏一族势力不断壮大，太后的七个兄弟都封为侯，王政君长兄王凤官位高至大司马大将军领尚书事，王政君的侄子王莽也开始崭露头角。这一切都为王莽篡汉自立创造了条件,西汉晚期的历史,演变成了王氏一家的兴衰史。

汉成帝死后,短短几年里汉朝又换了两位短命皇帝——哀帝、平帝。8年,王莽代汉自立,建立"新朝",西汉就这样葬送在王氏外戚手上。

王莽篡汉而立,幸而天不绝刘氏江山,25年,光武帝刘秀建立东汉王朝,定都洛阳,史称"光武中兴"。东汉早期,光武帝、明帝、章帝统治之下,皇帝本人能够控制国家的政治权力。但是东汉中期以后,大权逐渐旁落,西汉时期外戚专权的传统在东汉被"发扬光大"。

▫ 东汉外戚列传

东汉中后期,皇帝大多夭亡,据统计,东汉时期皇帝的平均寿命只有29.9岁,位列各朝代倒数第一。皇帝早亡,太子年幼继位,于是就出现了母后临朝听政的情况。《后汉书》记载:"东京皇统屡绝,权归女主,外立者四帝,临朝者六后,莫不定策帷帘,委事父兄,贪孩童以久其政,抑明贤以专其威。"

这些垂帘听政的太后,年龄都不大,一般不过二十几岁,她们基本上没有太多文化,更没有最基础的社会经验,所以对统治一个庞大的国家来说,完全是力不从心,只好依靠自己娘家的父兄,帮助自己来处理国家大事。这样一来,国家政权自然便落到了外戚的手中。

东汉中期,外戚主要有"马、窦、邓、梁"四大家族。东汉明帝的马皇后,是大功臣马援的女儿;章帝的窦皇后,是大功臣窦融的曾孙女;和帝的邓皇后,是功臣邓禹的孙女;顺帝的梁皇后,是功臣梁统的后代。

这四大家族,集功臣与外戚于一身,地位显赫、势力强大。汉明帝时期,东汉立国不久,各大家族的势力尚未稳固,皇帝尚能牢牢把握朝政,马皇后一门,也能够自我谦抑,外戚参政并无太大危害。几代之后,各大家族势力稳固,皇权逐渐衰落,以后的历代外戚,都是专横跋扈,不可一世。

窦氏家族,一公、两侯、三公主(窦穆尚内黄公主、窦勋尚沘阳公主、窦固尚涅阳公主)、四二千石,朝中势力极大。窦氏祖孙三代,府邸连片,奴婢数以千计。到窦宪时,因其妹妹被称为章帝皇后,崇贵日盛,专横跋扈,连皇室成员也惧怕其三分。窦宪曾以低价强买章帝姐姐沁水公主的庄园，而公主竟然不敢与窦宪计较。

邓氏家族更是势力庞大，自光武中兴后，累世宠贵，封侯爵者有29人，封公爵者2人，大将军以下官职13人，二千石高官14人，州牧、郡守48人，担任其他中小官职者不计其数。

梁氏家族也毫不逊色，顺帝阳嘉元年（132），梁商的女儿梁妠被册立为皇后，妹妹被立为贵人，不久之后梁商被任命为大将军，执掌朝政，梁氏子弟遍布朝廷。梁商死后，其子梁冀承袭父位，成为大将军。

梁氏一门出了7人封侯，2人出任大将军，尚公主的3人。女眷中3人被册立为皇后，6位被封为贵人，被册封为县主的女儿7人。梁冀在位20余年，飞扬跋扈，百官莫敢违命。

汉顺帝驾崩之后，梁冀为把持朝政，与梁妠一起立年仅2岁的刘炳为帝，是为汉冲帝。半年后刘炳夭亡，梁冀又立8岁的刘缵为帝，是为汉质帝。汉质帝虽然年幼，却十分聪慧，在一次朝会中，他当着群臣的面叫梁冀"跋扈将军"，梁冀勃然大怒。梁冀觉得质帝虽小，但为人聪慧，担心年长后难以控制，最终将质帝毒杀。

不过东汉各大外戚家族，虽然掌权时嚣张跋扈，但结局大多十分悲惨。

汉和帝在宦官郑众等人的帮助下，撤了窦宪大将军之职位，不久窦宪和他的三个兄弟窦笃、窦景、窦瑰都被逼自杀。在这次斗争中，窦家的支党大受牵连，包括历史学家班固在内的一大批人被牵连致死，更多的人流放南方。

邓氏家族在邓太后死后，也是立即遭殃，处死的处死，贬官的贬官，邓太后的兄长邓骘和他的儿子都绝食而死。

梁氏家族同样也遭遇灭门之灾，汉桓帝联合身边的宦官，发动政变，梁冀和他的妻子自杀身亡。梁冀的儿子河南尹梁胤、叔父屯骑校尉梁让，以及他的亲信卫尉梁淑、越骑校尉梁忠、长水校尉梁戟等人，连同梁家及孙家的内外宗族亲戚，不论老少都处以死刑，暴尸街头。其他受到牵连而死的公卿、列校、刺史及俸禄为二千石的官员有几十人，梁冀原来的官吏和宾客被罢黜官职的有300多人。

专题

宦官外戚轮流当班的闹剧

提起"两党执政""轮流上台"这些词语，怎么看都像是出现在美国政坛上的那一套，但是这一剧情却在东汉中后期上演了百余年。只不过东汉时期的"两党执政"和"轮流上台"可跟当代政治没有任何关系，而是一场不折不扣的政治灾难。

"两党"执政

光武帝刘秀建立东汉之后，三公之位变成虚职，行政大权收归尚书台所有。尚书令权重位卑，便于皇帝控制，不会对皇权产生掣肘。但是权力的过于集中，缺乏其他权力的制约，也为外戚、宦官干政提供了条件。一旦出现皇帝年幼或者是其他原因导致无法亲自掌握朝政，外戚或者宦官这两大集团，谁能控制住皇帝，谁就能掌控朝局。

东汉末，皇帝多幼年继位，朝政由年轻的太后执掌。因避男女之嫌，临朝听政的太后与诸大臣接触多有不便，所以重用娘家父兄协助处理政事，就成了自然而然的选择，这就为外戚窃取大权创造了机会。在皇太后的庇护下，外戚们大权在握，自然飞扬跋扈，骄横难治，对年幼的皇帝也不放在眼里。

及至皇帝成年懂事，不甘心大权为外戚掌控挟持，自然要想办法除掉外戚集团。由于东汉时，宫廷内官全部由宦官充任，深居宫闱的皇帝与其他大臣接触

陶阁楼·东汉

较少，宦官成了皇帝身边唯一可以依赖的对象。所以一般皇帝发动政变，诛杀外戚，夺回政权，主要借助身边心腹宦官的力量。皇帝亲政后，自然重用夺权有功的宦官，于是又演变成宦官专权的局面。

一般来说，皇帝在成长过程中，陪伴在他身边最久的往往是心腹的宦官，因此皇帝和这群人感情极为亲密，即使宦官弄权、为非作歹，皇帝依旧会偏袒他们。但是一旦皇帝驾崩，小皇帝继位，宦官身份卑贱不能辅政，新的外戚集团又会上台。

最终，这种外戚集团与宦官集团围绕着皇权争夺，而轮流上台执政的现象，成为东汉中后期政局的常态。

始作俑者

88年，年仅10岁的汉和帝继位，太后窦氏临朝，太后兄长窦宪以大将军位加官侍中，出入宫廷，内管机密，出宣诰命，执掌朝权。其后数年间，朝廷官吏多由窦氏擢拔，"刺吏守令多出其门"，"窦氏父子兄弟并居列位，充满朝廷"，"令百官总己以听"，"朝臣震慑，望风承旨"。

绿釉陶望楼·东汉

⊙美国纽约大都会艺术博物馆藏。望楼为明二暗三楼阁结构，分为上、中、下三层。下层房间立于三层台阶的高台之上，有长方形门窗，歇山檐，檐下出两个三层斗拱，并设有楼梯，一名男子正在拾级而上。中层房间位于上层房间的栏杆之下，有两个窗户，并有五个斗拱。斗拱上承镂空栏杆，栏杆上承平台，平台之上为顶楼，重檐四阿顶式，檐前出拱，两侧有圆形窗户，前面为两个长方形窗户和一个菱花形窗户。在右侧窗口，有一个女子正在倚窗眺望。屋顶布瓦垄，四面起脊。此类建筑冥器真实反映了东汉时期外戚豪族的真实生活。

年龄稍微长的汉和帝对窦氏的弄权之举十分不满,然而长在深宫中的他与内外臣僚隔绝,可以依靠的只有贴身的宦官。永元四年(92),汉和帝利用宦官郑众掌握的部分禁军,诛灭了窦氏集团在太后身边的党羽,下令收缴窦宪大将军印绶,命其离开洛阳,前往封国。窦宪见大势已去,自杀身亡。宦官郑众因功被封为鄛乡侯,汉和帝在位期间,时常参与政事,东汉宦官干政由此开始。

元兴元年(105),年仅27岁的汉和帝驾崩。作为东汉王朝最后一位贤君,汉和帝在位期间击溃北匈奴、复置西域都护,一手开创"永元之隆",可谓颇有作为。但他在位期间,却也埋下了汉朝外戚、宦官轮流执政的祸根。

汉和帝死后,其子刘隆继位,是为汉殇帝,于次年八月驾崩。汉殇帝死后,邓太后及其兄长邓骘执掌政权,二人立汉和帝年仅13岁的侄子刘祐为帝,是为汉安帝。此后数年间,邓氏一门,把持政权,势倾朝野。邓太后死后,安帝亲政,邓骘之弟被告谋逆,邓骘受到牵连,被迫自杀,邓氏势力衰败。

轮流登台

安帝上台后,重用心腹宦官李闰、江京,皇后阎氏兄弟阎显等也在朝身居要位,短暂形成宦官、外戚共同专权的局面,但是外戚与宦官之间的和平注定无法长久。125年,32岁的汉安帝驾崩,在此之前11岁的太子刘保因被诬陷,遭安帝废黜。太后阎氏图谋能够长期听政,因此与阎显立年幼的汉章帝之孙、北乡侯刘懿为帝,结果不满一年,刘懿死去。

就在阎太后与其兄长准备再立新帝的时候,一场政变却在宫闱深处开始酝酿。宦官孙程等十八人聚谋,斩杀阎氏一族在皇宫内的眼线,拥立废太子刘保即位,是为顺帝。阎显被杀,阎太后被迁,阎氏倒台。孙程等皆得封侯,宦官权势大为增长。

但是阎氏外戚倒台不久之后,汉顺帝又开始扶持自己的皇后家族,

他在位期间先后拜皇后梁氏的父亲梁商以及兄长梁冀为大将军。

145年，30岁的汉顺帝驾崩，被顺帝一手扶植起来的外戚梁氏掌权。梁太后和梁冀先后选立三位皇帝，他们分别是2岁的冲帝刘炳、8岁的质帝刘缵以及15岁的桓帝刘志，梁冀执政的24年间，成为外戚势力的极盛时期。

延熹二年（159），汉桓帝之妻、梁冀之妹梁皇后病逝，一时间梁冀在皇宫内失去了内应。汉桓帝与宦官单超等人在深宫之中合谋，最终发动政变除掉了梁冀。梁冀死后，公卿列校刺史二千石被连及者数十人，故吏、宾客免黜者三百余人。梁冀被抄家后，抄出来的财产达到三十余万万，官府获得这笔巨大收入后，减收天下租税之半，以收揽民心。

桓帝、灵帝时期，外戚集团彻底失势，宦官集团失去制衡，大权独揽，飞扬跋扈。中常侍单超、徐璜、具瑗及小黄门左悺、唐衡，因参与谋诛梁冀有功，五人同日封侯，人称"五侯"，在皇帝的庇护下，他们的权势达于顶点。

灵帝刘宏时，宦官气焰更盛。曹节、王甫、张让、赵忠等把持朝廷，号称十常侍。灵帝甚至公然宣称：张让是我爹，赵忠是我妈。太傅陈蕃与外戚窦武共同筹划诛杀宦官，结果事情败露，宦官矫诏诛杀陈蕃、窦武，次年又杀害名士李膺、杜密等百余人，制造"党锢之祸"，东汉宦官的势力发展到顶点。

第三章　"经济半小时"开播

无论在哪一个朝代，掌握经济命脉才能成为赢家。在使用铜钱、白鹿币的时代，如何在商场上搏杀也是大汉子民要熟知的生存技巧。熟知现代经济规律的你，快摸索一下什么商品最有市场，了解一下人们的消费心理，也许改变时代的商业创举就会由你创造。成为"大汉李嘉诚、古风王健林"，一切并没有那么难哦！

[历史旅行指南 · 活在大汉]

只要有铜，你就能造钱

⊙ 民间铸钱

"哎哟，你今天怎么苦着个脸，是谁惹你生气了吗？啥？钱不够花？哈哈哈哈，那不是大部分人都得的毛病吗？"钱不够花这件事说来也比较无奈，除了每天辛苦地挣钱，还能怎么样？难不成你能自己在家置办些机器，刻刻模板，印点钞票来用用？那你这就叫作造假钞了，那可是犯法的！

▫ 秦半两的延续

你别再拉着个脸了，与其在这里抱怨，还不如赶紧去工作。要是命好点，能在皇帝面前争取到铸币权，你就有花不完的钱了……

我没有跟你说笑，这事儿可是真的，在钱币发展的道路上，的确出现过很多奇葩的事情和意想不到的情况，一定会让你脑洞大开。

远的不说，咱就从秦一统天下说起。秦始皇做了皇帝之后，及时统一了货币，全国上下通用一种叫作"秦半两"的铜币，一千个铜币串起来就叫作"一贯"。有个词叫作"腰缠万贯"相信你不会陌生，其原型就是秦半两。不过想想这腰上要真挂上这一万贯钱，那该有多沉啊，因为这一枚铜币可就是实实在在的半两啊。事实证明，这个秦半两使用起来真不怎么方便，可是秦始

"半两"圆形方孔钱·秦

皇既然这么规定了,谁也不能说个"不"字。

刘邦开创了大汉朝之后,非常忙碌,整天不是想着清理门户,就是想着温柔乡,实在没有挪腾出时间来管理货币,因此人们继续使用着沉重的秦半两,也没觉得有什么不习惯。当时,整个天下还没有从战乱中恢复过来,经济发展几乎停滞,货币发展也不值一提。唯一改变的,就是将"秦半两"改称为"汉半两"。

你可能会有个疑问,那这钱不管是什么半两的,总得有个地方造吧,不然大家花什么?这里就存在两个问题,第一,铜是非常牢固的东西,造成钱币,使用寿命非常长,如果不是国家严令销毁的话,一般流通个几十年上百年的根本没有问题。君不见几千年后,从那些墓穴中挖出来的铜钱依然闪耀着难以抹去的光芒吗?

第二个问题,货币的发行势必与经济的发展相联系,整个国家也没什么拉动经济的措施,再发行货币不是添乱吗?

所以说,在汉高祖时代,以及随后混乱的几十年间,汉朝一直都在凑合使用着"汉半两",国家仅有的干预就是允许私人铸币,似乎根本没有考虑过接下来会引发的问题,说白了,没人仔细管这摊子事儿。

被轻松赠予的铸币权

汉文帝继位,他接过的可是一个正蓬勃发展的江山,反正该打的大仗基本是打完了,宫廷内斗也有了基本结果,他需要操心的就是如何带领国家强大起来。于是,他终于有时间来管管经济了。

这不管不知道,一管吓一跳。从西汉建立之初就允许的私人铸币,引发的通货膨胀真是好多年都没有消停下来。后来虽然朝廷意识到了问题所

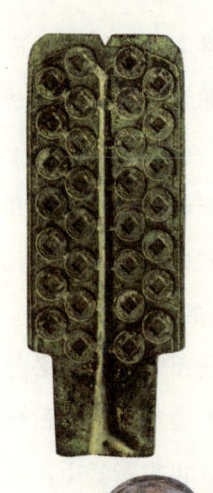

在，严格禁止民间私铸钱币，但依然挡不住那些欲望丛生铤而走险的犯事者，民间盗铸现象十分猖獗。国家又没有精力来好好整治，致使货币市场一片混乱。

怎么办呢？汉文帝思忖了一番，决定将铸币权交给一些人，这样既保证了民间享有私人铸币的权力，又能保证这些人在自己的掌控当中。当然，他也是有一些规定的，比如不得掺杂铅或者铁来降低钱币的质量，否则将会被处以黥刑（在脸上刺字）。

这样一来，民间那些有权有势的豪强富商便得到了大发横财的机会。要想获得铸币权，首先你得有钱吧。你得花钱开采或者购置原料，得搭建铸币的工厂，还得请人来干活儿，哪个环节都少不了钱。虽然国家会补贴，但是没有那个金刚钻依然揽不来这瓷器活儿，大头百姓是干不了这个的，候选人都排不上。

就这样将铸币任务分配下去了，因每年计划发行多少，各地的铸币者都有配额。乍一看，在这件事情上汉文帝似乎可以高枕无忧了。

但是，他显然没有料到后面会发生什么事情。在这里，一个关键人物的出现，在中国货币发展史上，可谓留下了浓墨重彩的一笔。这个人的名字叫邓通。

邓通原本是一名船夫，善于摇桨划船，后来成为汉文帝的弄臣。汉文帝非常宠爱邓通，他自己是个很节俭的人，但很舍得在邓通身上花钱，赏给邓通的东西，也是应有尽有。

有一次，汉文帝找来了在民间非常出名的相士许负，要给自己宠信的邓通算算命。这许相士盯着邓通一番审视，最后表情凝重地说道："虽然你现在日子过得非常

五铢钱及铜范·西汉
⊙陕西历史博物馆藏。西汉货币承秦制，仍以黄金为上币，单位以斤计；铜钱为二等币，用于民间交易。汉武帝时铸造五铢钱，通行全国。五铢钱是中国古代货币中较成功的一种，延续使用到隋末，长达700余年。

好，有享不尽的荣华富贵，可我看你的面相，将来可能会饿死。"

此话一出，汉文帝首先不乐意了。邓通可是我宠信的人啊，而且我是皇帝，邓通该过什么样的日子，那是我说了算的，我怎么可能让他受穷呢？

于是，汉文帝想到了一个能保邓通万世富贵的办法，那就是赏给邓通铸币权，有这样的权力握在手中，即便遇上穷日子，也可以自己造点钱币花花不是！因此，为了这相士一句话，邓通获得了一座铜矿和天下第一的个人铸币权。

▪ "好日子"总会到头的

自此，有名的"邓通钱"开始在天下流行起来，成为汉文帝时期的通行货币之一。

邓通是一个小心严谨的人，他并没有因为得到汉文帝如此巨大的赏赐就"傲骄"得不知所以，相反，他十分认真地去对待铸币这件事。不管是

> **← 游大汉指南 →**
>
> 汉代疯狂的民间盗铸活动，主要集中在汉武帝和王莽时期，而王莽货币改革是中国古钱币发展史上的一个特殊时期，他在不到20年的时间里就进行了4次大的币制变动。这一时期的货币多称以"泉"，据说是因为王莽相信谶纬之学，他夺了刘姓天下，而"刘"字繁写由"卯、金、刀"组成，所以避讳"刘"字，同样忌讳"金、刀"两字，"钱"字有"金"便用了"泉"字来代替。

从货币的设计，还是货币原材料的选取，以及钱币的模具，包括最后的鎏金工艺等方面，他都经过了严格的设计和考量，力求造出最好的货币。

事实上，邓通做到了，这也给他带来了富可敌国的实力。可惜，即便一座巨大的铜矿和无可替代的铸币权，仍没能保住他万世富贵。当汉文帝一死，汉景帝继位，因为邓通为汉文帝用嘴吸脓这件事，汉景帝非常恨邓通，邓通的厄运也就到了，结果还真如那位相士所言，他死于饥饿和疾病。

邓通死了，由他铸造的"邓通钱"却流传世上。但因为铸币权下放的决策本身存在很多漏洞，因此吴王刘濞才在前154年发动了吴楚七国叛乱，这位大王曾经狂妄地说道："我的金钱在全国到处都有，诸王可谓日夜用之不尽，你们如果有需要，尽管通知我，我会送钱给你们的。"刘濞之所以这么狂，就是因

为在他的封地上有铜山，而他又手握铸币权。有钱，就是任性哪！

汉景帝费了一番力气才平定了吴楚七国之乱，随后不久，他就下令收回民间铸币权，所有的铜山和铸币工厂只能由官府统一管理。大概他也是吸取了邓通和刘濞的教训吧。

虽然表面上，铸币的权力交给了国家，但在巨大的利益驱使下，依然有很多不法分子偷偷地铸造钱币，这些人造出来的钱币分量不足而且掺假，严重扰乱了市场。看来，这假币害人，真不是一天两天的事情。

没等汉景帝把制造假币的事情彻底解决，他就驾鹤西去了。汉武帝时期，刘彻先生也为货币的事情焦虑不已。当然，大方向上，他的选择是正确的，那就是严格禁止民间私铸钱币。可是该如何管理那些投机倒把、铤而走险的人呢？

看来，汉武帝进行多次货币改革以及他发明的奇葩货币也不是没有存在的道理，事实证明汉武帝一直在尝试更好的管理办法。值得庆幸的是，铸币权至少稳稳地掌握在官方，那种守着座铜山就能够富得流油甚至公开造反的年代已经彻底过去了！

金饼·西汉

⊙海昏侯墓出土。江西省博物馆藏。根据汉代黄金货币出土的情况来看，汉代的黄金货币是法定的"上币"，流通地域较广；黄金货币以饼块状为主，每块除"一两"小金饼外，大致都在1斤左右；有些饼块状黄金货币底部刻有各种记号，有的刻有斤、两、铢的重量；黄金货币根据交易需要，可以任意剪凿，分散使用。可见，汉代的黄金货币仍处在比较原始的称量货币阶段。

敲竹杠利器：
皇上发明的奇葩白鹿币

⊙ 币制改革

几乎没人不喜欢钱，反正"钱不够花"似乎已经成为"人生常态"。我想就是这个大部分人会"患"上的"疾病"才促成一些人铤而走险地制造、贩卖假币，因为可获取暴利。在汉朝，货币由中央统一发行和管理，流通到民间却总是无法满足大部分人的需要，于是生出了很多麻烦的事情。

▫ 谁想出来这么奇葩的货币

鉴于币制混乱和铸币失控后引起的吴楚叛乱等严重后果，汉武帝在统治期间先后进行了六次币制改革，才使汉初以来一直悬而未决的货币问题得到了比较彻底的解决。

汉武帝建元元年（前140）行三铢钱，重如其文。这是恢复铜铸币名义价值与法定重量相一致的一个措施。但是由于三铢钱与四钱重的半两钱等价使用，于是又导致盗铸现象盛行，因此到了建元五年（前136）春，"废三铢钱，行用半两钱"。汉武帝元狩四年（前119）又重新铸造三铢钱并造皮币和白金（银）币，还颁布了盗铸金钱者死罪令。

这些制币改革都还算正常，因为新制度的诞生总需要有一个适应社会的过程,并在"试水"过程中不断调整,这都可以理解。但其中有一样货币可谓是奇葩,那就是汉武帝刘彻发明的"白鹿币"。

白鹿币,顾名思义就是拿白鹿皮做的钱。白鹿原本是汉武帝在长安城外上林苑豢养的宠物,随着时间推移,它们繁衍得越来越多,不但全然丧失了物以稀为贵的资本,而且糜费饲料,成了宫廷财政的巨大负担。你别光摇头怀疑啊,司马迁可以作证这是真的,《史记·孝武本纪》写得明明白白:"其后,天子苑有白鹿,以其皮为币,以发瑞应,造白金焉。"《史记·平准书》也说了:"钱益多而轻,物益少而贵……乃以白鹿皮方尺,缘以藻缋,为皮币,直四十万。王侯宗室朝觐聘享,必以皮币荐璧,然后得行。"

这些文字都清楚地说明了一件事情,那就是汉武帝当初心血来潮,独辟蹊径豢养宠物,谁承想没搞好计划生育,白鹿在不大的林子里悠然自得,吃喝不愁,也不用担心天敌来犯,于是它们在这种安逸的生活中不断"超生"。这下,稀罕的动物不但变得不稀罕了,还增加了财政负担。于是,汉武帝便决定宰杀这些牲口。可他又不愿自己的宠物白白牺牲,于是来了这么一出,用白鹿的皮做货币,强行流通!

这回你信了吧!

客观上说,虽然汉武帝闹了这么一出,但也从侧面反映了一个问题,即汉代非常重视货币政策。在司马迁的《史记·平准书》中就详细论述了汉代的货币政策。汉

金五铢·西汉

⊙1980年陕西咸阳出土。陕西历史博物馆藏。系方孔圆钱中最早的黄金铸币。钱径2.6厘米,重9克,含金量95%。"五铢"二字形体颀长,"五"字交笔弯曲,上下两横较长;"朱"头方折,"金"头呈较小正三角形而比"朱"头略低。边廓坚挺精整,钱面穿上有一横画。有研究者定为汉武帝上林三官所出。

初，由于国家财政困难，借口"秦钱重难用，更令民铸钱"，放弃了国家铸币权，实行铸币放任政策。这一政策的后果是造成货币流通混乱，物价腾贵。与此同时，汉初诸侯豪强各自拥有铸币权，逐渐财大气粗，有的富可敌国。

汉武帝即位后，将铸币权收归朝廷，通过垄断货币的铸造权和发行权，不但使朝廷握有了宏观经济调控权，增加了国家财政收入，而且有力地结束了长期以来的币制混乱局面，成功地抑制了地方诸侯国势力和豪强的兼并势力。

咱扯远了，还是回来接着说咱们的白鹿币。

汉武帝元狩四年（前119），汉朝和匈奴及东南、西南诸少数民族的大规模战事已开，国内各种"楼堂馆所"和基建项目也铺开了大摊子。在这国库捉襟见肘的当口，汉武帝和他的财政团队恨不得把一文钱掰成两半花，于是任用了不少会搞经济的大臣来帮助他解决财政困难。有个叫张汤的人就真给出了一个好主意，主张用货币发行权搞一个白鹿币，从王侯手上圈钱。

有了张汤的计策，汉武帝马上就开始动手实施了。把白鹿宰了，鹿皮削好后切成一尺见方的小块，画上彩绘，然后，就成了白鹿币。看样子挺好看，所以你想买一块玩玩？那你有钱吗？你可别这么任性，这小块鹿皮得多少钱你知道吗？这些连做双童靴都不够的小块鹿皮，就是标价40万文的顶级钱——白鹿币。

好吧，从这个角度看，这个主意似乎真的不错：一方面，白鹿皮能做钱，上林苑的白鹿数量就会得到有效控制，不会再浪费粮草；另一方面，原本令人头疼的白鹿繁衍速度，如今反倒成了一本万利的生财之道。

用这个白鹿币圈王侯手上的钱，简直是一个超级好用的办法。正当皇帝满心欢喜地认同这个生财之道时，却忽略了这个好主意背后巨大的漏洞——物价。

▪ 通货膨胀，绕不开的经济坎

汉武帝时，通货膨胀现象已经出现，物价比"文景之治"时涨了很多，但总价格还比较便宜。《居延汉简》里记载，"小奴二人"只值3万文，"牛车二辆"只值4000文，"田五十亩"也不过值5000文，这还是边远地区的物价。首都长安一带价格最高，但一石粮食价格也不过100文。《汉书》记载，名将李广的哥哥、汉武帝时代曾当过丞相的李蔡，私下盗卖了京郊阳陵墓葬土地三顷，总地价也才40万文，即一张白鹿币的标价。一亩这种当时被称为"顶级墓地"的价格也就1500文上下。而同时代的文献显示，"一类地区"顶级农地的价格，一亩也不过3000文，一张白鹿皮，居然堪比100多亩最好的农田。

可想而知，如此"大面值钞票"拿出来发行，又有多少人有能力"接盘"？如此大的"面额"，又如何能在市面上流通？汉武帝君臣千算万算，唯独漏算了"市场用不起"这一道，于是出现了"强买强卖"的风气，规定诸侯朝觐必须进贡白鹿币。也就是说，他先把白鹿币按40万文一张的价格卖给诸侯，再让这些诸侯把白鹿币原物奉还，等于白讹人家一大笔钱，这竹杠敲的，简直是赤裸裸毫不留情啊！

皇帝还没高兴够呢，问题又来了，因为这诸侯的数量，怕还比不过上林苑中白鹿的数量多。这些白鹿币不断在皇帝和诸侯间循环打转，"鹿皮积压"问题，是无论如何都无法解决了，从而陷入了一个死循环。

▫ 白鹿币的终止

这种违背经济规律，完全依靠国家政权强制推行，并且目的很不单纯的货币必定是短命的。仅仅几年，随着张汤的自杀，奇葩的白鹿币终于退出了历史舞台。汉武帝眼看势头不对，赶紧对全国发布诏书，对自己过去好大喜功的行为做出深刻的自我检讨，诚恳承认错误，并改变了对内对外策略，重用儒家人士，开始扭转国家大政方针。

前118年，汉武帝在制币上认真起来了，开始推行五铢钱制。临死之前，汉武帝还教导儿子要对匈奴采取和平路线，不掠夺、不称霸、不扩张，老老实实使用五铢钱。这是一次真正意义上的币制改革，开创了长达700年之久的五铢钱时代，并揭开了我国古代货币史上崭新的一页。

但是你别嫌弃白鹿币。汉武帝用白鹿皮制造皮币，也是被逼无奈情急之下的临时应对之策。白鹿币虽然在历史上昙花一现，但它的出现也绝非偶然，且有其历史的必然性，并在我国后来近2000年的货币发展历史上留下了深深的烙印。《后汉书·礼仪志》引《决疑要注》记述："古者朝会皆执贽，侯、伯执圭，子、男执璧……汉魏粗依其制，正旦大会，诸侯执玉璧，荐以鹿皮，王卿以下所执如古礼。"可见，一直到曹魏时期，汉武帝的诸侯朝会以鹿皮荐璧的制度仍在沿用。

其实，白鹿币在历史上的影响远不局限于此。白鹿币的问世反映了封建专制政权对货币制度的干预，封建专制统治的阴魂紧紧依附在古代货币之中，使得我国古代的货币始终未能成为真正意义上的货币，还常常不得不成为封建专制统治的玩偶和帮凶。

白鹿币不过是其中的一个极端例子，变相的白鹿币一类的故事，在我国历史上可谓不绝如缕，时有发生。这大概也是为什么我国货币诞生很早，但商品经济却发展迟缓，一直到近代资本主义萌芽仍十分孱弱的一个十分重要的原因。

白鹿币带来的腹诽法

值得一提的是，张汤在推行白鹿币的过程中居然还首创了腹诽法。当时主管经济的大农令颜异以廉直闻名于世，对白鹿币制一直持有异议。创造白鹿币的张汤必然对其怀恨在心。此时，恰逢有人告发颜异在听到下属批评朝政时，"不应"（不说话），还"微反唇"（动了下嘴皮）。张汤便由此认定，颜异身为九卿，听说法令不便施行，非但不说话还在心里诽谤（腹诽），应该处以死刑。真够荒唐的，更荒唐的是汉武帝居然批准了，颜异就此而被处死。张汤的腹诽法在历史上开了一个极其恶劣的先例，它实际是1000多年后南宋秦桧整人时"莫须有"的老祖宗。腹诽法的问世，旁证了白鹿币制的荒唐。

[历史旅行指南·活在大汉]

做农民，最牛气

——重农抑商

说起重农抑商，我们不得不往前看看战国时期，及那位因为变法而很出名的商鞅。"重农抑商"政策最早就是由这位商鞅提出。商鞅在变法中将"重农抑商"作为核心，影响深远，以至于商鞅虽死，法令犹存。据说直到清初经济调整后才好一些。

▫ 为什么重农抑商

"重农抑商"即主张重视农业、大力发展农业，让农民过好日子的同时限制工商业的发展。

经济基础决定上层建筑。根据这一理论，我们可以说：一个国家或政权实行什么样的经济政策，归根到底是由其经济基础决定的。

汉朝当时正处于封建社会时期，而中国封建社会的经济基础是自给自足的自然经济。不像现在，偶尔想换换口味还可以找个进口食品店，买点平时吃不到的外国商品什么的。

所以在汉朝，对人们来说最值钱的就是土地，拥有土地就相当于拥有财富及榨取财富的资格。比如租地，地租收入可谓是发家致富的最好手段。对汉朝而言，"民以食为天"，农业的发展必然能让吃饱喝足的百姓安居乐业，人人都能吃得好，自然能照顾好下一代，汉朝自然也就人丁兴旺。

不仅百姓能吃饱穿暖，而且粮食多了还能使国库粮仓充盈，内既无粮荒、动乱之虞，外亦无侵扰之虑，妙哉！你想，农业社会嘛，经济上必定大部分依靠农业。再说古代又没"袁隆平"，整不出一年几熟的粮食，土地出产少，余粮有限，皇帝必须鼓励农耕，开垦更多的田地，不然饭都吃不饱谁还听你指挥，那"太平天国"起义还不得提前几百年？

我们基本清楚了为什么统治者把发展农业当作"立国之本"。相较之下，在封建帝王，也就是我们的大汉皇帝看来，私人工商业和农业就没有可比性！私人工商业主干的事儿有个很不好听的名字叫"剥削"，他们通过商品交换和放高利贷来赚钱，可是商业活动丰厚的利益回报又吸引着相当一部分农民"舍本趋末"。说实话，农民要改行去做生意，皇帝恐怕不会过多地担心他的买卖亏盈与否，而是担心跑去经商的农民多了，种地的少了，照我们前面所说的理论来看，这样会大大削弱王朝的统治

冶铁水排（模型）

⊙东汉建武七年（31），杜诗创制出水排，利用水的冲力，通过杠杆带动皮囊为炼铁炉鼓风。这组机械组合利用了轮轴、凸轴、杠杆与弹杆。这项技术比欧洲早约1000年。

基础。

还有，也许那个时代的商人盖不起厂房搞生产，只能倒卖货物。而且做生意的人，我们都知道，成天东奔西走的，造成人口流动性太大，在那个通信及交通落后的年代，管理起来会很麻烦，所以大汉皇帝也把商业（有时也包括手工业）当成"末业"来加以抑制。

当然，还有最新研究认为，"重农抑商"政策的出现，除了经济及物质方面的原因外，还有文化方面的原因，即"重义轻利"观念的影响。

重农抑商都有哪些政策

重农抑商在大汉时期可是头等大事，必须严肃对待。皇帝们也没少花

心思，制定了一系列的政策，你得花点时间听我慢慢说。

种地嘛，劳动力很重要！汉高祖刘邦为了增加劳动力也是下了一番苦功呢。首先让部分士兵复员，其次号召因战争而逃离的农民回乡，最后释免因生活困难不得不卖身为奴的人。同时鼓励生育，要是农民生了小孩，可免除两年徭役。生孩子不仅不用担心吃饭，还可以免徭役，这就提升了农民生育的积极性。

还记得汉朝初期实行的轻徭薄赋政策不？刘邦减田租为"十五税一"，刘邦的四儿子刘恒也就是汉文帝，以及孙子刘启也就是汉景帝，就是"文景之治"的主角。这俩主角儿把这税减得更低，低至三十税一。

减轻田租，用意很明显是为鼓励生产。皇帝们为鼓励生产不仅减税，还修渠道，比如白渠，甚至连黄河的堤岸都修了，目的是为了改善水利，方便农业灌溉。为了更进一步表示对农业的重视，文景二帝还亲自耕田，皇后亲自采桑。不知道当时有福气看见这一幕的老百姓有没有感动到泪流满面。还有更感人的，如果耕地不足，皇帝鼓励老百姓开荒，为了扩大耕地面积，朋友们举起锄头勇敢地挖吧。

聊完"重农"，咱们再来看看"抑商"。既然给农民朋友减免了赋税，但也不能影响国家财政收入吧，这样一来，一个两全其美的办法诞生了：在给农民朋友减税的同时，广大的商人朋友，请你们伸出热情的双手奉上双倍的赋税。你可千万别想着商人嘛，赚得多，多交一点也无妨，你要知道，大汉天子聪明着呢，想赚钱是吧？首先得把条件谈好了，政府经营盐、铁、酒等专卖，别想搞垄断；在长安等各大城市设五均官，作用相当于现在工商局和物价局，负责五均赊贷事宜。所谓"五均"大概有那么几项：一是定时评定物价，专业叫

马王堆汉墓出土农产品·西汉

法为"市平";二是控制市场供应(也就是我们都知道的"宏观调控"),具体操作就是市场货物滞销时,以原价收购,货物涨价时,则以平价出售;三是可以根据具体情况办理赊贷,发放无息贷款(赊)或低息贷款(贷);四是征收山泽之税及其他杂税;五是平衡物价,防止商人囤积奇货。

你别小看这些政策,我给你说个事儿你就知道在大汉朝商人有多不好做了:据说有个叫陆二的商人从苏州贩了一船灯草运往南京,灯草总共只值八两银子,可过了几道税关后,商税就缴了四两,还没到南京,又遇上了税关,还得交。交的税都比买灯草的钱贵了许多,按理说关税贵嘛,东西就卖贵点,可你别忘了"五均官"的要求,你能卖得贵吗?到时候别说赚钱了,交税都得交穷了。陆二也是这么认为的,无奈之下只好一把火烧了灯草。

汉朝政府规定商贾及其子孙不得任官,目的很简单,就是要剥夺商人的政治地位。其实和其他几项相比,禁止入官场已经算是很好的了。比如还有这些:禁止商贾穿着名贵衣服、乘车、骑马及携带武器。

▫ 重农抑商完美无缺?

话说这个重农抑商对于当时的经济发展来说,确实作用非凡。多的不说,起码能让百姓吃饱呀。但是任何事物都具有两面性,我们要一分为二地看。

耧车(模型)

⊙耧车是世界上最早出现的播种机,中国古代的耧车是现代播种机的始祖。

陶水田模型·东汉

⊙1961年佛山澜石大松岗出土。广东省博物馆藏。田面被田埂分成六方，每方内有一俑劳动，除第五方外，都划有水波纹。船在水田的右远方，相距仅2厘米，用一跳板连接。船身被二道坐板隔成前、中、后三个舱，中舱内有一圆形小篮。船的两头翘起，呈新月形。这个陶水田模型表现了东汉时期岭南农业经济发展的状况。

　　咱先把好的拿出来说说。重农抑商政策对大汉王朝那个封建社会时期的农业，社会经济的发展、稳定，以及巩固新兴地主阶级政权起了积极作用。因为实行重农抑商政策，鼓励发展农业生产，从而促进了大汉王朝经济实力不断增强。这点我们从闻名历史的"文景之治"就可以看出来，必须给予高度赞扬！

　　赞扬完了，现在请翻一面，看看不好的地方。"重农抑商"政策太过于强调土地的重要性，物极必反，就导致地主官僚不断兼并土地，农民朋友反而破产流亡，影响了农业生产的发展不说反而激化了阶级矛盾，造成农民朋友的不满，使起义不断爆发。地主官僚集团也没好到哪儿去，别以为他们拿到钱就安心了，他们不仅不安心还因为疯狂兼并土地而更加腐败。

[历史旅行指南・活在大汉]

装修买灯具，快到这里来

—— 汉代灯具

话说有光明的地方，就有人类文明。传说中，从普罗米修斯盗得火种，人类就已经开始使用自然之火来御寒、照明。正因为有了简单灯具，人类得以开始书写文明史。

说起灯，你应该不陌生，毕竟这东西天天在家抬头不见低头见。况且装修房子的时候肯定没少和它打交道，逛灯具市场时更是相见频繁。其实我觉得不管怎么逛，现在的什么水晶灯、节能灯，和大汉朝既环保又造型精美的灯具比起来差得太远了。不信？你往这儿看。

低碳生活，灯具也环保

如果你去河北博物院参观，你会发现一件令人惊艳的文物：造型是双膝跪地的宫女，左手托着灯座，右手伸入灯罩。灯具通高48厘米，通体鎏金，灿烂发光。对喽，这就是被写入我们历史课本的，鼎鼎有名的"长信宫灯"。

你看这灯的外形，无论设计还是制作都非常精美灵巧，灯盘、灯座和执灯宫女的右臂、头部，都可以拆卸，灯盘中心有一根钎，是用来插蜡烛的。灯罩和灯盘还能够随意开合。灯罩和灯盘间的随意开合作用可不小，跟你那个床头

长信宫灯·西汉

⊙出土于满城汉墓中山靖王刘胜妻子窦绾墓。河北博物院藏。灯的外貌是一位端坐的宫女,她左手持灯盘,右臂上举,使袖口下垂形成灯罩。

灯差不多一样先进,可以根据你的需要,随时调节烛光的亮度和角度。

"长信宫灯"不仅做工精巧,更令人惊讶的是,那时候,汉朝人已经具有了非常完备的环保思想。一盏灯能怎么环保?难道是LED烛光?怎么可能?只怕等我说完你都要觉得LED已然弱爆了。

"长信宫灯"执灯宫女右臂实际上是一条烟道,它与宫女的身体连通,双膝跪地的宫女下部底层设水盘。这样,蜡烛的烟通过宫女右臂、身体,最后进入底层水盘,经过一遍过滤以后,去掉灯烟中的尘埃和异味,最后排出比较干净的烟,减轻了灯烟对室内环境的污染,避免房屋墙壁、室内器物被熏黑。没想到吧?

我跟你说,在汉朝,这样环保的灯可不只这一盏,比如一盏叫"错银饰铜牛灯"。这盏灯没比"长信宫灯"小多少,通高46厘米,灯盏承接在牛背中的圆形座基上,牛头顶部有烟筒直上而后弯曲与灯罩相接,牛腹中空可储水滤烟尘。同样的好创意又环保,而且造型别致可心,不得不感慨,那个时候的软装设计师还真是腹中有墨水呢!

▫ 灯具装饰什么风格

现在装修房子,装饰必不可少,而且还很讲究,什么风格的装修得搭配什么样的装饰点缀。其中灯具可以在装饰中起到很大作用,除了多变的灯光,优美各异的造型,最重要的是要看细节!灯具上的一些细小精致的花纹才能凸显这盏灯的档次。别以为只有现代的高楼大厦才注重这些,老祖宗在这方面恐怕比我们强多啦。

汉朝是大一统朝代,政治、经济、文化各个方面都达到了一个里程碑般的高度。汉朝在灯具制造方面可谓是造诣颇高。据说在汉朝青铜灯具的设计和前朝相比，铸造的工艺精致不说，关键是造型美观，花纹繁多，实用性强，已成为中国古代灯具设计的典范！

不信你在这汉朝大街上走走，随便进到哪家哪户，凡是有灯的，你受累扭头到处瞅瞅，找找看那灯怎么样。哎哟喂，不看不知道，一看吓一跳吧。青铜灯！材料挺好。再走近一点看看，这花纹多精致，还种类繁多，名字还特好听。不信你问问主人家，大汉朝的人都知道这些流行的花纹样式，就跟你一眼就能看出来谁家房子装的是地中海风格似的。

行了，我们也别光说了，先听听大汉朝的主人怎么介绍这灯具花纹的。汉代青铜灯的装饰花纹特别多，先说几样主要的：弦纹、瓦纹、连弧纹、三角纹、卷云纹、鳞纹、缠枝纹、卷草纹、寿面纹、龙纹、云兽纹、驾凤纹、鸟纹、鹿纹、蝉纹、猴纹、虎纹、兔纹、蛙纹、羚羊纹、羽人纹等。哎呀，太多了，数了那么些都没数完呢。花纹完了还上点颜色，漆彩绘、错银、鎏金、透雕等。你猜我们刚才说的闻名历史的"长信宫灯"用的是哪种纹？

告诉你吧，"长信宫灯"光素无纹饰！对，你可以理解为咱们现代的简约风格，线条简单但耐看，通体鎏金。

等等，什么叫鎏金，和现在的镀金是一样的吗？估计不是，主要是我也不知道现在的镀金是怎么个镀法，我们先看看大汉朝的鎏金吧。当时的鎏金是把金和水银结合而成金汞剂，像刷漆似的开始往青铜灯具上刷，刷完了开始加热，一热，水银自然就蒸发了，金蒸发不了就留在青铜灯具上。大功告成，你看，这灯是不是金光灿灿，富丽堂皇，闪闪惹人爱啊？看来咱大汉朝的手工艺匠人不但设计学得好，化学成绩那也是棒棒的！

▫ 这么些灯，你喜欢哪个

怎么样，随便逛了一圈灯具市场，有能让你怦然心动的灯吗？你别急着摇头啊，这才看了几盏灯啊。灯还多着呢，别的不说，先看几盏小有名气的。

1.错银铜牛灯

1980年出土于江苏邗江甘泉汉墓，现藏南京博物院。灯座是一头站立的

错银铜牛灯·东汉

⊙灯高46厘米、长31.5厘米,江苏邗江甘泉出土。灯座造型是一头体态雄健的牛。在背上背托灯盘,盘旁有柄,可以转动。牛体为空腔。这盏灯可以通过灯罩将燃烧后的烟气灰烬经弧曲的长管,吸入牛头而容纳在牛的体腔内,以保持室内清洁。

彩绘雁鱼青铜釭灯·西汉

⊙高54厘米,陕西神木县店塔村出土。此器作一只伫立的雁回头衔鱼状,铜灯上以漆彩绘出雁的羽毛。

牛,牛腹中空,用于储水虑烟,灯体是长圆筒式,盏的形状是一个圆盘,盘沿有錾,盏上有两片瓦状的镂空罩,可开合来调节光的强弱。罩上有一穹顶形盖,盖中心有一个弯弯的管连接牛头。除了灯罩以外,整盏灯有流云状的错金银龙凤纹饰,而且在制作时运用铜银两种不同材质的色泽,放现在可是相当流行的对比色搭配呢。

2.彩绘雁鱼青铜釭灯

1985年于陕西神木县店塔村西汉墓出土,现藏于中国国家博物馆。这件彩绘铜雁鱼灯采用传统的禽鸟衔鱼的艺术造型。灯由衔鱼的雁首、雁身、两片灯罩及带曲錾的灯盘四部分组成,可拆卸。整体看上去,修长的雁颈,回首衔一鱼。身姿妖娆柔美,举着这盏灯往心上人的方向望上一眼,那才真是"蓦然回首,那人却在灯火阑珊处"的意境!

这盏灯更好看的地方在于它是通体彩绘红、白二色。两灯罩可以自由转动,随你的喜好来调节灯光照射的方向同时防御来风。雁腹内可盛清水,灯烟经长长的雁颈溶入水中,可减少污染,构思精巧别致。而且水禽衔鱼图案,在新石器时代的彩陶上就已经出现，水禽衔鱼造型的汉代灯盏也不止出土过一件，说明这盏灯具的造型是深受人们喜爱的"复古风"。

3.羽纹铜凤灯

1971年出土于广西合浦县望牛岭1号墓，藏于广西壮族自治区博物馆。这盏灯通高33厘米，长42厘米，宽15厘米。我觉得做床头灯最合适了，大小合适，而且造型精美，赏心悦目啊。你看看是不是：灯是凤鸟形，双足分立与下垂的尾形成鼎立之势以支撑灯身。凤鸟背部有一圆孔，用以放置长柄灯盏。凤鸟嘴里衔着喇叭形灯罩，垂直对准它背部放灯盏那个圆孔。凤鸟颈部由两段套管衔接，可以自由转动和拆卸，便于调节灯光和冲洗体内烟尘。灯罩与颈部及腹腔相通，腹腔中空，用于储水滤烟。

这个凤鸟，不仅造型精美，主要是寓意吉祥，放一盏在家里，光是看看心情都要好很多。

4.鎏金铜羊尊灯

这盏灯后台强大，是皇亲国戚使用的。河北省中山靖王墓陪葬品，1968年出土，现藏河北博物院。

灯是一只卧着的羊。这只羊昂首挺胸，一对羊角呈卷曲状，身躯浑圆，短尾。这个灯也是可以活动的呢！羊颈后有一活钮，羊屁股上安了一小提钮，使用时把羊背向上翻开，平放于羊脑袋上作为灯盘。灯盘在当时那个"天圆地方"的世界里是比较前卫的椭圆形，一端有一小流嘴，用于安置灯捻。羊尊腹腔中空，可储灯油。

哎呀，一下子看那么多，不仅眼睛花，

羽纹铜凤灯·西汉

鎏金铜羊尊灯·西汉

⊙通高18.6厘米、长23厘米。灯作卧羊状。羊昂首，双角卷曲，身躯浑圆，短尾。羊颈后有一活钮，臀上安一小提钮，使用时可将羊背向上翻开，平放于羊首顶部作为灯盘。灯盘呈椭圆形，子口，一端有一小流嘴，便于安置灯捻。羊尊腹腔中空，可储灯油。

龟驮凤鸟铜灯·西汉

⊙安徽天长安乐镇出土。安徽省博物馆藏。在仰首伏地的龟背上，立着一只口中衔珠的展翅凤鸟。鸟首顶着一个杯形柱，柱上承托一直壁平底的圆灯盘。

鎏金铜鹿灯·西汉

⊙江苏盱眙大云山一号汉墓出土。南京博物院藏。鹿灯一组两件，大小形制相同，通体鎏金。全器从上至下由灯盘、支架、鹿座三部分组成，鹿昂首，口中衔支架，上承盘。灯盘为环状凹槽，盘内置三只圆锥状烛钎。支架为灵芝造型，呈横S状，上有柿蒂纹花瓣和花苞。鹿作向后蹲踞状，昂首向上，鹿角单独铸造，鹿尾贴地成为除足之外的另一支撑点，增加了整个灯的稳定性。

铜缸灯·西汉

⊙江苏盱眙大云山一号汉墓出土。从上至下由烟道、灯罩、灯盘、三足空心炉等部分组成。三足空心炉呈扁球形，小口，鼓腹，平底，三蹄足，肩部两侧向上伸出一管状烟道。灯盘做圈足盘形，中心立一烛钎，圈足径略大于三足炉的炉口，恰好置盘于炉上，盘壁两重，壁间有0.8厘米的凹槽，用以插置两片半圆形的灯罩屏板，以调节光线大小。

还硬生生地把"选择困难症"逼出来了。这些高端大气上档次的灯具,选哪个都是一种割舍,真心疼啊!

你心疼我也理解,毕竟汉朝的灯具在中国灯具史上还是比较浓墨重彩的一笔。汉朝时期,我国的灯具制造工艺起到了承上启下的作用。对战国和秦的灯具既有继承,又有创新。而且这个时期灯具已经比较普遍出现在生活中,照明不单单是简单的"烛",同时也注重了视觉上的美感。

因为"事死如生,事亡如存"是汉朝盛行的丧葬观念,作为日常生活中的灯具也成了随葬品中的常见之物,有众多出土灯具可以证明!

总之,汉朝的灯具你喜欢,我特别理解。要让我说汉朝灯具,把这些什么色彩斑斓、别出心裁、巧夺天工等词语全用上我都觉得少。算了,不说了,先去平复一下我看完大汉灯具激动的心情吧。

汉代灯具的"黑科技"

能挡风调光的灯罩和能消烟除尘的导烟管在汉代的出现,说明了早在2000多年前,中华民族的祖先就已经具备了环保意识,是最早解决灯烟污染的国家。而15世纪意大利科学家达·芬奇发明的铁皮导烟灯罩,比我国足足晚了1500年。

化兽灯在汉代青铜灯具中比重较大,且造型多样,有兽面形灯、羊灯、雁鱼灯、鱼灯、朱雀灯、蛟灯、鹤龟灯、玄武灯、凤鸟灯、龙形灯、鹅鱼灯、蟾蜍灯、牛灯、雁足灯、辟邪灯、麒麟灯,等等。化兽灯的造型有个特点,即所选动物多为祥禽瑞兽,象征着吉祥与瑞兆,比如鹤龟灯就象征着"灯长明、人长寿",表达了人们期待长寿吉祥的美好心愿。

你这衬衣太皱了，给你熨熨

─○ 日用杂品

"九块九块，全场日用杂品一律九块……因本店经营不善，即将转让铺面，现所有商品一律九块大促销，走过路过可千万不要错过呀……"你瞧人家这嗓门儿吆喝，那真是蛮拼的。没办法，这年头生意不好做，该亏本处理还是得亏本处理呀！什么？你问这是哪家商铺的吆喝？可不就是咱长安城里的日用杂品店吗？

▫ 高级熨斗

你要不进去逛逛，也顺带淘换点用得着的东西？别觉得大汉朝离当今年代久远，东西老旧不好用。实际上，咱大汉朝的日用杂品，很多你可能根本都叫不上名来，不但样式美观大方，而且实用性也很强。不信？你来看看。

首先给你介绍一下这汉朝的熨斗。你别诧异，在那个时候，人们就已经很在意衣服的平整、领口的皱褶以及袖子的纹缝了，穿得整整齐齐出门，那是很多人对自己的要求。想要平整，当然得熨烫。只是那个时候电还没有被发明利用，所以人们还没赶上使用"电熨斗"。

汉朝的熨烫工具分为两个组成部分，即熨斗和熨人，均用青铜制作。熨斗的造型犹如咱们常见的长柄勺一般，只是与勺子有所区别的地方是底座，熨斗的底座起初为圆形，在汉代末期发展成为平底形。底座多雕饰精美的图案，或者镶嵌其他好看的物什。底座连接着一个手柄，方便使用，并且为避免烫到手，这手柄也别出心裁地做了些装饰，比如宫廷里使用的熨斗，手柄的柄端就配有龙头。

和熨斗相配套的是一个支座，我们称为"熨人"。你想啊，一个熨斗那么孤零零的也不好看，而且摆放的时候也不是很方便，假如余热未散，很可能会烫坏其他东西，所以要给它加上一个底座，造型犹如灯座一般。这熨斗熨人一搭配，就很像那么回事儿了。

使用的时候，在熨斗里装上烧好的炭，使其温度升高，然后将衣服平铺在平整的案几上，用布沾水将衣服浸润，放上熨斗，在滋滋冒着烟气的同时，皱皱的衣服也就逐渐变得平整了。使用完之后，将熨斗架在造型美美的熨人上等待其自然降温。整个过程都是汉朝女性居家生活的一部分，试想一下能看到自己的丈夫、孩子穿上自己亲手洗涤熨烫平整的衣服，虽然累，心情也是美美的！

▫ 精美熏炉

熨斗只能把衣服料理平整，想要出彩，没点吸引人的香味怎么能行呢？因此，熏笼、熏炉便随着香薰应运而生。

汉朝的熏笼多为竹子篾条编制而成，呈网状，网格较大，便于香薰燃烧和香味扩散。笼子的底部用质地上好的细绢裹缠，看上去不但上档次，而且精巧简练。

你可能会产生疑问了，不管是篾条还是绢帛，那都是易燃物，配合要点燃的香料，那显然不搭啊！可我想告诉你的是，这个熏笼，是和熏炉结合在一起使用的。为什么要有这个熏笼的存在呢？因为它的体积比较大，而且通透性好，平时想熏香个衣服、被褥什么的，就可以在里面点上熏炉，然后把衣服直接搭在熏笼上。

熏炉燃烧熏香散发出来的香气袅袅上升，全部被熏笼上覆盖的衣服所吸收，自然暗香浮动。看来这大汉朝人的智慧一点不输于现代人，虽然没有现代喷香水那么快捷，可是等待香烟缭绕慢慢将衣服浸透得香气宜人，也别有一番滋味啊。

熏笼的作用主要是用来支撑衣服

和被褥，实际上香薰的重点还在于熏炉。在这里我们非常有必要一起认识一下有名的"博山炉"。

综合很多史料我们可以发现，博山炉最早出现于汉代，也有人说，博山炉乃中国香炉的鼻祖。这些赞誉不免给博山炉罩上了一层神秘的色彩。那这个所谓的熏炉究竟是什么模样呢？

宋代著名的金石学家吕大临曾经这么描述过："炉象海中博山，下有盘贮汤，使润气蒸香，以象海之回环，此器世多有之，形制大小不一……"在汉朝人心目中，海上是有着三座仙山的，分别为蓬莱、博山和瀛洲。因此将此香炉称为博山炉，可见其在汉朝社会的地位。

博山炉多为青铜所制，炉体呈豆形，上面有盖子。这个盖子像一座山一样高耸，顶部很尖，四周镂空。镂空的形状不一，多为飞禽走兽，同时也象征了传说中的仙山。当炉内香薰燃起，缓缓从炉盖的不规则的孔中弥散出来，一缕一缕，袅袅上升，倒真是有些仙境的意味在里面。

这简单的一个小香炉，却暗藏着大大的艺术高度。《两京杂记》中记载，在汉代，有一个非常精于制作博山炉的大师，他便是长安人氏丁缓善。这位丁师傅啊，能够重叠雕刻奇珍异兽于博山炉之上，在当世堪称奇人。你想象一下，在一个小小的用单手就能托起的香炉上，要淋漓尽致地展现重峦叠嶂的立体效果，这得需要多么高深的功夫啊。也正因为如此，博山炉才得以流传千年，即便在后世朝代其他香炉层出不穷的时候，博山炉"行业龙头老大"的地位也从未动摇过。

错金博山炉·西汉

⊙炉高26厘米，出土于河北满城汉墓中山靖王刘胜墓中。炉柄镂雕成三条腾出波涛的龙，炉身上部和炉盖合成层层上叠的峰峦，点缀有树木，猎手、神兽、虎、豹、猴出没其间。全炉纹饰均错金，线条劲健流畅，粗细兼有，细的近于发丝，工艺极为精湛。

◘ 象征长寿的手杖

在汉代，大部分的老年人都习惯依赖手杖来走路，你可以理解为那是年老体衰所致，也可以相信，这是一种潮流。因为汉代将手杖列为燕器之属，意思是老年人经常使用。在《礼记·王制》中有记载，"五十杖于家"，也就是说，人到了知天命的年纪，就应该在家中备下手杖了。

所以汉朝的手杖也荣登日用杂品的排行榜，成为最常使用的器物之一。

在汉初，政府对80岁以上的老人施行优礼措施，其中有一项，就是政府免费发放手杖，以示尊重之意。这个时期的手杖还是基本款，由三叉树枝制作而成，在当时有一个响当当的名字："王杖。"这些手杖的实用性远远要超过观赏性，你看，这手柄处两开叉利于手握和支撑，只要最长的一叉，也就是"腿"足够结实就行了。

慢慢地，人们发现，这手杖实际也可以加上艺术效果的，而且可使象征的意义更为吉祥。比如《后汉书·礼仪志》中就有记载："鸠者，不噎之鸟也。欲老人不噎。"也就是说，鸠于老人而言，是一种吉祥鸟，象征长命百岁。如果将鸠的形象展现于手杖上，不但意义好，而且也可提醒年轻人，要尊重老人，孝敬老人。

新造型的手杖出现了，人们改良了三叉棍子的随意造型，将手柄处设计成为一根横向的扶手，横竖之间的角度大于90度。这些材料就比三叉树枝要难找了。制作者们多使用竹木，选取其"横生枝节"的部分，保证杖体细长笔直，而横出的部分还能制作手柄。

于是，工匠们开始在手柄处花心思，最好的雕刻对象就是鸠了。于是一根根手柄处有栩栩如生的鸠的手杖面世了，也得了一个名字，为"鸠杖"。

从现代出土的汉朝手杖中咱们还可以看见，这富

玉鸠杖首·东汉

贵人家的鸠杖更是洋气，有的直接将铜鸠嵌于手柄上，还挂有绚丽的流苏，看上去十分美丽。

汉代马桶

讲了这许多，好像忘记了一样物什，这个东西几乎家家都有，但说起来又似乎比较尴尬，这就是汉朝的"虎子"，咱们今天叫作"痰盂"。

刻划纹釉陶虎子·汉

你知道，在汉朝，包括在此后的封建王朝，不管是在宫里，还是在民间百姓家，茅房都是外置的。不像咱们现代的套房，卫生间在屋内，多的还有两三个，足够一家人同时使用了。在人们的理念中，茅房是接纳污秽的排泄物之地，是不能够建在屋内的。宫里面还好，在固定的地方会修建茅房，供宫人们使用。民间往往只是个简陋的粪池，积蓄粪便之后，还能当作有机肥料灌溉农田呢。

咱先说说民间，白天还好，地里头干活的，要是内急了，可以直接就地解决，这是无伤大雅的事情。即便是在城里开铺子做生意的，也有个固定的公共厕所。但要是到了晚上，特别是冬天，好不容易把被窝焐热了，又觉得想上厕所，难不成还冷飕飕爬起来奔茅房去吗？估计大部分人都不愿意，这个时候，痰盂就派上用场了，先在这个容器里解决，等天明再端出去倒掉。

这宫里头，讲究可就多了。皇帝妃子们，那可是金枝玉叶，有人伺候的！所以内急时，不管白天黑夜都可以在痰盂里解决。而且解决问题时，也有专人伺候，基本不用自己动手，只需要告诉下人，自己的体感就行了。所以相对而言，痰盂在宫里会使用得更加频繁和广泛。

当然，咱们不能这么称呼痰盂，还是得叫它"虎子"，因为那个时候

127

的痰盂造型都像老虎一般，正中开口，便于使用。《西京杂记》有言："汉朝以玉为虎子。"这大概说的也是宫里的情况，要放在平常老百姓家，使用个虎子就已经很矫情了，何况是玉虎子呢？那简直是想都不敢想的事情啊！

说起这虎子，就不得不提一下汉灵帝刘宏的儿子刘照了。这位皇子在5岁的时候，就根据自己的需求改良了虎子，制造出了一个更方便的工具，真可以说是抽水马桶的鼻祖。

可能刘照小朋友还小，每天早晨起来定时排便时虽然使用的是贵重的玉虎子，但觉得"尺寸不符"。于是他便和自己的乳母商量，想做一个全新的"马桶"。小刘照说这番话的时候，心里已经打好草稿了，他在纸上歪歪扭扭地画了一个简洁的草图，便让乳母去想办法。

乳母一介女流能依靠谁啊？自然是自己的丈夫了，于是她找来丈夫张勋，让他按照这个草图自己去发挥，做出个东西来交给刘照。

那个时候，手工艺术被视为奇技淫巧，张勋不敢贸然去做，只能打着"为皇子设计"的旗号来办事。好在这件事情在首领宦官侯振的支持下处理得非常顺利，没多久就完工了。当这个成品呈现在刘照面前时，这位皇子也禁不住啧啧称赞，原来自己大框架的想法，付诸实际之后居然如此精巧。

这个成品和我们今天的坐便器极为相似，便盆上有盖子，掀起之后便能够与靠背严丝合缝地扣在一起；环状的坐便圈下面有一个像抽屉一样的马桶，和座椅也结合得非常巧妙，平时不易松动，但抽取却很方便。

所以说，汉朝不输于此后任何一个朝代，光说这日用杂品就已经发展得非常齐全了。咱今天只是举了一小部分例子来说明，你要是想了解更详细的，不妨花点时间，在咱们长安城、洛阳城好好逛逛！

第四章 科技文化改变生活

总有几个人会推动时代进步，在没有精密仪器、计算机分析的时代，他们的智慧大脑如何创造出绝顶的科技成就，一定是每一个「穿越者」最好奇的事儿。如果有这样一个机会，让你与张衡、蔡伦促膝而谈，听他们娓娓道来地动仪的秘密、造纸术的前因，你最想说的那句话，一定是：请开始你的表演！

[历史旅行指南 · 活在大汉]

神器在手，
再也不用担心地震了

—⊙ 张衡和他的地动仪

你看看前面村口那一群人聚在大树底下又是焚香又是磕头的，口中还念念有词，究竟是在干什么呢？再往远处看，哎，情景却有些凄凉，坍塌或半倒塌的房屋，门前悬挂的白条布，似乎都在诉说着这个村子刚刚经历的浩劫。没错，你猜出来了，一场毫无预兆的大地动让大家伤亡惨重惊慌失措，这不，他们正聚在一起祈求神明，希望大地不要再生气地摇动了。

▫ 张衡不只是天文学家

说起地震，我第一次意识到它的可怕竟是因为一本儿童故事书。那时我大概正在上小学一二年级吧，学了点拼音，认了几个字，却很爱翻书。有一天就翻到了这样一个故事，说是地下住了一条巨大无比的鱼，这条鱼平时啥也不干，不吃不喝，就睡觉。但是它一醒过来就会给人带来灾难，因为醒来它要翻身，它这一翻身地上的人就惨了，被它抖得哗啦哗啦响，轻则摇摇晃晃，重则房屋倒塌、天崩地裂。

令人心有余悸的是这个故事后面配了一幅画，画面上是一条肥硕的大鱼，龇牙咧嘴，看得人胆战心惊。从此以后，地震在我心里留下了一个面积很大的阴影……

再后来，上了一节自然科学课，我认识了一个神一样的人物——张衡！他发明了一个叫"地动仪"的东西，居然能感知地震。这完全照亮了我心里关于地震的阴影，而更让我崇拜的自然是发明它的张衡，他可以说是我生命中的第一个男神。

因此在说地动仪之前，我必须向你隆重介绍一下这位历史上的重量级人物。别以为搞一个科学发明人家就是不解风情"宅"到爆的理科生了！人家张衡先生可是南阳五圣之一，还与司马相如、扬雄、班固并称"汉赋四大家"。把你惊讶的眼神收起，因为这还不算什么，更厉害的还在后头，张衡还是中国东汉时期伟大的天文学家、数学家、发明家、地理学家、文学家，在东汉历任郎中、太史令、侍中、河间相等职。

张衡雕塑

当然了，这种家那种家可不是我在这里跟你胡乱说的，人家是有文献记载的，字字句句都有证明。张衡在天文学方面著有《灵宪》《浑仪图注》等，数学著作有《算罔论》，文学作品以《二京赋》《归田赋》等为代表。

男神的影响是深远的，因为张衡为中国天文学、机械技术、地震学的发展做出了杰出的贡献。他发明了浑天仪（是一种水运浑象。用一个直径四尺多的铜球，球上刻有二十八宿、中外星官以及黄赤道、南北极、二十四节气、恒显圈、恒隐圈等，成一浑象，再用一套转动机械，把浑象和漏壶结合起来），以及大家熟悉的地动仪，被后人誉

地动仪（复原模型）

为"木圣"（科圣）。由于他的贡献突出，联合国天文组织将月球背面的一个环形山命名为"张衡环形山"，太阳系中的1802号小行星命名为"张衡星"。

▫ 张衡还会画画

前面咱们絮叨的这些，只是张衡生活的一部分，不得不承认，在那个没有娱乐节目也没有网络游戏弥漫的时代，人们是有很多时间的。

这个大家眼里的理科生竟然还是个绘画能手，并且在绘画方面很有自己的想法。他认为画家喜欢一些非现实的东西，因为可以借此虚构和想象，他在汉顺帝阳嘉年间一篇上书中就说："譬犹画工，恶图犬马而好作鬼魅，诚以事实难形，而虚伪不穷

也。"大概意思是，那些从事绘画工作的人，多半都不喜欢画马啊、鱼啊、鸟啊之类有名有实的东西，而喜欢画些鬼魅之类的谁都不知道究竟长什么样子的东西。原因就在于，照着实物来画，很可能画不像，但想象着无形的东西就比较好操作了。

关于张衡的绘画在今天确实找不着证明材料，因为年代太过久远，而且可能因为他并非专攻于此，所以后人也就疏于保存。但是唐张彦远于《历代名画记》中称他："高才过人，性巧，明天象，善画。"还有："张衡作《地形图》，至唐犹存。"从这两句话可以证明，这位理科男生是会画画的，而且善于画地图。

在《历代名画记》中记载了一个关于张衡用"足趾画怪兽"的传说：张衡听说建州浦城水中有豕身人首的怪兽，于是就追着赶着地去画它。但这个怪兽很怕人画它，所以不出来。而这种小事岂能难倒他？张衡干脆扔掉纸笔，怪兽就出来了，张衡表面上不动声色地看着怪兽，其实脚底下刷刷地挥舞着笔杆子，用脚趾画下了怪兽。这虽然是个传说，但从用脚趾画画这点来看，也可见当时张衡的画功是不差的，同时也说明，这是一个善

于动脑筋解决问题的人。

张衡在绘画、数学、天文甚至木雕方面都有太多可说的东西。但是我记得我们今天的主要任务是地动仪。好吧，言归正传，来看地动仪。

张衡是怎么想到地动仪的

张衡生活的东汉时代，地震比较频繁。关于地震频繁这一点在《后汉书·五行志》中有所记载，自和帝永元四年（92）到安帝延光四年（125）的30多年间，共发生了26次大的地震。这简直是一年震一次的节奏，可以说，当时地震是很频繁的。

地震频繁不说，震区有时波及广，甚至大到几十个郡，引起地裂山崩、房屋倒塌、江河泛滥，简直是一片天昏地暗、暗无天日，给国家和人民造成了巨大的损失。

张衡对地震亲身体验多了，目睹了地震后的惨状，痛心不已，加上他多年担任太史令，记录了一些各地震情，为了掌握全国地震动态，避免灾难，张衡决定，要专心研究，拿出点具有说服力，而且能够让人们不再心生恐惧的发明来。

当时的封建帝王和普通老百姓都把地震看作不吉利的征兆，有的还趁机宣传迷信、欺骗人民。张衡就不信那些神神鬼鬼的，更看不惯老百姓被欺骗。为了向人们证明地震不是鬼神的事儿，他经过长年研究，终于在阳嘉元年（132）发明了候风地动仪——世界上第一架地震仪。

这个候风地动仪形状像圆形的酒瓮，酒瓮中央有一根很重的柱子叫"都柱"，可以向八个方向倾侧；酒瓮外部的八个方向各有一个龙头，嘴巴微张，口里各含一颗铜丸。龙头下各有一只蟾蜍，张着大嘴对着龙头，地震发生时，震源方向的龙就会神奇地张开嘴巴，铜丸便从龙嘴巴里落下，掉入蟾蜍口中。

《后汉书》记载，该地动仪放在神都洛阳，134年的一天，日子很平常，而且洛阳并没有任何震感，但一个龙头却张嘴掉出铜丸，在大家对地动仪颇具怀疑的时候，不久，千里之外传来陇西地震的消息，证实了地动仪勘测地震方向确实有效。这时，张衡发明出来的这个玩意儿便得到了大家的认可，并且人们将其当成了一种"神的存在"。

为什么叫"候风地动仪"呢？所谓的"候风"，是指风向的变化，张衡相信地震是因为阴阳两气相搏而形成，气的变化就产生了风；哪个地方有地震，哪个方向的风自然也有变化，地动仪就测到啦。

可惜的是，候风地动仪仅仅流传到隋代，到唐代就失传了。现在我们看到的地动仪是照着《后汉书》记载的内容仿做的，至于效果怎样嘛我就不知道了。

但是也有研究说候风地动仪其实是两个仪器，即候风仪和地动仪。有学者指出《后汉书·张衡传》里所记"阳嘉元年复造候风地动仪"一句，是候风仪和地动仪两个仪器创造的记叙，不过《后汉书·张衡传》把候风仪的情况忽略了没有写出来，所以人们就把候风地动仪误以为一种仪器。至于这个候风仪嘛，据说大概是雨量器和风信器。

无论是地动仪或者候风地动仪，张衡的这项发明都是地震观测史上一座不可逾越的里程碑。这项发明不仅仅是比西方早了1000多年，重要的是我们了解到了一点：张衡已经有意识地发现地震不是神鬼的作用，而是一种地壳运动。

遗憾的是张先生在那次地动仪成功感知陇西地震后不久就驾鹤西去了。那个神奇的地动仪在战乱中也消失得无影无踪。但是张先生地动仪的制造理念穿越千年，仍旧启发着今天的科技进步。

张衡的多重身份

张衡的头衔很多，他是天文学家、数学家，还是发明家、地理学家、文学家。此外，他还是"南阳五圣""汉赋四大家"的一员。"南阳五圣"指的是谋圣姜子牙、商圣范蠡、医圣张仲景、智圣诸葛亮，还有号称科圣的张衡。"汉赋四大家"是司马相如、扬雄、班固、张衡。看看这些人，大家就知道张衡到底是哪个量级的人物了。

当然，除了地动仪以外，张衡还发明、改进了演示天象的浑天仪，以及自动日历瑞轮荚（相当于现今钟表中的日期显示）、指南车、计里鼓车（利用差速齿轮计算里程）、独飞木雕等。

[历史旅行指南 · 活在大汉]

HUOZAI DAHAN

竹简太沉，绢帛太贵，换用纸吧

—— ⊙ 蔡伦造纸

第四章 科技文化改变生活

今天我想先跟你聊会儿成语。"罄竹难书"这词你不陌生吧，这个"罄竹难书"里的"罄"意思是"完"，其他三个字都好理解，这个词的意思是说把竹简用完了都写不完。当然这写不完说不完的一般没什么好事，总之就是形容坏事干得太多，罪大恶极。

▫ 最早的笔记本——甲骨

只是真可惜那些竹子了，身为岁寒三友之一竟是如此待遇。但你要知道，这也是因为那会儿没纸嘛，也只能写竹简上了。那一片竹简能写多少字？给你举个例子吧，要是《新华字典》用竹简写，你"整本"买下，估计口袋里的钱足够，力气也不够，凭你一个人，根本扛不回来，你得开车去拉，而且最好还是带货厢的那种车。这样说，你对竹简有点概念了吧？

想想现代，别管你有多少书，搬家的时候一个大箱子

刻卜辞甲骨·商

135

能塞下几十本，一趟就给搬了。要说这么方便的事，还得归功于纸的发明啊。感叹这个伟大发明之前我们先聊聊纸出现前的故事吧。

甲骨文主要指中国商朝后期（前14—前11世纪）用于占卜记事而在龟甲或兽骨上镌刻的文字。你还别瞧不上，嫌这龟甲硬邦邦不好用，在那个时候你想用都没资格呢，我没开玩笑，那可是王室专用！并且这些龟甲还有专人保管，叫作"卜官"。

经过加工和刮磨的龟甲和兽骨都送到卜官那儿登记，卜官则在它们的边缘部位刻上记述这些甲骨来源和保管情况的记事文字，称"记事刻辞"。

这些龟甲兽骨上记录的大部分是殷商王室占卜的事。商朝的人大都迷信鬼神，大事小事都要卜问，占卜的内容有的是关于天气，有些是农作物收成，也有问病痛、早生贵子的，而打猎、作战、祭祀等大事，更是需要卜问了！所以从甲骨文的内容可以隐约了解商朝人生活的情形，也可以得知商朝历史发展的状况。

不过要将这甲骨带出门我估计是很不方便的。重先不说，背在身上走路都叮当作响，用的时候还要一块一块找，真是麻烦呢。

甲骨太麻烦，用竹子吧

大概是老祖宗也和咱们一样嫌带龟甲出门麻烦，于是到了战国至魏晋时代，竹简代替龟甲成了新的书写材料。竹简是用竹子削制成的狭长竹片，竹子稀缺的地方，也用木片代

张家山汉简·西汉

⊙荆州博物馆藏。1983年12月至1984年1月，湖北江陵清理了张家山二四七号汉墓。出土竹简内容为汉代典籍，有《历谱》《二年律令》《奏谳书》《脉书》《算数书》《盖庐》《引书》和遣策共八种，涉及汉代法律、军事、历法、医药、科技诸多方面，具有较高的学术价值。张家山汉墓竹简中的《算数书》，是早于《九章算术》的古代数学佚籍。

替，叫作"木简"。因为竹子的体型纤细，所以做成的竹简往往很窄，写不了多少字。但木简就不一样了，毕竟大多数的树木都比竹子长得粗，制成书写工具也更宽敞一些，因此出现了"牍"。牍比简宽厚一些，竹制称"竹牍"，木制称"木牍"。秦朝以后，制作工艺有了区分，一般简就用竹片制作，而牍就用木片制作。当然这个时候也不用刀子刻字啦，毕竟竹片不像龟甲兽骨那么坚硬且不易着色，这个时候竹简上的字多用毛笔来书写。

竹简的制作也不简单，要经过裁、切、烘（杀青）、书写、钻孔、编等步骤。不过在竹简上修改错字要比现在更方便和环保，不用什么涂改液、修正纸，拿小刀轻轻刮掉一层就OK了，这可是"错别字大王"的福音呐。

竹简在我国书写史上还是很有地位的，是造纸术未出现之前以及纸张普及之前主要的书写工具。与当年王室专用的龟甲兽骨相比，竹简把文字从社会最上层的小圈子里解放出来，这对中国文化的传播起到了至关重要的作用。也正是它的出现，才促成了百家争鸣的文化盛况，同时也使孔子、老子等各位老先生的思想和文化能流传至今。

但是带竹简出门的话，还是太占地方。你看电视剧里那些在朝廷为官的人，告老还乡的时候搬家，还要专门找几辆马车拉那些竹简。你别看那几大车竹简就盲目崇拜，我估计那些竹简记录下来的内容估计还没一本《新华字典》多。所以说，竹简记录，太费材料！现代社会里著作等身的作家如此多，他们的作品放在那个时代，还不得把后山的竹子砍完了！现在你能够理解为什么古文都那么言简意赅了吧？主要还是因为长篇累牍太占地方，一个字能说明的问题绝对不用两个字，而且连标点符号也给省略了，你要想断句呀，自己先琢磨清楚意思吧！

不过在当时，虽然没有诺贝尔文学奖得主，但是著名的竹简作品还是很多的，比如汉武帝时期的鲁恭王破坏了孔子的旧宅壁，发现了先秦古文书写的竹简：《论语》《尚书》《孝经》等。只是可惜后来这批著名的竹简消失在了茫茫人海……

还好，后来蔡伦出现并改进了造纸术。

▫ 造纸术来啦

造纸术可是最能让我们中华民族子孙骄傲的一种发明了。大概从你接受教育开始，"造纸术是咱们中国的四大发明之一"的说法就早已深入人心！

纸最早的雏形是因蚕丝而出现的。中国是世界上最早养蚕织丝的国家，据说老百姓的养蚕技术还是黄帝的妻子嫘祖娘娘亲自教授的。在养蚕养到了该抽丝剥茧的时候，人们就把好的丝抽出来拿去织，剩下的不能抽丝的茧就用漂絮法把里面的丝绵取出来。

蔡伦雕像

⊙蔡伦，桂阳（今湖南郴州）人，和帝时为中常侍，曾任主管御用器物的尚方令。

漂絮完毕后篾席上会遗留一些残絮，就是茧里面的丝绵。继而就一次次重复漂絮的动作，次数多了，篾席上的残絮便会积成一层纤维薄片，这个时候就可以把铺着残絮的篾席端去晾干。残絮干了之后就能从篾席上剥离下来，可用于书写。但是这种漂絮的丝绵数量不多，古书上称它为赫蹏或方絮。中国的造纸方法和丝绵漂絮法很像，所以造纸术的起源大概和这个漂絮法有点关系。

其实这个漂絮的丝绵可能是最早的纸吧。因为这个漂絮的丝绵数量有限，到了东汉元兴元年（105），一位叫蔡伦的手工爱好者可能受到了漂絮法的启发，他尝试着用树皮、麻头及敝布、渔网等原料，经过挫、捣、抄、烘等工艺制造了一样神奇的东西。这个东西不像漂絮后那么轻柔，拿起来很有质感，而且原材料价格低廉，有的甚至用的是零成本的废料，用来写字非常适合。

蔡伦发明的造纸工艺细说起来大概是这样的：首先是"挫"，就是用沤浸或蒸煮的方法让原料分散成纤维状；

接下来是"捣",就是用切割和捶捣的方法让那些乱七八糟的布条、树皮什么的成为浆;再然后是"抄",就是在刚才捣出来的浆里掺水制成浆液,然后用捞纸器(篾席)在浆水里一遍一遍地捞,叫作捞浆,捞上一会儿,浆在捞纸器上交织成薄片状的湿纸;最后就是"烘",就是把湿纸晒干或晾干,轻轻地揭下就变成了一张纸!

之前的漂絮丝绵和这种纸一比简直弱爆了,你看这种纸,原料容易找到,又很便宜,质量也提高了,物美价廉啊,人人都用得起。为纪念蔡伦的功绩,这种纸也被叫作"蔡侯纸"。

▫ "造纸术"值得书写

在抱着重得要死的竹简边读书边叹气的时候,纸的出现实在是太激动人心了。于是有关造纸的著作也不断出现,如宋代苏易简的《纸谱》、元代费著的《纸笺谱》、明代王宗沐的《楮书》,尤其是明代宋应星那本著名的《天工开物》,对我国古代造纸技术都有不少记载,书中还附有造纸操作图,是当时世界上关于造纸最详尽的记载。

后来咱们还用竹子作为原材料生产出了耐用不易破损的"竹纸"。而且咱们老祖先十分大方,造纸术被我们普及之后还传给了我们的邻居朝鲜和越南,

《蔡伦造纸图》·现代·赵胜琛

麻纸地图·西汉

⊙1986年在甘肃省天水放马滩五号汉墓出土。甘肃省博物馆藏。最大残长8厘米。地图纸面平整、光滑、结构较紧密，表面有细纤维渣，可见造纸技术较粗糙。其原料为大麻，是西汉早期麻纸。纸上绘有山、川、崖、路，是目前世界上发现的最早的纸质地图。

这叫有福同享。咱们这老邻居也是算捡着便宜了，用纸比欧洲早了上千年，欧洲硬是到了18世纪才有竹纸。

当然还有一个邻居也享受到了造纸术带来的便利，这个邻居就是日本。朝鲜半岛各国先学会了造纸的技术，纸浆主要由大麻、藤条、竹子、麦秆中的纤维提取。高句丽、新罗也先后掌握了造纸技术。

610年，朝鲜和尚昙征渡海到日本，把造纸术献给日本摄政王圣德太子，圣德太子直接下令推广全国，日本人民更是尊称蔡伦为"纸神"。

纸的发明和造纸术的改进，将我们从沉重的竹简阅读中解放了出来，变成了今天的窗明几净，阳光正好，手指轻轻一捻翻过一页纸的舒适。不得不说，书籍是人类进步的阶梯，而纸张是书籍进步的一个更大的阶梯。

牛先生，有了你，咱们的日子算是轻松多了

——汉代的农耕发展

天气晴朗，鸟儿在天空中自由飞翔。田里的庄稼就快成熟了，农民吆喝着自己的耕牛，拉犁前行。农民穿着汉朝典型的短褐，十分轻快。只见他左手拿着长鞭，右手扶犁，缓步前进，不徐不疾。他身后还跟着一个提着篮子的小孩，在随埂播种。

从《农耕图》画像石说起

我不是在给你讲什么关于风和日丽的故事，只是描述了一幅《农耕图》的部分内容。怎么样？是不是特别生活化？你可能奇怪了，这农民耕种土地只是他们的分内事，要不然他们吃什么？而且耕地这么稀松平常的事，还值得这样大张旗鼓地秀吗？

我说你哪，大概深受"秀是一种病"的感染了，但我给你描述的这《农耕图》可不是农民先生或他媳妇儿微信上传的图片，而是收藏在徐州博物馆的汉墓画像石。

可是能够在死后拥有华丽宽敞的墓室居住的，想来都是些达官贵人或土豪大户，为什么要在墓室的石墙上画农民耕作的图案呢？

《农耕图》画像石拓片·东汉

　　相信通过对汉朝的观察之后，你是能想到的。汉朝是中国统一后多民族封建社会的第一个发展时期，也是农业发展史上的一个重要时期，怎么说呢？那时候也没有工业，而且在"重农抑商"的政策下，经商在当时还不是什么被人看得起的行当，最能显示一个人富裕程度的就是他拥有多少土地。但拥有土地的人多不是亲自耕种的人，他们多依赖无数农民出卖血汗为其赚取所需的价值和多余的盈利。相反，越是在田间辛苦耕作的人，越是没有土地。

　　说了这么半天，我想告诉你的是，有钱人以拥有土地为荣，当然也以拥有更多的佃农为荣，所以在有钱人墓室的石墙上，才能够看见这种彰显富贵祥和的《农耕图》。

　　但光有土地是不够的，农业必须得到发展，才能彰显农业大国的强盛。汉朝建立之初，基本上仍沿袭了秦朝的治国体制方略，当然，秦国的很多政策是不错的，至少在商鞅变法之后，是相当不错的。要不是严格按照商鞅制定的"法"来治理秦国，这一战国时期偏远高寒的小国是不可能日趋强大到最终一统中国的。

　　秦始皇希望自己创建的帝国能够千秋万代，于是一直致力于寻找长生不老的仙药。这个自信到极致的皇帝却怎么也没想到身边人都在算计他，更没想到的是他终究也有一死。一出"换位"，就把胡亥这个傻儿子弄到了原本属于扶苏的位子上。胡亥完全笃信赵高的蛊惑之言，躲在深宫不问政事，整个天下就由着赵高这个没有多少见识而且心理极度扭曲的阉人穷折腾。他横征暴敛，滥杀无辜，毫无天下之心，最终断送了秦朝。

◘ 新的农业发展政策

汉虽承秦制，但掌权者心里清楚，那些残暴的政策并不适合这个新世界，因此一定要做出更改。所以大汉朝采取了轻徭薄赋、罢兵屯田、盐铁专卖、改革农具、奖励牛耕、兴修水利等一系列措施，使得被践踏的农业经济得到了一定的复苏和发展。

对于农民来说，这一系列举措听起来可能太过复杂，根本理解不了，咱就说说这些举措是如何落到实处的吧。

想过好日子，首先得天下太平，当然在这方面，刘邦已经很努力地做到了。天下太平之后，对于面朝黄土背朝天的农民来说，你得有地种，有庄稼收获，才能够富足啊。所以，"罢兵屯田"这一措施满足了此项所需。

可是光有田种还不行，要是赋税很重，每年忙到头，全都交给国家了，自己家的孩子还饿得嗷嗷直叫呢，这也不能算作幸福。因此，还得"轻徭薄赋"。

最后说到土地上来，原始的耕种方式的确只能确保很低的产量，而且

完全看天吃饭，如果继续下去，农业经济谈何发展？因此在汉朝，农业最突出的发展之一便是铁质农具的改良和推广了。

铁的重要性在农业发展中功不可没，汉朝政府十分重视冶铁业，在全国各地建起了很多的冶铁官营，这些官营里面的冶铁技术在当时来说算是非常高了，不但能够生产出不同的钢和生铁，而且已经达到了批量生产的程度。

生铁能做什么呢？当然是犁的一

铁铧犁·西汉

部分了。什么？你说这犁早在很久之前就已经在使用了，算不得什么稀奇？

这你可就不知道了。咱们现在得隆重推出一位老实巴交、力气大，只知道干活的好好先生，它就是牛先生。

▢ 功不可没的牛先生

当牛先生参与到耕田劳作的队伍中来时，人们发现，这老实巴交的牲口可比人的力气大多了。而且曾经使用的那种形体狭小，只能破土划沟的铁犁根本不适合牛先生使用，于是改良版的铁犁出现了。这新的铁犁在宽度和厚度上都有明显的增加，而且还多了一样叫作"犁壁"的部件，它与犁铧配合，再加上牛先生的大力气，给农民带来了福音。因为这一套改良后的农耕工具，能进行翻土、开沟、培土以及压草等多项作业，不但将农民们从不堪重负的体力劳动中解脱了出来，还能够开拓更多的荒地，种更多的庄稼。

怎么样，你是不是觉得牛先生挺伟大的？

犁耙陶水田·东汉

咱不妨看看从广东连州出土的一方汉代陶水田模型，这浓缩的艺术将汉朝的农耕展现得淋漓尽致。

这方模型塑造了两块水田，中间纵贯一道田埂，一块水田中有一个人在用牛耕地，铧犁清晰可见。另一块水田中有一个人在用牛耙地，可见牛耕铁犁在汉代已经成为农业生产的主流。

光靠铁犁当然不能完全征服土地，这一点相信你也是知道的，因此，从冶铁官营里面出来的农具还有相应的锄头、镰刀、锸、镢、锹、耙、耜以及铲等，这些工具已然满足了农业生产各个环节的要求，而且很多工具沿用至今，从这里咱也可以看出，这汉朝的农业对后世的影响那是相当巨大的。

你别以为，这一头牛先生加上一架铁犁，再配合上一位农民伯伯，就是汉朝农耕的全部了。在旱地牛耕技术最先发展起来的黄河流域，"二牛抬杠"的耕作方式也是最先出现的。你可以想象一下这个场景，用缰绳把两头牛与一根长杠拴在一起，长杠则与铁犁相固定。拉犁的人手持缰绳，通过松紧度控制两头牛的方向和耕作的深度。这可是个技术活儿，咱这些从来没有下过田、耕作过的人是完全无法掌握的，不信你去试试，真把这牛的缰绳交到你手上，估计让它们往前走你都想不出办法来！

"二牛抬杠"的耕作方式加大了耕作力度，同时也加快了速度。但人与人之间的配合才是更重要的，东汉末期，田间耕作的场景又出了新花样。一人、一牛负责犁地，另一人和另一牛负责耙地。在田间往来行走，节奏均匀，配合默契，这才更进一步地提高了农业生产的效率。

你看到了吧，咱们这农业大国当真名不虚传，其他地方的人都慕名而来学习呢！

二牛抬杠农耕图雕塑

第四章 科技文化改变生活

[历史旅行指南 · 活在大汉]

人们都看什么畅销书

——◦ 汉代的书籍

汉朝有个人叫孙敬，他非常好学，每天都要读书到深夜。有时候觉得太困了，不知不觉就睡着了。可是孙敬不希望自己睡着了浪费时间，于是他想了个好办法，将头发用一根绳子系住，拴在横梁上，一旦打瞌睡时头往下垂，头发就会被拽紧，头皮生疼，马上就清醒了。这便是著名的"头悬梁"的故事。

▫ 焚书坑儒和除挟书令

我们在读这个故事时，需要学习的是孙敬那种刻苦读书的精神。然而你可能会问，读的什么书呢？汉朝的人们流行看哪些畅销书呢？

要介绍汉朝的人民读些什么书，就不得不把历史再往前说说。秦始皇焚书坑儒的事情你还有印象吗？咱也不描绘那个凄凉恐怖的场景了，重要的是，秦始皇这一出，杀死了大半个天下的读书人，阻碍了文化学识的发展。而且他下令焚烧了除秦国历史、医药、卜筮及种树的书以外的所有著作，更是让其他小国的历史消失于滚滚浓烟当中。这种举措虽然能够巩固他的皇权，但终究遗臭万年。

对爱书、读书的人来说，这无疑是一场巨大的浩劫。在焚书坑儒后很久，都没有人敢在大庭广众之下提起那些相关著作。更没有多少人敢把自己腹中的知识记录下来。一来害怕招惹杀身之祸，二来那个时候蔡伦还没出生，造纸术还没有普及，所有文字记录都是写在竹简和绢帛上。竹简嘛，既占地方，又不好搬运，而且实在写不了多少字；这绢帛价格又很昂贵，不是普通人能够负担得起的，因此文字一事，好像被世人遗忘了似的。

一晃几十年，楚汉之争，项羽先生入了阿房宫，一把火烧毁了这恢宏的建筑，让后世人各种惋惜和遗憾。史学家们猜测，当时的皇宫中必然是有私人图书馆之类的藏书之地，里面一定有很多在民间根本找不到的宝贵书籍。可惜一介莽夫项羽根本没有意识到这些，他点燃了房屋，只顾自己欢欣雀跃。而房子已烧毁，书简又何存？这对于秦朝书籍来说，无疑又是一场灭顶之灾。

《帝鉴图说》之《秦始皇焚书坑儒》·明·无款

待刘邦当了皇帝，百业待举，百废待兴，实在是分身乏术。而且他本人也没读过多少书，对复兴文化这件事也不是很感兴趣，所以根本没顾上来思考什么阅读、教育的问题。

真正对汉代书籍的发展起到巨大作用的皇帝，是刘邦的儿子刘盈，也就是汉惠帝。刘盈当政时，下了一道诏书名曰"除挟书令"，废除了秦时的文化禁令，使诸子百家之学逐渐恢复，最终将秦朝以来定立的禁书焚书的国令彻底废除了。

▫ 书都烧没了吗

于是乎现在问题来了，秦始皇当年"焚书坑儒"，致万千书简付之一炬，而且后续很多年这个禁书令一直存在，那市面上还有书可读吗？

147

答案是，有的！虽然不是明目张胆，但民间藏书的确不是少数，看来这"上有政策，下有对策"真是古而有之。但就这件事来说，的确不是什么坏事。喜欢读书之人多半也是爱书之人，有的人甚至把知识看得比命还重要，又怎么会因强制的禁令而完全毁掉自己的心头所爱呢？大部分人的处理方式都是挖地窖，辟荒野私宅，目的就是把祖上传下来的以及自己收藏的书籍都藏起来，避避祸，期待有一天这种怪象能过去，使这些珍贵的东西得以重见天日。

这一天终于等来了。汉惠帝诏书一下，民间一片欢腾，那些家里地底下藏着书籍的人都踊跃地将书献出来让更多的人有机会读到。这在《汉书·艺文志》的序中是有详细描述的。

"汉兴，改秦之败，大收篇籍，广开献书之路。迄孝武世，书缺简脱，礼坏乐崩，圣上喟然而称曰：'朕甚闵焉！'于是建藏书之策，置写书之官，下及诸子传说，皆充秘府。至成帝时，以书颇散亡，使谒者陈农求遗书于天下。诏光禄大夫刘向校经传诸子诗赋，步兵校尉任宏校兵书，太史令尹咸校数术，侍医李柱国校方技。每一书已，向辄条其篇目，撮其指意，录而奏之。会向卒，哀帝复使向子侍中奉车都尉歆卒父业。歆于是总群书而奏其《七略》，故有《辑略》，有《六艺略》，有《诸

帛书《易之义》·西汉

⊙马王堆汉墓出土。湖南省博物馆藏。共约45行，3000余字。这篇古佚书主要是对阴阳关系在易学中的重要性、重要作用的阐述，其思想有较多儒家思想的倾向。

子略》，有《诗赋略》，有《兵书略》，有《术数略》，有《方技略》。"

当然，这是东汉班固所写的《汉书》，因此里面提到了西汉后来几个皇帝与书籍发展的关系。这也证明了从汉惠帝刘盈开始，以后的汉朝皇帝再没有干过什么焚书、禁书的坏事了。

汉惠帝此举让尘封多年的先秦诸子学派学说有了复苏的机会。但老一辈的人依然忌惮着焚书坑儒的恶果，当时的统治者多推崇黄老之学，所以儒学以及其他学派还需要一个缓冲期。这个时候的社会是什么现象呢？

家中有藏书的不管是达官贵人，还是穷儒生，内心都很高兴，但是他们又不敢太过明显地表现出来。有的就邀请当官的到家中做客，翻出几卷藏书给对方看看，试探一下对方的态度和朝廷的大方向。觉得安全了，才会说出自家藏书的实情。但对于自己的思想，除了黄老，其他绝口不提。

在这里咱们打个岔，普及一下什么是"黄老之学"。

黄老之学产生于战国年代，是道家的第二大分支，其学派所推崇的创始人为黄帝和老子，因此被称为"黄老"。简单来说，黄老之学主张的是"无为而治"，以"无为"达到"有为"。运用到统治者身上来就是希望君主不要一味地去追求什么千秋霸业、丰功伟绩，尽量不要干涉人们的生活，尊重自然发展的规律，这便是对国家是最好的治理。

在汉朝历史上，最笃信黄老之学的是一个女人，而且是个位高权重的女

> **← 游大汉指南 →**
>
> 秦焚书之后，一部分典籍保存了下来。比如著名的"鲁壁藏书"故事：西汉景帝三年（前154），皇帝刘启将他的儿子刘馀从淮南迁到曲阜，封为鲁王，史称恭王。鲁恭王好治宫室，传说在扩建王宫拆除孔子故宅时，忽然听到天上似有金石丝竹之声，有六律五音之美，结果从墙里面发现了《尚书》《礼》《论语》《孝经》等书，一共几十篇。这些经典是用蝌蚪文写成的，不同于当时经师们保存的用隶书书写的经典，人们就把它们称为"孔壁古文"。"孔壁古文"是什么时候进入孔壁的呢？据说是秦始皇焚书坑儒的时候，孔子第九代孙孔鲋认为"秦非吾友……吾将藏之，以待其求"，就将这些经典藏在孔子故宅墙壁内，自己到嵩山隐居去了。孔鲋到死也没有把它们取出，但"竹简不随秦火冷"，这些经典终于保存下来。

人，她就是汉文帝的妻子窦漪房，咱们习惯称她为窦太后。这个老太太虽然眼睛瞎，可是头脑却很清醒，在她活着的时候，干涉完儿子又干涉孙子，总希望自己家的男人能做到"无为而治"。

她的儿子汉景帝一辈子活在她指手画脚的阴影中，又要孝顺她，又不得不迂回地与她"斗智斗勇"，真是劳心劳力，不得安宁。长命的老太太熬死了丈夫，又熬死了儿子，终于熬到孙子登上了皇位。

她的孙子便是汉武帝。汉武帝比他的父亲强很多，但依然不得不尊重自己的亲奶奶。继位之初，汉武帝仍受到奶奶根深蒂固的思想的影响。这给少年汉武帝留下了很大的心理阴影，以至于到他死之前立刘弗陵为太子，却要亲手杀死刘弗陵的母亲钩弋夫人，为的就是不想再让女人对朝政指手画脚。

▫ 古人的书不好读

好了，咱言归正传，继续说献书的事情。

朝廷也不是不知道民间藏书者的忌惮，为了让大家打消余虑，朝廷立下规矩，花钱向民间购书。这样，更加激发了民间藏书者的热情。

但这又带来了一个问题，一些人被利益所驱，行造假之术，比如《七略》，那是涉及内容相当广泛的文集，大部分人都只知道目录，就算有收藏的，也不全。于是造假者们就伪造《七略》中的内容，匆匆书就，卖给官府，试图在朝廷把重点放在征集书籍的时候大赚一笔。等到朝廷花时间来一一甄别分类，发现有假时，早都不知道是从哪里买来的书了。

不过，这种扰乱社会治安的现象毕竟是少数。汉武帝之后，儒学成了国学，一些儒学典籍便多了起来。这时候的汉政府相当重视对书籍的收集和管理，有专门的公务员负责书籍整理和写作，且政府藏书也有严格规定。

到了东汉，书籍的地位就更高了。皇家的书籍有太史令及其门下一大拨官员进行严格分类和管理，而且政府还出资修建了很多藏书阁以便收藏图书，比如东观、兰台，等等。

你可能会说，咱们说了半天书籍的命运，也没怎么介绍汉朝人都读什么书啊。别着急，咱这就来说说。

不得不承认，在汉朝，书籍的种类远没有现代那么多，这是有客观原因的。第一，咱们前面也说过，在造纸术发明之前，文学典籍著作都是写在竹简或绢帛上，非常不容易，因此，只有经典的东西才会被记录下来，但诸如什么心灵鸡汤、幽默小文之类的，是很少著书出版的。

第二，汉朝人口也没法儿和现代人口比，而且那个时候，读书人并不多，大部分读书人的目的也很明确，就是奔着功名去的。因此要么你就去读书奋斗，要么只能目不识丁了。所以汉朝社会不存在畅销书的说法，要熟读的只有各种经典，不识字的人也不会闲来没事儿端本书品个茶之类的。

你非得让我举出几本书的例子？那我就得告诉你了，在东汉班固著《汉书》之前，其实所谓的"书"和你现在理解的还真不一样。比如《易经》，它是按照篇数来区分的，共12篇；《淮南道训》2篇；《古文尚书》46卷57篇……总之，那个时候的书没有目录，只有一个总括的名字，里面分不同的篇数，讲的也是不同的事情，也不会有像长篇小说那样的鸿篇巨制。

不信你回忆一下以前学过的《论语》《孝经》之类的文言文，是不是简单明了，一个字都不浪费，而且短短几行字翻译下来就要整页纸。重要的是，独立成章。

唯有《汉书·艺文志》是汉朝最初的也是唯一一本正规目录学著作，这也充分证明了汉朝书籍的蓬勃发展。虽然现代人读起来会觉得晦涩，但在汉朝的读书人眼中，那真是so easy！

帛书《黄帝四经》· 西汉

⊙1973年长沙马王堆三号汉墓出土。湖南省博物馆藏。共存174行，11000余字。隶书。原有篇题。其内容主张刑名之学，强调刑德兼施，依法治国，是与《老子》同源异流的道家重要学派。经学者们研究，认定它是久已失传的《黄帝四经》。

第四章 科技文化改变生活

别嫌这花瓶破，那可是古董

——○ 汉代的陶瓷

你知道"中国"的英语是China吧，相信你也知道，瓷器的英语也叫作china，区别只在于字母C的大小写上。这在上英语课的时候老师往往会强调，瓷器对国家的发展有着至关重要的作用，所以二者连拼写方法都一样。咱现在身在汉朝，一定要去了解一下这国粹的发展历程。

▫ 浑朴雄放的陶瓷之风

实际上，在东汉晚期，真正的瓷器诞生之前，这些所谓的宝贝还属于陶器的范畴。如果追溯到更早的时期，无论是宫廷还是民间，使用的都还是青铜器。可以说从西周到汉初的这段时间，手工制陶业并没有什么明显的发展，这大概与当时的社会背景有关。

因为宫廷中人以及王公贵族都习惯了使用青铜器，锅碗瓢盆到杯子灯盏，都是青铜制品，为彰显富贵，多用金银器皿来衬托。只有民间才会使用陶器或者是竹木器。那时候的烧陶人没有什么地位，也没有多少钱，反正制出来的东西仅供小老百姓使用，而且还不是那么普及，因此价格卖不上去，造型上也不是特别讲究，就算圆不周正，壶口不齐，也还是可以贱价卖出去。

但发展缓慢不代表没有发展。西汉之初，刚刚结束了群雄逐鹿、烽火连天的局面，但过了不到几十年，又开始了与匈奴的长期战争，这就使得整个王朝形成了一种"尚武"精神。

而在思想文化方面，又深受汉代思想家的影响。他们认为"求美则不得美，不求美则美矣"，也就是说，万物应该有一个更加自然的开阔状态。你巴巴地到处寻求所谓的美，反而找不到美。但如果你肯退一步想，放松心态，尊重自然，放眼自然，就会找到更多"大美"。

自然与艺术的两相结合，让汉初的陶瓷形成了一种以壮硕、开阔、饱满、浑朴、张扬、雄放为特征的张力美。比如汉代砌墙的砖，目前出土的常见刻画有人物、鸟兽、神话故事等图案的画像砖，其艺术性足以令人惊叹莫名。还有更令人惊叹的是汉朝的陶罐。器型独特，纹饰多样，有的彩绘仙灵，有的云气缭绕，有的直接反映汉匈战争的历史事实，可谓妙处纷呈。

彩绘云气纹陶器一组·西汉

⊙美国纽约大都会艺术博物馆藏。此四件陶器皆为泥质灰陶，施黑陶衣。鼎敛口，双方耳，浅腹，圜底，三个外翻兽形足，盖上有三个钮。盒为扁圆形，盒底与盒盖子母口相合，平底，弧形盖顶凸脊一周。杯为撇口，深腹，平底。均为红、白二彩装饰，绘云气纹、弦纹等。此四件陶器色彩鲜艳，纹饰极为相似，应为同一墓葬出土，极为罕见。

当然，你不用替古人担心，也许这些东西都只是他们做出来以彰显本领或仅仅是用来观赏的，装不装东西根本不重要。更何况，咱们大汉朝如此注重丧葬，不管是陵墓的修筑，还是祭品、陪葬品的制造大部分都是陶制品。

▫ 灰陶变美的旅程

在汉朝最为普及的陶系叫灰陶，因为这是最传统的东西，是从远古时期慢慢发展过来的。灰陶呈现青灰色，烧制温度在1100摄氏度左右，成品质地坚实，非常耐用。当然，手艺人通常别具匠心，除了将器物烧制得规整之外，还会在上面加上一些划纹或印文，提升其美观程度。你想想当年学校门口卖的各种印花T恤，将一件普通的白色T恤经过艺术化的装饰，画上一点艺术化的图案以后，价钱就可以翻番，大概这样的创意也是从古人身上学到的吧！

灰陶中还出现了一种"彩绘陶"，也就是陶器上绘有彩色的花纹，但最初上色的方法还研究得不是很透彻，只会在陶器烧成后描绘上去，因此很容易脱落。不过现代人几乎都是从墓穴中发现的彩绘陶，足以证明这只是作为随葬的物品，而非生活用具。

随葬的物品咱们有一个专门的称呼，叫"明器"，为的是与祭器相区别。当丧葬习俗有了一些改变后，汉朝明器的种类越来越多，数量也相当庞大。这些明器不但造型别致，而且几乎是人们生活的缩影。另外，还有农田、堤塘、牲畜、飞禽等模型，栩栩如生。

但要说汉代陶瓷业发展最为出众的地方，还在于两点。第一，在西汉中期时，成功地研制出了铅釉陶器，这意味着自此之后，陶器再也不用背着灰扑扑的颜色，而是能够穿上色彩斑斓的外衣了。物品一旦有了彩色的衬托，魅力指数自然急剧升高。还有第二点出众的地方在于真正的瓷器终于产生了。

咱先说说这个铅釉陶器。其制作工艺是用铅充当助熔剂，加上一定比例的瓷土（也就是硅、铝含量较高的土），再辅以一定比例的铜、铁作为呈色剂，全混合以后研磨成浆料，然后一层层地涂刷在器具表面。当然如果你要绘图的话，自然是靠蘸、点等工艺了。总之就是在普通的器具表面加上一些能体现你思想的色彩，然后

青瓷双系壶·东汉

⊙德国科隆东亚艺术博物馆藏。壶洗口，束颈，溜肩，鼓腹，腹以下渐敛，假圈足外撇，平底。肩部置对称。通体内外施青釉，外壁施釉不到底。颈、肩部刻画水波纹。此瓶釉色凝结成了许多明亮的斑块，异常罕见，是东汉时期青瓷中不可多得的珍品。

入窑烧制。

也许你会有疑问了，铜和铁的颜色并不鲜亮而且很单一，这也不算什么漂亮的工艺啊？先别急呀，咱们去看看窑里发生的氧化还原反应。经过高温的作用，一系列变化出现了，铜和铁作为原料，均发生了氧化反应和还原反应。铜在氧化的反应中变成了绿釉；铁在氧化的反应中则变成了红釉。而处于还原反应中的铜烧成了红釉，铁则烧成了黄釉。更有意思的是，介于这两种反应中间，出现了褐红釉，而这个颜色的出现完全是因为窑室里通风效果掌握不好所导致的。

要知道，无论铜还是铁，都是借了铅的作用才顺利熔化最终烧成釉的，虽然汉朝的匠人们并没有系统地学习过化学知识，也未必懂得氧化还原反应等专业术语，但他们有几十年积累下来的经验和不断开拓创新的念头，他们发现，这些上了釉的器具如果埋在地下经过一段时间水的侵蚀后，表面就会析出一层银亮的光泽，他们简单地将其理解为一层新的釉，并称其为"铅釉"。

但实际上，这只是一种"泛铅现象"，是作为助熔剂的铅发生了一系列物理和化学变化之后从釉中析出的结果。而且每被水浸泡一次就会析出一层，到20层左右是最佳状态，光泽最为美丽。

这种铅釉技术在汉朝中期突然出现，是令人始料未及的进步，我想那大概还得归功于汉武帝，因为他十分注重外交，打通了与西域通商的路线，一些前所未有的新鲜东西和技术才得以来到中原，生根发芽。

▫ 新瓷器横空出世

如果说铅釉陶器是汉代陶瓷业发

第四章 科技文化改变生活

展的一大进步的话，瓷器的诞生绝不输于它。原本陶和瓷应该是同母所生，只是一点点的不同，便造就了大不一样的世界。

在考古界，鉴定陶与瓷的区别，一般有四个重点：胎质、火候、吸水率和是否有釉。但咱们前面刚说了铅釉陶器，充分证明陶器也是可以上釉的，因此最后一点不能作为评判标准。而吸水率和火候实际上都是建立在胎质的基础上的。

陶器所使用的胎（也就是原材料）是一般的泥土，其中硅和铝的含量都很低。而瓷器所使用的胎是特殊的瓷土，硅、铝的含量较高，也就意味着它能够承受更高的温度，当温度超过1200度时，它就开始达到烧结状态，这时也就无法吸水了。所以说来说去，真正区别陶和瓷的，是胎质。

照咱们现代的评判标准来看，瓷器似乎比陶器更加值钱，因为它们更具观赏性、工艺性和收藏性。但你可能不知道，瓷器早在夏朝末期就已经出现了，可是直到东汉晚期才发生了本质上的蜕变。由于这次蜕变实在是太"本质"了，因此我们一般将东汉以前的瓷器称为"原始瓷器"，之后的才真正称为瓷器。

你要问了，这区别是什么呀？那做好准备，咱又要开始上化学课了。

其实这堂课并不难理解。首先，原始瓷器在淘洗胎土和釉料的时候不如后期那么精细，还含有很多杂质，这当然不是匠人们懒惰，而是淘洗技术还没达到那个程度。这会造成个什么结果呢？就是铁的含量达不到1%。如果含铁量高于1%，烧出来的胎釉会呈现青灰、青黄、青绿等颜色；如果含铁量高于2%，胎釉会出现红褐色；如果高到3%以上，就呈现黑色，那这个瓷器就基本报废了，反正如果你想送进宫里，或者拿到集市上当工艺品卖那是没门儿的，顶多只能批量低价处理。那如果铁含量低于1%呢？最终出炉的胎釉就会呈白色，这是多么纯净的颜色啊！

其次，原始瓷器和新瓷器不一样。这当然还是和胎土的精细度有关。胎土中硅、铝的含量决定了它们对高温的耐受性，含量高的耐受性强。最好的效果咱前面说过，就是超过1200度，完全烧结，不再吸水。

这时，一件完美的瓷器就诞生了。

香水什么的，绝不是COCO小姐的专利

——○ 汉代的香薰

"香奈儿五号""粉红甜心""许愿精灵""真我"……历数这些大牌香水来，你是不是感觉浑身的毛孔都打开了，身体轻盈，像是马上就能够迎接一场华丽丽的香水雨呢？香水对于女人来说的确是种无可抗拒的诱惑，而且异性相吸的本能让女人明白，香气扑鼻真正能够诱惑到的，是男人的感官。不过，早在2000多年前的汉朝，人们就已经明白了这个道理，"香香甜甜惹人爱"已经是宫廷惯用的招数。

▫ 其貌不扬的异域香料

要问中国人开始接触"香"的历史，恐怕要追溯到轩辕黄帝，咱们看看《拾遗记》中怎么说的，"（黄帝）使百辟群臣受德教者，先列珪玉于兰蒲席上，燃沉榆之香，舂杂宝为屑，以沉榆之胶和之为泥以涂地，分别尊卑华戎之位也"。

"珪玉"是象征身份地位和权势的东西，用沉榆香的香灰与之混合，充分说明了沉榆香在当时社会活动中的地位。也就是说，最初有记载的香薰并不只是为了点燃后气味好闻那么简单，它更是经常与神圣的活动和地位高的物什相

鎏金铜熏炉·西汉

⊙龟山汉墓出土。南京博物院藏。将香药置于熏炉中燃烧，所发出的香气可净化空气，杀灭空气中的细菌，有一定的预防疾病作用。

结合，体现了它的独特性。

但那个时候的香多半参与的只是祭祀活动，并无其他，香味也比较单一。直到汉武帝朝，疆域扩大，与外邦建交，当然也得了不少稀罕东西，这其中就有香料。你知道，古时西域盛产香料，而且有不少知名的调香大师。他们利用香料馥郁芬芳的本性，根据一定的医理、药理搭配，最终制出来很多款式的香料，发挥着不同的功效，比如安眠啊、治疗疾病啊，当然也不会少了催情的香薰。

当这些香料顺着古老的丝绸之路进入中原，摆在汉朝皇帝面前之后，香薰在中国就已经完全褪去了单纯服务于祭祀业的职能，而完全成了宫廷中流行的万千宠爱的宝贝。

你不信，看看这段描述："汉武好道，遐邦慕德，贡献多珍，奇香叠至，乃有辟瘟回生之异，香云起处，百里资灵。"大概意思你能明白吧？意思是汉武帝是位非常笃信求仙问道的人，经常寻觅民间方士到宫中为他招神仙。这招神仙需要什么东西？当然是焚香了。那些附属国得知皇帝的这个喜好，都争相进贡，其中最多的就数各式各样的香料。

有一次，弱水国派了一名使者跋山涉水，不远万里来朝贡，带了一些当地非常名贵的香料。汉武帝听说是种神秘的香料，心生好奇，即刻让使者打开来看。可是映入眼前的"奇香"只是三颗如大枣一般普通甚至有些难看的香料，汉武帝感到很不悦，不屑地对来使说道："这个香料味道很常见，我们汉朝有的是，根本不是什么稀罕东西啊。"遂命人将贡品扔进了库房。如此，他还是觉得不爽，认为弱水国故意戏耍他，于是也不以正规的礼节招待来使，也不放人家回去，就让来使待在都城久居。

不久之后，长安城中时疫泛滥，民间的医生纷纷摇头，毫无办法。而时疫也很快传到了宫中。御医们战战兢兢，谁也想不出个好办法来治疗时疫。这时候，弱水国的使者要求觐见汉武帝。

使者告诉汉武帝，可以将自己之前代表国家进贡的香料取一颗来燃烧，必有驱疫的奇效。汉武帝不愿相信，可是情势所逼，他也没有办法，姑且死马当作活马医吧，于是他照做了。

当难看的香料被点燃之后，一股奇香迅速蔓延开来，宫中染上时疫的宫人病情竟然很快好转。更为神奇的是，这个香一直在燃烧，整个长安城中都弥漫着这股独特的香气，整个九个月都不曾散去，而城里得了时疫的人都恢复了。

神奇的天仙椒

这回汉武帝可不敢小瞧外地进贡的其貌不扬的香料了。不但给了使者赏赐，还让其往弱水国带去了很多中原的稀世珍宝。

"熬兔笥"竹笥·西汉
⊙1972年长沙马王堆一号汉墓出土。湖南省博物馆藏。笥是古代较为普遍使用的一种盛物器具，多以竹篾、藤皮、苇皮编织，也兼用荆条。制作有精有粗，或髹漆或素面。一般用绳索捆扎，打结时加上封检，并在绳上穿挂木牌，写明笥内盛放的物品内容。这个竹笥出土时挂着"熬兔笥"木牌。

第四章 科技文化改变生活

从这以后，更是掀起了附属国向大汉朝进贡香料物宝的风潮。比如丹丹国敬奉的香料，在长安飘雪的大寒之际点燃，室内顿时一片温暖，闻着沁人心脾的香味，周身发热，人人都要脱去外套呢。

到了汉灵帝时期，也有文献记载，西域进献的茵墀香，是专门供后宫嫔妃泡澡用的。据说取一小颗茵墀香放到水中煮沸，然后添加到浴池中，顿时满室飘香，美女们在这样的汤水中沐浴，身上久久留香。

这后宫沐浴过的水是统一流经一条渠排到宫外的，因为妃嫔们都使用香薰煮水泡澡，以至于这条渠流出的水都香气逼人，宫人们客气地称呼其为"流香渠"。

当成品的香薰已经成为宫廷时尚，而且也是常用的东西之后，人们开始将目光转向香料的收集和制作上。没办法，不管在哪朝哪代，都有激烈的竞争，你要是不主动学习一点新本事，认识点新东西，在皇帝面前多说上几句话，还是觉得生活没有保障啊。

看咱们东方朔先生就懂得很多。

汉武帝派遣赵破奴将军出兵匈奴，打了胜仗之后，赵将军还带回了匈奴的一种稀罕植物。据他描述说，在匈奴，有一座非常高的山，但是山上没有一草一木，完全由红色的岩石构成，山间有一个湖泊，看上去非常美丽。在湖泊周围，生长着一种山椒，形状像弹丸一样，而且有奇香，几里之外都能闻到。这种山椒一成熟，就会有五色的赭尔鸟从天际飞来啄食，场面甚是美丽。而且听闻当地人介绍，这赭尔鸟就是凤凰的后代，

← 游大汉指南 →

最早的熏球也是在汉代出现，这种熏香的器皿又被称为"被中香炉"，用金、银、铜等材质通过巧妙的转轴结构，最内一层焚香，熏球在被褥中滚动，钵盂始终保持平衡，香品不会倒出来。这种物品在唐代的工艺达到极致，一直到明清都有制作使用。

古人崇尚焚香，用香的历史非常悠久，特别是在佛教传入中国之后，不仅大量引进了各种重要的香料，更重要的是有了用香的观念和方法。于是，香从生活中的附属用品，一跃而成为皇室贵族、文人雅士生活中的重要场景。香炉用途极多，主要功能有三点：一是用来熏衣；第二是书房必备之器，有"红袖添香夜读书"的诗句为证；第三是用来供祀神佛。

由此更衬托了这种山椒的奇特和珍贵。

可是，赵将军只知道这东西稀奇，却不知能派上什么用场，而且摘下来的新鲜山椒放坏了可怎么好？着急的他赶紧去找博学多才的东方朔先生打听。东方朔果然是无所不知，他一眼就认出了这个东西。然后告诉赵将军说："这个东西呀，叫作天仙椒，产于远隔千里的塞外，能够招揽凤凰。"

汉武帝一听高兴了，赶紧命人将此物栽种在了太液池，悉心照料。可惜的是这东西实在生长得太慢，直到汉元帝时期，才开花结果。事情也果然如东方朔所说，生长出来的天仙椒异香扑鼻传千里，招来了很多奇异美丽的鸟。

各有各的追求

咱们前面说过，这妃嫔们可是香薰的忠实拥趸，而且大家各尽其能，力求寻觅与众不同的香料。除了煮汤沐浴之外，焚香熏衣也是常用的手法。香薰的质量好，香味独特而且持久性强，自然要受到好评。

咱都知道赵飞燕的名号，但别以为她独占宠爱是轻而易举的事情，在竞争激烈的后宫，想获得皇帝的长期恩宠，还是需要手段和头脑的。她苦心练习舞蹈，节食减肥只是众多方法中的两项。让自己香喷喷才能让皇帝迷醉啊！而这可是一项浩大的工程。

首先，洗澡的整池汤水都清香宜人，待泡完澡之后，她还要静静地打坐，在周身燃遍香料，熏得每一个细胞都充满香气。就这还不算完，宫廷中自有能够擦拭全身的香粉，不但味道好，而且还有美白润肤的作用。这熏完香之后再抹上几遍宫廷润肤乳，当真是惹人爱呀。

不但如此，她的坐垫、床垫里面也填满了柔软的香

第四章 科技文化改变生活

鎏金银铜竹节柄熏炉·西汉
⊙1981年于陕西省兴平市茂陵东侧从葬坑出土。陕西历史博物馆藏。通高58厘米，口径9厘米。

料，有着"一坐此席，余香百日不歇"的效果，其他妃嫔也争相效仿。哎，大家都不容易，为了得到皇帝的宠爱，真是拼了呢。

嫔妃们追逐的是香料的迷人程度，而王公贵族们更讲究的是香料的药效。当然，这药效就广了去了，医病是小事，能保长生不老才是大事。

《通典·职官典·尚书上·历代郎官》上记载了一个故事。说当时的侍中刁存年老体弱却仍坚守在岗位上，每天给皇帝汇报国事。可是这人老了消化系统自然很差，积食宿便就很容易导致口臭，刁存每天近距离和皇帝说话，这口臭真是把皇帝折磨得不行了。

人家尽忠职守，忠君爱国，皇帝心里是清楚的，总不能因为点口臭就指责老人家，伤了人家的自尊吧。于是皇帝想了个迂回的策略，赏赐了刁存一些外面进贡来的鸡舌香。老人家如获至宝，每天起床都含着这个鸡舌香来工作。说来这个香料药效果真是好，老头子一开口说话，满室都能闻见淡淡的清香，以至于同僚们都给尚书省取了个别名"含香署"。你想象一下，这皇帝听着刁存汇报工作，又受不了对方的口臭，捂着鼻子吧又怕太明显伤到对方，而紧蹙眉头屏住呼吸的样子是不是很搞笑？

还有一种从波戈国进贡来的荼芜香也颇为神奇。据说这种香在焚烧的时候，熏到衣服上，香气久久不会散去；用香灰撒在地上，土石都是它的香味；如若将其撒在腐草或朽木之上，草木皆会重新生根发芽，茂密生长；如果点燃了熏老朽了的枯骨头，则骨头周围的肌肉会生长起来……虽然夸张了些，但在宫廷内的确风靡了很久。你别忘了，这追求返老还童、长生不死的理念，可是汉朝的通病呀。

香薰虽好，但长期闻着这些味道，估计嗅觉系统也会受到侵蚀，对别的气味就不那么敏感了。也不知道汉朝宫廷中定期体检的时候，验不验嗅觉呢？

第五章
对外交往不容易

屹立东方的大汉，曾经是全球仰慕的天朝上国，它如此雄壮，令人自豪。那随着塞外风烟和亲而去的大汉公主，那不辱使命的大汉使节们，那延伸至遥远西域的丝绸之路开拓者们，每一位都是大汉的英雄。是他们将帝国风姿带到了世界各地，让它的威名传遍四海。走出去，看看大汉如何打造自己的世界品牌！

[历史旅行指南·活在大汉]

太尴尬！匈奴单于写给吕太后的情书

——⊙ 汉匈和与战

俗话说，寡妇门前是非多，出名的女人做了寡妇，门前是非就更多了，而在古代，全国最有名的寡妇莫过于当朝皇帝的亲妈——太后。所以，历史上老皇帝一命呜呼之后，小皇帝年幼无知，独守空房的太后搞点花边新闻，一直为人们津津乐道。

▫ 一封情书引发的风波

汉高祖刘邦死后，46岁的吕后临朝听政，成了大汉朝权力最大、地位最高的寡妇。尽管吕后权倾天下，朝堂上无人敢违抗她的命令，但是在民间，关于她的绯闻却是不绝于耳，尤其是她的身边一直跟着一位超级暖男，更是给人们茶余饭后提供了不少谈资。

不过，吕后与审食其之间的种种故事，终究只是传说，毕竟谁也没有捉住二人实实在在的把柄。不过，吕后与一位匈奴单于之间的"绯闻"却是千真万确，而且被记录在了官方的历史文件中。

据《汉书》记载，吕后执政时期，匈奴冒顿单于寄来一封信，信曰："孤偾之君，生于沮泽之中，长于平野牛马之域，数至边境，愿游中国。陛下独立,孤偾独居,两主不乐,无以自虞,愿以所有,易其所无。"大意就是,我没老婆,你也死了丈夫,不如咱俩凑一对。

收到这封言辞极为傲慢、轻佻的书信后,吕后勃然大怒,随后召集丞相陈平以及大将樊哙、季布等人,商议要发兵进攻匈奴。急脾气的樊哙当即表示,愿意领10万精兵,扫平匈奴。季布则说,凭高帝那样的贤明英武,领兵40万尚且在白登被包围受困,现在我们以10万精兵又如何能扫平匈奴呢?

听了这番话,吕后尽管难消心头怒火,但也不得不冷静地思考得失利弊。最后她决定忍辱负重,命令大臣回信给单于,信曰:"单于不忘弊邑,赐之以书,弊邑恐惧。退而自图,年老气衰,发齿堕落,行步失度,单于过听,不足以自污。弊邑无罪,宜在见赦。窃有御车二乘,马二驷,以奉常驾。"

"冒顿得书,复使来谢曰:'未尝闻中国礼义,陛下幸而赦之。'因献马,遂和亲。"

▪ 白登之围与汉初和亲

匈奴作为汉朝最大的竞争对手,

"单于天降"瓦当·西汉

⊙"单于天降"一词体现了单于对天的崇拜。此瓦当于阴山南麓出土,是呼韩邪单于入塞归汉后在塞内居住的馆驿的建筑构件。

对匈是和是战,始终左右着汉朝的战略方向。高祖六年(前201),汉初7位异姓王之一的韩王信在大同地区叛乱,并勾结匈奴企图攻打太原。

汉高祖刘邦亲自率领32万大军迎击匈奴,汉军在铜辊(今山西沁县)击溃匈奴与韩王信联军,随后乘胜追击直至楼烦(今山西宁武)一带,韩王信部虽然死伤惨重,但是匈奴骑兵来去如风,并未受到太大损失。

时值寒冬天气,天降大雪,刘邦不顾前哨探军刘敬的劝解阻拦,亲率骑兵,一路追击至大同平城,与汉军主力步兵脱离。冒顿单于立即指挥匈奴30余万骑兵,截断了汉军步兵主力,将刘邦的兵马围困在白登山。

"单于和亲"瓦当·西汉
⊙ "单于和亲"瓦当反映的是公元前33年，西汉和匈奴和亲的这一历史事件。

刘邦和他的先头部队，被围困于平城白登山达七天七夜之久，完全和主力部队断绝了联系。后来，刘邦采用陈平的计谋，向冒顿单于的阏氏行贿，才得以脱险。"白登之围"后，刘邦认识到仅以武力手段解决与匈奴的争端不可取。

齐国人娄敬向刘邦建议，以"和亲"政策维持与匈奴之间的和平。娄敬认为，冒顿单于只要活着，即为汉朝的女婿；冒顿死后，新单于则为汉朝外孙，外孙必然不敢与外公分庭抗礼。刘邦听从了娄敬的建议，选取宗室女子，册封为公主，同时派娄敬为使者与匈奴缔结和亲。这就是西汉与匈奴的第一次和亲。娄敬也因此被刘邦赐姓刘氏。

为了用汉匈姻亲关系和相当数目的财物来换取匈奴停止对汉边境的掠夺，以便争取时间休养生息，增强国力，刘邦死后，惠帝、文帝、景帝继续执行和亲政策，先后向匈奴单于冒顿、老上、军臣遣送公主，并奉送大批财物。

然而，汉初的和亲政策虽然一定程度上缓和了局势，但并没有收到预期的效果。匈奴的南下入侵并没有停止。文帝三年（前177），匈奴入河南地，侵上郡，杀掠人民；文帝十四年（前166），匈奴入朝那、萧关，杀北地都尉，掳掠人民畜产，其先锋人马火焚大汉回中宫，远哨铁骑逼近长安；前166—前162年的5年里，匈奴每年入侵汉边。直到汉景帝时期，西汉国力日渐强盛，匈奴才停止了大规模的南下入侵行动，但是小规模骚扰劫掠仍然不断。

汉武帝对匈作战

汉武帝时期，西汉王朝经70余年休养生息，国力强盛，社会安定，军事力量日渐崛起。与之相对应的是，匈奴王庭政变不断，虽然实力仍旧不容小觑，但是已不复冒顿单于时代"控弦之士四十万"之势。

此消彼长之下，汉朝已经有了与匈奴抗衡的力量，几十年的积怨，使得汉匈之间的决战不可避免。于是，汉武帝废和亲政策，集中力量对匈奴进行军事打击，它意味着汉匈关系开始发生新的转变。

武帝建元三年（前138），大行令王恢献策，建议以边城马邑诈降作为诱饵，将匈奴骑兵主力引诱至此，将其围歼，以报高祖白登围城之辱。武帝接受王恢建议，起兵30万在马邑周围设伏。结果，这个并不算太高明的计策被匈奴识破，匈奴骑兵迅速撤退，围歼计划破产。

马邑事件之后，汉匈关系彻底破裂，由此拉开了汉朝对匈作战的序幕。此后，汉军与匈奴多次交战，决胜之战共有3次。

元朔二年（前127），汉武帝派大将卫青率骑兵出云中，采用"迂回侧击"战术，绕到匈奴军的后方，切断了驻守河南地的匈奴白羊王、楼烦王同王庭的联系。随后，卫青亲率精骑，飞兵南下，大败白羊王、楼烦王。活捉敌兵数千人，斩敌无数，夺取牲畜数百万之多，收复河套地区。

元狩二年（前121），霍去病等两次由陇西、北地出击匈奴各部，深入河西走廊，捕斩匈奴混邪王子、相国、都尉等百余人，士兵4万多人，大胜。

元狩四年（前119），大将军卫青、骠骑将军霍去病各率5万精骑及数十万步兵、辎重队伍，越沙漠寻歼匈奴主力。此役，卫青大军出塞一千多里，与匈奴单于主力遭遇，大败匈奴主力，俘获和斩杀敌兵1.9万人。

骠骑将军霍去病北进两千多里，与匈奴左贤王部接战，歼敌7.04万，俘虏匈奴屯头王、韩王等3人及将军、相国、当户、都尉等83人，乘胜追杀至狼居胥山，在狼居胥山举行了祭天封礼，在姑衍山举行了祭地禅礼，兵锋一直逼至瀚海。经此一役，匈奴王庭远遁漠北，西汉建国以来近百年的匈奴边患问题基本解除。

▪ 昭君出塞与匈奴结局

墙倒众人推，全盛之时，匈奴称霸草原，不仅时常劫掠汉朝，对其他游牧民族也是多有压迫。匈奴遭到

第五章 对外交往不容易

汉朝毁灭性打击后，其他长期受匈奴欺压的民族也纷纷"补刀"。汉宣帝时期，匈奴遭邻国多次攻击，"人民死者十三，畜产十五"，属国解体。

因战争、天灾、领土及人口的减少，匈奴处境日益困窘，内部纷争开始激化，以至出现五单于争立的局面，战乱不已。五单于之一呼韩邪单于在匈奴内战中被郅支单于击败，于是南下投靠汉朝。宣帝甘露元年（前53），呼韩邪遣子右贤王入汉作"质子"；甘露三年（前51），呼韩邪亲自到长安朝觐宣帝。

《人物故事图册》之《明妃出塞》·明·仇英

汉元帝建昭三年（前36），西域副校尉陈汤率兵与西域诸国联军攻杀远逃至康居的郅支单于。消息从西域传来之后，呼韩邪既喜又怕，喜的是多年的对头已灭，怕的是汉朝会将他作为下一个打击的目标。出于安全考虑，呼韩邪单于于汉元帝竟宁元年（前33）再次入朝长安，提出了与汉室通婚结为亲戚的愿望。

汉元帝答应了呼韩邪单于的要求，以宫女、待诏掖庭的王嫱（王昭君）赐予呼韩邪单于。呼韩邪即以其为"宁胡阏氏"。其后百余年间，汉匈和平相处。历史记载这一时期，"边城晏闭，牛马布野，三世无犬吠之警，黎庶无干戈之役"。

东汉年间，匈奴分裂为南匈奴、北匈奴两部，南匈奴成为汉朝藩属，被安置在汉朝的河套地区，而北匈奴留居漠北。其后，东汉两次对北匈奴大规模用兵，北匈奴西遁中亚，不知所终。

[历史旅行指南·活在大汉]

穷游西域，
楼兰、乌孙、姑师、精绝挨个逛

——○ 消逝的古国

世界那么大，你想不想去看看？对于生活在汉朝的人来说，习惯了中原地区的生活之后，来场说走就走的旅行，西出阳关，游历西域各国，去见识一下那里的异域风情，领略大漠孤烟的壮美景色，绝对是一次终生难忘的旅行。

▫ 罗布泊畔楼兰城

西域，顾名思义，意为"帝国西方的疆域"，玉门关、阳关以西，葱岭以东的广阔地域，都属于西域的范畴。汉武帝以前，西域小国林立，据记载，武帝时期西域共有36国之多，天山以北的一些小国多受到匈奴的控制和奴役。

从汉武帝时起西域各国归附汉朝，正式被纳入版图之内。汉宣帝时期，汉朝在此设西域都护府，名为乌垒城，汉朝直接管理西域36国的政治、经济、文化和军事事务，当时西域都护由皇帝亲自任命，任期3年，从未间断。

楼兰，西域最重要的城邦国家之一，《汉书》中记载楼兰："去阳关千六百里，去长安六千一百里。户千五百七十，口四万四千一百。"它东接敦煌，西北到焉耆、尉犁，西南到若羌、且末，"丝绸之路"的南、北两道便在此分道，是汉王朝通往西域其他各国的必经之路，因此战略位置十分重要。

169

楼兰古城遗址

⊙楼兰古城是丝绸之路上的重镇,大约建于前2世纪,到330年左右,楼兰城似乎在一夜间消失得干干净净,昔日繁华的大街小巷迅速被黄沙填塞,往日的西域明珠变成了一座荒凉的空城。

汉武帝初期,楼兰作为匈奴耳目,经常帮助匈奴与汉朝为敌。元封三年(前108),汉派兵讨楼兰,俘获其王,楼兰即降汉。楼兰投降汉朝之后,又遭到匈奴的攻击,只好分别向汉朝和匈奴派遣"质子",两面称臣。后来,曾在匈奴做人质的王子安归被立为楼兰王,于是楼兰倒向匈奴,成为汉朝心腹大患。昭帝元凤四年(前77),汉遣傅介子到楼兰,刺杀安归,立尉屠耆为王,改国名为鄯善。

由于地处沙漠地带,楼兰古城位于罗布泊的西北角,北望孔雀河,属于典型的沙漠绿洲景观。汉朝时期,人们来到楼兰,尽可赏沙漠绿洲,望罗布泊、孔雀河水波涟涟,看沙漠驼队、丝绸之路,直通极西之地。

纵马伊犁河畔

乌孙人是汉朝时期大草原上的一支重要民族,汉朝初年,乌孙人与月氏人一同在敦煌、祁连之间游牧生息。由于牧场相邻,乌孙人和月氏人之间争战不断,后来乌孙王难兜靡被月氏人攻杀,难兜靡的儿子猎骄靡由匈奴冒顿单于收养成人,后来猎骄靡在匈奴帮助下击败月氏得以复国,月氏战败西迁至伊犁河流域。

后来,匈奴与乌孙再次联手,进

攻已经迁往伊犁河流域的月氏，月氏不敌，南迁大夏境内。占据了月氏人在伊犁河流域的牧场之后，乌孙人便放弃了敦煌祁连间的故土，将部族迁徙至此。从此乌孙日益强大，并且逐渐摆脱了匈奴的控制。

据记载，东起玛纳斯河，西到巴尔喀什湖及塔拉斯河中游，北到塔尔巴哈台，南至天山山脚，这片辽阔的草原，均是当时乌孙人的牧场。乌孙人以游牧的畜牧业为主，兼营狩猎，不事农耕，养马业特别繁盛。张骞第二次出使西域到乌孙，回程时，乌孙国王猎骄靡曾派遣使者携带礼品及马数十匹前往中原。汉朝时期，中原人前往乌孙游历，最不能错过的娱乐项目便是草原狩猎，纵马伊犁河畔，赏天山雪景。

▫ "吃货"圣地姑师

汉代西域36国中，建国于罗布泊西北部的楼兰，距离玉门关最近，是汉王朝进入西域的最重要关口。而建都于吐鲁番盆地，掌控罗布泊以东、以北直到天山一带广阔地区的姑师国，则是匈奴控制西域的门户。它北临匈奴，东为汉朝派出的戊己校尉、西南为西域的城邦诸国。

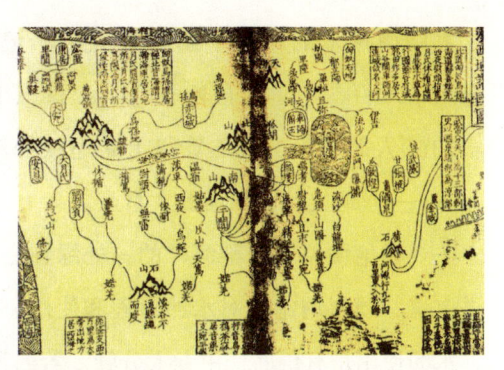

西域诸国图·东汉

汉朝经营西域各国，能否控制姑师是其中的关键。汉武帝元封三年（前108），汉大将赵破奴及大行令王恢率骑数万克楼兰破姑师，随后汉朝将姑师改为车师，并将其拆分为8个国家，即车师前国、车师后国和山北6国。

根据历史记载，姑师人并不是逐水草而徙的游牧民，而是过着半定居的畜牧、农耕生活。张骞出使西域回来后，称姑师人"颇知田作"。现在，吐鲁番地区以出产水果而闻名，想必在2000多年前的汉朝，姑师人也已经掌握了果树的栽培技术，当时从西域传来的各类水果，必定有很大一部分是从姑师而来。由此推测，姑师在当时，肯定是不少中原地区来的"吃货"的首选旅游地。

▫ 沙漠明珠精绝城

精绝，这是一个建国于丝绸

之路南道上的城邦小国,《史记》记载:"精绝国,王治精绝城,去长安八千八百二十里,户四百八十,口三千三百六十,胜兵五百人。"这个仅有3360人的小国,虽然算得上是超级袖珍国家了,但是由于守着东西方交通命脉——丝绸之路,因而殷实富庶。

精绝城位于尼雅河畔的一处绿洲之上,精绝人以农业为主,由于水资源的宝贵,当年精绝人对水的管理和使用、树木的保护都有一套严格的管理办法。水的使用是有偿的,由专人分管。若因管理不善,导致损失是要受惩罚的。

由于精绝人在这片绿洲中苦心经营,精绝城成了丝绸之路上的一颗璀璨明珠。由于扼守丝绸之路,2000多年前的精绝城,必然是商旅云集、繁荣异常。为了供过往客商消遣娱乐,暂时放下旅途中的疲惫,精绝城内各种服务、娱乐行业必然也是异常发达,中原及西域的歌伎应有尽有。

可以想象的是,建城于沙漠绿洲之中的精绝,必然是堪比今天拉斯维加斯的沙漠明珠。

煤精制"司禾府印"·东汉

⊙1959年民丰县尼雅遗址出土。新疆维吾尔自治区博物馆藏。煤精制作,正方形,桥形钮,印文为阴刻篆书"司禾府印"。汉代在西域最重要的经济建设是屯田,但关于司禾府以及在尼雅河流域的精绝国是否实施过屯田,史书并无记载。此枚官印出土说明东汉在尼雅一带屯田,并设有专司屯田事务的机构,填补史书的空白。

悲催的苏武，从使臣混成放羊倌

⊙ 不好当的使臣

现在如果做一项问卷调查的话，外交使节绝对能够位列十大高富帅职业排行榜。帅气的外表、优雅的谈吐、流利的外语，再加上时常游历各国、会见高官政要的工作性质，绝对能够迷倒万千少女。可是，在汉朝，如果你"有幸"出任使臣的话，那情况可能就不容乐观了。

▫ 出使匈奴

雄才大略的汉武大帝登基以后，汉朝对匈奴的自卫反击战逐渐拉开序幕。战场上打归打，但双方交流沟通还不能停。一方面是洽谈交换战俘、休战等事宜，另一方面也是借着使臣来往访问刺探敌人军情。

虽说，使臣兼任情报人员不能是常有的事情，但是一旦被敌人抓个正着，难免就要遭受敌方扣押。在汉匈交战期间，匈奴扣留了汉使郭吉、路充国等前后十余批人，汉朝也扣留匈奴使节以相抵。

汉武帝天汉元年（前100），匈奴且鞮侯单于继位，此时距离伊稚斜单于被卫青击败逃亡漠北，已经过去19年了，匈奴实力大不如前。新继位的且鞮侯单于地位不稳，担心遭到汉朝进攻，于是主动向汉朝示好。他不仅送还了之前扣押的汉

《苏武牧羊图》·清·任颐

⊙此画取材于苏武牧羊的历史故事。苏武牧羊之地，荒无人烟，终日以野鼠草根为食，和羊群共宿以御寒；放羊的同时他始终拿着汉节。画面绘苏武手持汉节，席地而坐，旁边有四头羊。图中苏武胡须花白，面容憔悴，但从露出的一只眼睛中可以看到他不辱使命的坚定信念。

使，还在公开场合表示，论辈分，我是汉朝天子的晚辈，理应尊敬长辈。

且鞮侯单于这些颇识时务的行为，极大地满足了爱面子的汉武帝的虚荣心，于是武帝遣苏武以中郎将的身份，持节护送扣留在汉的匈奴使者回国。于是，汉朝历史上最著名的使臣苏武就此登上了舞台。

收到皇帝的任命书之后，苏武同副中郎将张胜及临时委派的使臣常惠等人，在长安临时招募士卒、斥候百余人，启程前往匈奴。

几个月后，苏武一行人抵达匈奴，交还了被汉朝扣留的匈奴使者，同时还送上了汉武帝赐予且鞮侯单于的礼物。也许是由于单于之位已经坐稳，又或者是因为汉朝的示好，让他有点飘飘然起来，总之且鞮侯单于在见到汉使之后的表现并不那么让人满意，但总体而言，这次访问还算顺利。

卷入政变

就在且鞮侯单于安排使节护送苏武等人回汉朝的时候，匈奴内部的一场叛乱行动却在悄然酝酿。卫律本是生长于汉朝的匈奴人，曾经担任汉使出使匈奴，后来由于卷入汉朝内部政治斗争，于是带领部下投靠匈奴。

匈奴贵族缑王与汉人虞常，被迫与卫律一起投靠匈奴，他们暗中策划绑架单于的母亲以归汉朝，正好碰上苏武一行人出使匈奴。虞常在汉朝的时候，与副中郎将张胜私交甚密，他私下拜访张胜，表示自己愿意射杀一直被汉武帝所怨恨的卫律，以求得皇帝的赏赐。张胜许以虞常大量财物，支持他发动叛乱。就这样，在苏武毫不知情的情况下，汉朝使团卷入了匈奴内部的叛乱。

然而，不怕神一样的对手，就怕猪一样的队友，就在缑王与虞常等人策划的政变还没发动的时候，队伍里就出了个叛徒，将政变的计划一股脑报告给了匈奴。最终，缑王战死，虞常被擒，单于派卫律审理此案。

张胜听到消息，担心和虞常所说的话被揭发，便把事情告诉了苏武。苏武说："事情已经发生了，一定会牵连到我。如果我受到了侵害，就更加对不起国家了。"于是想自杀。张胜、常惠制止了他。虞常在审讯中果然供出张胜。

单于大怒，派卫律召唤苏武来受审。苏武说："屈节辱命，即使活着，有什么面目归汉！"说着便要拔刀自刎。多亏匈奴医生的医术还算高明，把本已断气的苏武从鬼门关救了回来。苏武此番有勇气、有节操的举动，令单于大为钦佩，于是他萌生了将这位铁血真汉子收入帐下的想法。

苏武伤势好转之后，单于一方面派遣使者早晚探望，劝其投降匈奴；一方面紧锣密鼓地审讯虞常、张胜等人，软硬兼施，威逼利诱苏武投降。

▫ 北海牧羊

这天，叛乱事件审理结束，虞常被判死刑，卫律亲手挥剑斩杀虞常后宣布，汉使张胜参与叛乱，投降免死，于是张胜请降。随后卫律以死威胁苏武投降，结果苏武仍不为所动。卫律知道苏武不可胁迫，报告了单于。越是得不到的东西，就越想得到，面对软硬不吃的苏武，单于越发想让他投降。

于是，且鞮侯单于使出了草原上熬鹰的法子，将苏武囚禁于地窖内，不给他吃喝，结果苏武就着地窖内的积雪与毡毛一起吞下，熬了好多天。没了法子的且鞮侯单于下令将苏武流放到北海，让他放牧公羊，等到公羊产崽便允许苏武归汉。

苏武到了北海，没有粮食供应，只能掘野鼠储藏的粮食吃。苏武拄着汉节牧羊，起居都拿着，以致汉节上的毛全部脱落。

武帝天汉二年（前99），汉将李陵投降匈奴，单于派李陵去北海，为苏武设酒宴歌舞劝降苏武。他乡遇故知，本是人生喜事，但是这二人，一人身为阶下囚，另一人则是败兵降将，再丰盛的宴席，吃得也是食不甘味。

酒宴上，李陵为苏武带来了家乡的消息，苏武被扣在匈奴的这些年，他的兄长苏嘉做奉车都尉，随从圣驾至雍地的棫阳宫，皇帝扶辇下除，撞到柱子折断车辕，被指控为大不敬，伏剑自刎。苏武的弟弟苏贤，被皇帝委派追捕害死驸马的宦官，结果未能完成任务，服毒自杀。苏武的母亲也已去世，妻子早就改嫁。

"人生苦短，譬如朝露，你何苦为难自己呢？就降了匈奴吧。"李陵一把鼻涕一把泪地劝说道。

已经多年和家乡没有任何联系的苏武，听到李陵带来的消息，心中悲痛万分，但依旧不为所动。李陵想要继续劝说苏武，结果苏武以死相逼，李陵见苏武刚直不屈，喟然长叹、泪沾衣襟，诀别而去。几年后，汉武帝驾崩的消息传到北海，苏武听说之后面向南方，痛哭流涕，以至吐血。此后数月间，苏武每天早晚哭吊武帝。

◼ 苏武归汉

昭帝即位之后，匈奴和汉朝达成和议。汉朝寻求苏武等人，匈奴谎称苏武已死。后汉使又到匈奴，苏武曾经的部下常惠秘密会见汉使，原原本本地述说了这几年在匈奴的情况。后来汉使面见单于时编了一个极为传奇的故事：汉天子在上林苑中射猎，射得一只大雁，雁脚上系着帛书，上说苏武等人在北海。

听了这个故事之后，单于惊讶异常，不得不向汉使道歉，并告知汉使，苏武等人的确还活着。随后，单于召集苏武的部下，除了以前已经投降和死亡的，当初随苏武一同出使匈奴的100多人，最终还剩下9人。

昭帝始元六年（前81）春，阔别汉朝19年的苏武终于回到了魂牵梦萦的长安。

《苏李泣别图》·明·无款

⊙美国弗利尔-塞克勒美术馆藏。自宋代以来，以苏武李陵泣别为主题的绘画作品十分常见。此图为明代画家绘制，冰天雪地之中，苏武和李陵二人相拥而泣，凄冷的环境更是增添了人物的悲伤。正如李陵赠苏武的诗里面写的那样："携手上河梁，游子暮何之。徘徊溪路侧，恨恨不能离。行人难久留，各言长相思。安知非日月，弦望自有时。努力崇明德，皓首以为期。"此诗将二人难分难舍的情感表达得十分到位，而李陵的送别诗也被称为"送别诗之祖"。

第五章

对外交往不容易

[历史旅行指南·活在大汉]

HUOZAI DAHAN

带上丝绸，
跟着甘英去趟古罗马

——○ 丝绸之路

华夏民族崛起于中原地区，其后千百年间，东方一直都是我们发展的主流方向。至于西方，虽然与中国也有联系，但是生活在东方的华夏民族，对那片土地并不十分了解，有的只是从西方贩运而来的精美玉石以及那些亦真亦假的传说故事。直到汉朝立国数十年后，华夏民族终于将目光投向了西方。

玉石之路

早在夏商周青铜时代之前，中原地区同西域就已经有了交流，那时候东西之间贸易交往的主要商品便是玉石。

早在1万多年前，在华夏大地上生息繁衍的先民们，就已经从普通的石块中发现了精美绝伦的玉石。从那时候起，玉文化就成了华夏文明中不可或缺的重要一环。而当时最重要的玉石产地便在西域，延续万年的玉石之路，正是沙漠丝绸之路的前身。

到了3000多年前的周代，中国诞生了一位上古时代最富传奇色彩的君主——周穆王。周穆王是西周的第五位君主，世称穆天子，在传世的《穆天子传》中，记录了这位"冒险王"曾经驾驶八骏马车西巡游猎的故事。

第五章 对外交往不容易

《帝鉴图说》之《周穆王八骏巡游》·明·无款

⊙法国国家图书馆藏。此图绘周穆王驱使八骏西巡昆仑的故事,在传世的《穆天子传》中详细讲述了穆王西巡的往事。

穆王从西周国都城镐京出发,一路向西,途经甘肃、青海和新疆,抵达昆仑山西麓,在那里穆天子邂逅了当地的一位女性首领——西王母,二人擦出了一段爱情的火花。

因为沉醉于美人的温柔乡,穆天子在昆仑山盘桓数载,直到后来,国内发生叛乱,穆天子才在大臣们的劝说下起驾回国。临走的时候,西王母赠给穆天子八车宝石,周穆王返途中,又在一些采玉、琢玉的部落处获取不少玉石,满载而归。

尽管后人对这个故事的真实性表示怀疑,但是这也在一定程度上证明了,中原地区与西域一直交往不断。

凿空之行

秦汉之交,北方草原上的匈奴强盛起来。汉朝时,西域诸国被匈奴控制,中原同西域之间的联系被隔断。汉武帝时期,由于对匈作战的需要,汉王朝对西域重新重视起来。汉武帝打听到，西迁的大月氏与匈奴积怨颇深，一直有报复匈奴之意，于是便打算派人出使大月氏，联络他们东西夹攻匈奴。汉中人张骞以郎官身份应募。

建元二年（前139），张骞率领他招募到的一支100余人的队伍从长安出发了，由于当时的西域还处在匈奴的控制之下，而想要抵达大月氏，就必然要经过匈奴的势力范围。

结果，张骞一行人毫无意外地被匈奴人俘获，他们在匈奴一待就是十几年，其间张骞还在匈奴娶妻生子。看到张骞已经在草原上安家落户，匈奴人渐渐对他放松了警惕，毕竟十多年过去了，当年的汉人张骞，如今跟匈奴草原上的牧民也没啥区别了。不承想，张骞心里却一直没有放下自己的职责和使命。

后来，张骞终于寻机逃脱，西行数十日最终到达大月氏领地。然而，这时大月氏已经西迁多年，早已没有了报复匈奴的打算。尽管张骞此行并没有完成与大月氏联盟的战略目标，却得到了研究西域风土人情、国际局势的第一手资料。

一年以后，张骞踏上东归的道路，结果途中再次被匈奴俘获，扣留了一年多，直到匈奴单于死亡，国内大乱，张骞才趁机逃脱，而且这一次他还带上了自己的匈奴媳妇和儿女，当真是让匈奴人"赔了夫人又折兵"。

元朔三年（前126），离开长安14年后，张骞终于返回了大汉。张骞此行，

← 游大汉指南 →

丝路传播的物品：现在，我们常见的葡萄、苜蓿、胡麻、黄瓜、胡椒、胡桃等，据说都是张骞所带来回来的东西。此外，通过张骞所开辟的这条通商道路传来了各种各样的东西。汉武帝所喜爱的大宛马自不必说，还有地毯、毛织物、蓝宝石、金银器、玻璃制品、珍珠、土耳其石，以及罗马、波斯的银币等，此外公元前后由中亚传来的佛教，以及汉明帝时由西域来访的僧侣所翻译的佛经、建造的寺院等。另外，中国产的丝织品、瓷器、漆器等也传到了西方。据说，中国人为了保持对丝织品的独占地位，在输出丝织物的同时严禁输出蚕种。在中国古代遗迹中发现了茧，在殷代的甲骨文中就有"蚕""桑""绢""帛"等文字，由此可见，蚕丝技术始于战国时代而成熟于汉代。

虽未达到目的，但获得了大量西域的资料，张骞本人也受到了汉武帝的赏赐，被封为太中大夫，太史令司马迁称张骞此行为"凿空"。

◘ 西域都护

张骞归国5年之后，骠骑将军霍去病率兵两度出击河西走廊，大破匈奴，汉朝一举控制河西地区，打通了中原与西域之间的交通道路。匈奴为此悲歌："失我祁连山，使我六畜不蕃息；失我焉支山，使我嫁妇无颜色。"

河西走廊打通之后，张骞上书汉武帝，建议联络西域强国乌孙，以断匈奴右臂。元狩四年（前119），张骞再次出使西域，意欲招引迁居伊犁河畔的乌孙返回其河西故地。

对于农耕的汉民族来说，故土之情最难以割舍，但是对于逐水草而居的游牧民族来说，哪里有丰美的草场、甘甜的河流，哪里就是他们的家，所以在伊犁河畔安居乐业的乌孙人并没有回老家的念头，张骞此行的目的再次落空。

不过，这一次张骞也并非全无收获，他派遣数名副

第五章 对外交往不容易

壁画《张骞出使西域辞别汉武帝图》·唐

⊙ 此图绘于莫高窟第323窟北壁。图中原图有四个场景，此为其中之一——张骞出使之前向汉武帝辞行。这幅壁画一方面表现了张骞出使西域的史实，另一方面又蕴含着佛教中关于张骞出使的传说。

使，前往西域其他国家，宣扬汉威。元鼎二年（前115），张骞返回汉朝，乌孙使者与之随行。当看到了大汉的强盛、长安的富庶之后，乌孙使者大为震惊。乌孙使者回国之后，将汉朝的情况报告给了国王，其后乌孙渐渐倒向大汉阵营。

元封三年（前108），汉军破楼兰、降姑师；元封六年（前105），西汉与乌孙王和亲；后来，汉武帝又派李广利领兵数次进攻大宛，在付出沉重代价后，攻破大宛都城，通往西域的"丝绸之路"，至此全线畅通。

汉武帝太初四年（前101），汉武帝在轮台和渠犁设立了使者校尉，管理西域的屯田事务；神爵二年（前60），西汉政府设置了西域都护府。从此，今新疆地区开始隶属中央的管辖，成为中国不可分割的一部分。

▫ 东西建交

西汉末年，由于国内局势混乱，中央政府无力经营西域，王莽政权上台之后，丝绸之路中断。直至汉明帝永平十六年（73），奉车都尉窦固率兵出击北匈奴，其间窦固派遣班超出使西域，由此拉开了东汉王朝重新经营西域的序幕。

班超率吏士36人，镇服鄯善（楼兰），收归于阗，重新打通隔绝58年的丝绸之路，其后东汉政府重建西域都护府，正式任命班超为西域都护。班超苦心经营30年，最终西域诸国重新归附汉朝中央政府。

汉和帝永元九年（97），班超派副使甘英出使大秦（罗马帝国），一直到达波斯湾沿岸，临海欲渡之际，由于安息海商的婉言阻拦，未能继续前行。

汉和帝永元十二年（100），大秦属国的蒙奇兜讷（罗马帝国统治下的马其顿行省）遣使抵达东都洛阳，向汉和帝进献礼物，汉和帝厚待使者，赐予紫绶金印，这是罗马帝国与中国通使交往的最早记载。半个多世纪之后，大秦王安敦派使者来洛阳，朝见汉桓帝，标志着中西方文化交往的开始，东西方两大帝国外交关系正式建立。

> 专题

两汉通西域的稀奇事儿

汉朝是一个民风奋发向上的时代，开疆拓土，远播汉威，是那个时代无数有志青年的理想。在汉朝外交史上，也诞生了无数值得传诵千古的趣闻传奇。

女外交家传奇

不管是以张骞、苏武为代表的古代使臣中的"牛人"，还是活跃在国际舞台上的现代外交家，似乎都以男性居多，不过在汉代，却有一位传奇的女性使臣。汉武帝时，为团结一切可以团结的抗匈力量，以宗室女解忧为公主，嫁于乌孙王军须靡，冯嫽作为解忧公主的侍女同往乌孙。年轻的冯嫽生性聪慧，来到乌孙之后没几年，便已通晓西域的语言文字及风俗习惯。

出使工作什么最重要？当然是人才！像冯嫽这样有文化、懂外语，又熟知上层社会礼节的人才，很快就得到了重用。不久，汉朝中央政府任命冯嫽以使节身份代表公主访问乌孙周围的各个国家，向各国国王赠封赏，宣汉威。各国君臣见到汉朝的使节是这样一位奇女子，惊奇之余，忍不住啧啧称赞，尊称她为冯夫人。

汉宣帝之际，乌孙发生内乱，汉朝中央政府有意让解忧公主之子元贵靡继承王位，不料北山大将乌就屠拥兵自重，自立为王。为平乌孙之乱，宣帝令破羌将军辛武贤率军进驻敦煌，准备讨伐乌就屠。

西域都护郑吉担心汉军劳师远征，胜负难料，建议朝廷遣使与乌就屠和谈，

劝其让出王位。值此关头，冯嫽临危受命。冯嫽与乌就屠本是旧识，她见到乌就屠后，晓之以理、动之以情、震之以汉家天威。乌就屠也自知难敌汉军，于是答应让位于公主之子元贵靡。

冯嫽出使告成之后，宣帝异常高兴，此奇女子以绝佳之口才，令朝廷得以兵不血刃地平定乌孙内乱，于是诏令冯嫽回国。冯嫽回到故都长安时，宣帝令文武百僚在城郊迎接，这一年距离她陪公主远嫁乌孙，已经过去40余年了，走的时候尚是豆蔻年华，回来的时候已经是两鬓斑白。

当日，宣帝在宫中接见了冯嫽，她建议朝廷赐乌就屠封号，以安其心。宣帝欣然采纳，封冯嫽为正使，竺次、甘延寿为副使，再次出使乌孙。冯嫽乘驷马锦车返回乌孙，她手持汉节，召乌就屠于赤谷城中，宣诏书，封元贵靡为大昆弥(王号)，乌就屠为小昆弥。

两年后，元贵靡病故，其子星靡即位，年近70的解忧公主与冯嫽获准归国。不料星靡治国无方，乌孙动荡再起。冯嫽身在长安，心挂乌孙，上书宣帝，请求再为汉使。宣帝准奏，选派精骑，护送冯嫽再度出使乌孙。最终在冯嫽的帮助下，星靡终于稳定了乌孙政局。

班超的"开挂"人生

两汉时期，西域与中央政府之间的连接通道只有一条狭长的河西走廊，由于交通不便、距离遥远，中央对西域地区的控制相对薄弱。两汉之交，时局动荡，中央政权一片混乱，自顾不暇，孤悬玉门关外的西域自然更是无力控制，久而久之，西域地区逐渐脱离中央控制，丝绸之路也随之中断。东汉立国之后，国力逐渐强盛，中央政府意欲重新经营西域，再开丝绸之路。

汉明帝永平十六年（73），年轻的东汉使者班超向着西域出发了，他此行的目的是代表东汉中央政府收复西域36国。按正常情况推测，要完成如此重大的战略目标，必然要领十万铁骑，大兵压境，如此西域各国才会望风而降，一举定乾坤。但是，班超的手下却只有区区36人，这样的情况恐怕只能用"坑爹"来形容了，但是铁血真汉子班超没抱怨、没牢骚，带着他的"三十六天罡"上路了。

班超使团的第一站是距离玉门关最近的鄯善（楼兰），抵达鄯善后，班超一行人受到了热烈欢迎，国王大摆宴席招待"天使"。

结果，班超等人的好日子没过几天，就发现鄯善的招待规格在下降。遇事爱多想的班超瞬间化身名侦探，他断定此事定有蹊跷。

经过一番侦察，班超果然查到了事情的真相。原来班超一行人抵达鄯善后不久，北匈奴的使者也到了。接着，班超立即召集部下36人，饮酒高会。喝到酒醉的时候，班超故意激怒大家说："你我身处边地异域，现在北匈奴的使者来了，鄯善王便开始怠慢，一旦鄯善投靠北匈奴，我们就全成了砧板上的鱼肉，为今之计，唯有先下手为强。"

班超像

这天夜里，月黑风高，班超率领36人，直奔北匈奴使者驻地，发起猛攻。一时间，战鼓雷动，火光四起，杀声震天，匈奴人乱作一团，逃遁无门。这一战，匈奴使者全部被诛灭，班超自己就亲手击杀了3名匈奴人。

第二天，班超请来了鄯善国王，把匈奴使者的首级呈给他看，鄯善王大惊失色，举国震恐。班超好言抚慰，鄯善王表示愿意归附朝廷，并把自己的王子送到朝廷作为人质。就这样，班超仅30多人便平定一国，并由此拉开了东汉重新经营西域的序幕。

舅舅与外甥

所谓"外交无小事",两国交往的过程中,称谓虽然看起来并不重要,实际上却关系着国家的面子问题,可一点都马虎不得。先秦时代,华夏民族在东亚地区实力碾压四邻,对其他民族当然也不放在眼里,称呼上自然也毫无尊重可言。

汉朝初年,情况有了变化,匈奴势大,汉朝为了积蓄实力,只能一时委曲求全,所以在交往的过程中,也只能放低身份。当时,汉朝在给匈奴的国书中,起首称谓是"皇帝敬问匈奴大单于无恙",而匈奴在给汉朝的国书中,起首称谓则是"天所立匈奴大单于敬问皇帝无恙"。

两个称谓一对比,高下立判,而匈奴的稽粥单于为了标榜自己的尊贵身份,甚至用过"天地所生日月所置匈奴大单于敬问汉皇帝无恙"的抬头,大度的汉文帝并未深究,体现着双方的交往关系。汉文帝曾经说,我只能负责长城以内,而单于负责长城之外。这种叹息,说的是圣贤以天无二日,王者无外,而我却不能达到圣王的标准。

武帝时,卫霍北逐匈奴,封狼居胥,称霸草原百年的匈奴一支俯首称臣,一支远遁漠北。此后匈奴与汉朝交往过程中,称谓也产生了根本性的变化。由于汉朝与匈奴的和亲关系,所以日后匈奴单于往往以汉家天子的外甥自称。西晋时期,匈奴贵族刘渊便以汉朝皇帝外甥的身份,自立为汉王。

直到千年之后,少数民族政权与中原王朝和亲,仍旧称呼汉族皇帝为舅舅。例如,于阗国曾在国书中称宋朝皇帝为"东方日出处大世界田地主汉家阿舅大官家"。

铜奔马·东汉

⊙1969年甘肃省武威市雷台汉墓出土。甘肃省博物馆藏。铜奔马微微地偏向一侧的头高昂着,前面头顶的鬃毛和后面的马尾一致向后方飘飞,浑圆的躯体呈流线型,四肢动感强烈,三蹄腾空,右后蹄踏一展翅奋飞、回首惊视的"风神鸟"龙雀(俗称飞燕),全身的着力点都集中在飞行的龙雀背上,形成了一种极富感染力的腾飞之势。

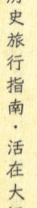

[历史旅行指南·活在大汉]

第六章 花样繁多的娱乐生活

没有了手机怎么活？没有了Wi-Fi怎么活？没有了K歌房怎么活？大汉虽然没有智能手机和电子游戏，可是日子过得却丰富多彩。想试试胆色如何，那就去上林苑猎一只鹿回来。想要玩点儿技巧，那就去乐舞百戏尽展风采。没有麻将的日子里，蹴鞠、斗鸡可不要太好玩。「汉范儿」娱乐，疯起来！

皇家动物园与天子狩猎场

⦿ 上林苑狩猎

虽说我们中国自古以来就是一个以农耕为主的文明国度，不过上至天子君王，下至平民百姓，对狩猎都不陌生。毕竟，在农耕之前，咱们想要吃顿饱饭可都得靠打猎啊！当然在种地能养活自己和家人之后，打猎就变成了填饱肚子的辅助手段了。农闲的时候，猎手们会选择进山打猎，这一方面，是维护环境安全，虽然野兽怕人，但野猪什么的，祸害庄稼也讨厌，把它们赶得远远的，大家住着才放心嘛。另一方面，也给家庭创收了，猎到野味，既可以打打牙祭，皮毛之类还能补贴家用，何乐而不为呢？

到了天子君王这里，狩猎就不仅仅是狩猎了，冷兵器时代，拿什么来锻炼士兵？狩猎啊！拿什么来宣扬国威武力？狩猎啊！拿什么来娱乐游戏？还是狩猎啊！男人嘛，玩的就是心跳！你懂的！

▫ 上林旧苑有谁知

从夏朝开始，天子就规定，每年必须狩猎四次，顺应春夏秋冬四个季节，狩猎也被称为"田猎"。没办法，那个时期的生态环境太好了，野兽遍地都是，为了保证农作物的顺利播种和收获，天子也必须组织起狩猎队伍，为百姓驱逐农田里的野兽。

商王和周天子也延续了这个传统，春秋战国时期，诸侯甚至以狩猎为由，安排各种军事演习，以提升军队的战斗力。

秦始皇统一中原之后，更是大兴土木，在辽阔的泾水、渭河之滨修建了奢华的宫殿群落，这就是最初的上林苑。鼎鼎大名的阿房宫，其实只是上林苑的一部分。

可惜，秦代的上林苑被楚霸王的一把火烧了个精光，我们也只能从古代诗文中揣测宫室的宏大与奢华了。汉朝刚立国的时候，国家还不富裕，皇帝的生活也过得非常简朴，上林苑这么大片地方，一直荒着也不像那么一回事。于是

画像砖《上林苑斗兽图》（局部）·西汉
⊙1905年河南洛阳八里台汉墓出土。美国波士顿美术馆藏。陶制空心砖上彩绘，原图人物众多，此为局部，表现上林苑猎兽情形。

皇帝就鼓励百姓开垦荒地，种田养桑。至于打猎游戏，当然就大大减少啦。不过到了汉武帝时期，国家富裕起来，汉武帝本人也是一个爱玩儿会玩儿的，经常组织臣下到上林旧地去打猎，一帮官员前呼后拥，把百姓的庄稼都踩坏了不少。这下可捅了大娄子，百姓拦着不守规矩的官员，非得拉他们去见官，"天子脚下，你们也敢乱来！"带头的汉武帝那叫一个尴尬啊。这样的糗事还不止一件。还有一次，汉武帝到上林那边去游猎，结果兴致上来，玩得太晚，赶不回长安了，只好就地找地方休息，可这荒郊野外，除了百姓的茅草屋，哪里还有别的地方可住呢！老百姓哪里见过皇帝的真容啊？见到这一大群人前呼后拥，还带着武器，就把他们当成盗贼来围攻了。可怜的汉武帝有口难言，只好狼狈回城。

这样的事儿出了好几次，汉武帝越来越觉得上林苑不修不行了，这当了皇帝连出门打个猎都找不到住宿，还被当成盗贼，这算怎么回事啊！

第六章 花样繁多的娱乐生活

189

于是，他决定把上林苑里面的百姓都迁徙到其他地方去安置，重新将上林苑修整出来。这下可不得了了，举国之力修建出来的园林，规模远超秦朝，并且随着汉武帝执政时间的延长，奢华程度也大大增加。

不信？给你看看留在诗文中的证据。汉赋大家司马相如在《上林赋》中提到："左苍梧，右西极。丹水更其南，紫渊径其北。终始灞浐，出入泾渭，酆镐潦潏，纡余委蛇，经营乎其内。荡荡乎八川分流，相背异态。东西南北，驰骛往来，出乎椒丘之阙，行乎洲淤之浦，经乎桂林之中，过乎泱漭之野。"囊括8条河流，可见上林苑之大。此外还用大量的辞藻罗列了上林苑中的景物，高山巍峨，林木高大，树林里各种野兽繁衍；大湖浩渺，里面有众多鱼类和禽鸟；在河流间的草地上，花木芬芳，温驯和凶猛的野兽都在这里自由活动。更别提众多的宫室遍布在山坡和溪谷间，高大明亮，装饰着华美的玉石，宛若仙境。

陶射俑·西汉

《上林图》·明·无款

◘ 天子游上林

汉武帝刘彻是有名的享乐主义者,还是帝国头号人物,举国上下都为他服务。既然要重建上林苑,当然就得符合"高大上"的标准。在这样的指导思想下,上林苑的改造工作可谓是如火如荼,热烈无比。皇帝爱打仗,行!咱们陆军、水军都得有个演武场。于是昆明湖被开挖出来,相传,这人工开挖的淡水湖,规模大得一眼望不到边,可以容纳八层高的楼船进行军事演练。湖里养的鱼若被打捞出售,能满足整个长安城的鱼市供给。那时候的长安城,可是人口多达24万的世界一流大都市啊!

有了昆明湖,天子的娱乐活动更丰富了,有心情的时候,可以召集后宫美女,来比赛狩猎各种水禽,这射野鸭子都显得档次不够,咱们得比赛射天鹅、白鹭、鸬鹚、大雁等体型更大的禽鸟才行。想想看,众多美女英姿飒爽,手持小弓箭,娇声软语,嬉闹游戏,该是何等的风光旖旎啊!

如果不想狩猎,还可以游湖,登上八层楼高的楼船,早有容貌清丽、衣饰华美的宫女迎接,天子当然坐在上首,臣下分列两旁,来自全国各地的杰出演奏大师奏起动听的乐曲,全国最擅长舞蹈的女子则在席前翩翩起舞,舞姿曼妙动人,实在赏心悦目。这当然是天子和天子近臣才能享受到的顶级娱乐,可不是谁都有资格欣赏到大师的演奏和舞蹈的。只要天子想听歌舞演奏了,吩咐下去,不到半天就能享受到顶级的宴会与歌舞表演,这就是上林苑皇家歌舞团的职责所在。

除了观赏美女的表演,上林苑还是

第六章 花样繁多的娱乐生活

王公贵族展示勇武的地方。在上林苑，你可以参加由天子组织的角抵活动，与来自匈奴、大月氏、楼兰等西域国家的勇士比武搏斗，展示咱们天朝上国的强大与勇武。角抵与古罗马的斗兽场相类似，人与人斗，人与猛兽斗，不过古罗马斗兽场一般都是奴隶表演给贵族看，咱们的角抵斗士不但有奴隶与猛兽，身份高贵如广陵王刘胥，也喜欢亲自到兽栏里与野猪、老虎和黑熊搏斗，享受一把热血沸腾的快感。在这样的风气之下，就连文人也是尚武的，著名的文学大家司马相如擅长击剑，有名的谋士王充擅长骑射，经学大师辕固也曾与野猪搏斗，以刀毙之。

角抵只是娱乐活动之一，此外还有围猎、蹴鞠、演武等多种活动供天子选择。为了鼓励臣子积极参与，天子专门设置奖励，围猎的时候，谁打到猎物就由谁自行收取。一场围猎下来，猎物堆积如山，几乎人人都有收获，当然咱们臣子也不缺这些猎物贴补家用，但猎得多的人肯定能得到天子的表彰，名利双收的好事真是让人笑逐颜开啊！

▫ 上林苑由谁来管理

上林苑除了是天子的狩猎场、演武场、宴会厅之外，它还是一个非常重要的"经济开发区"。那么上林的发展模式又是怎样的呢？下面有请我们上林苑的负责人水衡都尉来为我们做个简要的介绍。

"咳，作为上林苑人，我很为我们上林苑感到骄傲自豪。"从水衡都尉的开场白来看，他对自己的工作可是非常地骄傲啊！

"首先，上林苑是距离长安最近的大型宫殿群，方圆300多里，有近百个大小宫室，能为皇室成员提供最优质的服务。我们有天子下榻的大型综合型宫殿群——建章宫，还有专供太子殿下使用的思贤苑、博望苑。此外，我们上林苑还提供种类繁多、格调高雅的休闲娱乐活动及场所，有专供游玩的宜春院，里面的园林建筑水平全国领先。还有提供高水平音乐、舞蹈表演的宣曲宫，引领了全国宴会乐曲舞曲的新风尚。还有观看赛马、赛狗的犬台宫、走马观。如果你对犬马没有兴趣，我们还有提供名贵观赏鱼类和鸟类的鱼鸟观。如果你对国外珍稀物种感兴趣，那么欢迎你到观象馆来，越人象奴表演的象戏可是相当受欢迎。其他从西域、百越引进的骆驼、狮子、豹子、犀牛、河马等猛兽都可以在我们上林苑看到。"说到这里，水衡都尉顿了一顿，端起茶杯喝了一口，又继续介绍道，"如果你对禽兽不感兴趣，我们上林苑还建有规模庞大的植物园——扶荔宫，展出来自天南海北包括西域等地的众多珍稀植物，如菖蒲、槟榔、橄榄、荔枝等。对了，我们的张骞大使最近还从西域带回了甘甜的葡萄，你还可以参与我们亲手摘葡萄、酿制葡萄酒的活动。

"如果你对动物植物都不感兴趣，那你一定不要错过平乐观的百戏表演，这里会集了咱们大汉最顶尖的百戏高手，保证让你大开眼界。

"说一千，道一万，不如亲眼看一看。鄙人的介绍就到这里了，如果你对我们上林苑感兴趣，欢迎前来参观游览，并对我们的服务工作提出宝贵的意见和建议，以便我们能更好地为皇亲贵族、各国使臣提供更加优质的服务！谢谢大家！"

掌声如雷鸣般响起，水衡都尉也举手拍了两下，然后示意大家他还有话说："下面我们就请主管经济的上林苑令为我们做进一步的介绍。"

"大家好，首先非常感谢水衡都尉的发言，他老人家忠心为国，是我辈的楷模啊！接下来由我为大家介绍上林苑的运行模式，共同学习进步。

"众所周知，上林苑占地非常广阔，同时还拥有丰富的山林、河流、湖泊及草地资源。作为天子别苑，还得到举国上下的支持，人力物力财力的投入十分强大，这才有了我们今天的上林苑。我们工作的主要方针有三个：一是靠山吃山靠水吃水，大力发展农林水产养殖活动；二是大力引进外地珍稀物种，培育高水准农林作物；三是一切以满足皇上要求为准，大力发展园区内部服务行业。就目前来看，我们的方针非常适合上林苑的发展，也赢得了皇室成员的一致好评。截至目前，我们的畜牧业能养殖军事用马、食用牲畜、观赏动物等。我们筹建的葡萄园培育出大量优质葡萄苗，并发放市场，切实为百姓提供服务。我们在园区内部开设的造币厂、冶炼厂、工艺品厂及生活日用品厂都运转正常，生产的产品不但能满足园区内部要求，甚至还能提供给全国人民，对国家经济的发展起到良好的促进作用。"

上林苑令最后总结说："当然，我们的工作还存在着一些不足之处，欢迎大家积极提意见，我们一定认真考虑，酌情采用！"

[历史旅行指南·活在大汉]
HUOZAI DAHAN

魔术、杂技乐翻天

⊙ 乐舞百戏

生活在这个娱乐至上的时代，你能想象我们没有手机、电脑、互联网的生活吗？意志力坚定的人，坚持一天、两天肯定没有问题，但是一个月、两个月呢，甚至一年、两年呢？那就难以想象了。反过来，如果生活在原始社会，你一天到晚不想着怎么填饱肚子，就想着怎么玩、怎么找乐子，那恐怕很快就活不下去了。

▫ 刘阿寿的元宵节

其实，几乎所有的动物，不管是灵长类或是其他，都有游戏娱乐的本能。小狮子们互相嬉戏打闹，那就是它们的娱乐活动，通过这些活动，它们可以练习捕猎技巧。人类也是如此，在物质生活丰富的时候，娱乐活动也会更加丰富。或许这一点会让你有所顾虑：在汉朝，没有手机、电脑、游戏、高科技，大家的生活该多无聊啊！

事实果真如此吗？那当然不是。从尧舜时代起，人们就表现出非常高的娱乐素养，贵族皇室可以听品位高雅的雅乐和颂歌，平民百姓也可以唱出自己的心声，君不见，《诗三百》中最出彩的就是《风》吗？那么经历了春秋战国和

《百戏图》壁画·东汉

⊙内蒙古自治区和林格尔汉墓出土。《百戏图》构图处理为罗列式，反映出中国早期绘画的观念。以建鼓为中心安排人物的构图位置，将观者放置于上角，在余下大面积中尽情描绘场中乐舞杂耍之人，只描写其意而不事雕琢。画面设色鲜艳，以红为主，间以黑、棕色，透露出天真质朴的气质。百戏是从西汉延续到东汉魏晋时期的主要表演项目之一，深受贵族和大众喜爱。

第六章 花样繁多的娱乐生活

强秦之后，随着汉朝统治的巩固，汉朝百姓的生活水平得到了大大的提高，相应的娱乐活动当然也就更加丰富多彩啦！

西汉初年，每年的正月十五正式成为节日，每到正月十五，皇帝为表现与民同乐或宣扬国威的目的等，都会在长安举行大型的乐舞百戏表演。去年，刘阿寿还在家里忙农活，今年他被家人送到长安的一家药店做学徒，大师兄魏阿林从上个月开始就一直和他吹嘘去年元宵节看到的猴戏和幻戏，听得刘阿寿心里直痒痒，早就期盼着能在元宵节跟着魏师兄一起去看戏呢。

天色渐晚，两个小学徒却还没得到师傅的首肯，听到外面不时传来的鼓乐声，两人急得抓耳挠腮。最后，还是师娘看不下去，撺着两人出了门。刘阿寿跟着魏阿林乐呵呵地往外跑，大老远就看见元宵节的火光映红了天空，街上的行人更是摩肩接踵。

魏阿林拉着刘阿寿在人群里钻来钻去，不一会儿就挤进一个人圈里，里面站着一个魁梧的男子，手里握着三个圆球抛来抛去，旁边有人大声喝彩，也有人吵嚷着让他赶

彩绘陶乐舞杂技俑·西汉

⊙山东济南无影山出土。济南博物馆藏。在一个长方形灰陶盘上，有乐舞杂技及观赏俑共21个（原应有22个，但一奏乐俑已缺失），造型拙稚但姿态生动，色彩鲜艳，为研究西汉杂技舞乐提供了形象资料。中国杂技艺术源于先秦，至汉代大盛，称为百戏，往往在主人宴饮前做乐舞杂技表演。

紧拿出真本事来。男子哈哈大笑，却不知道动了什么机关，将那三个圆球变成了六把寒光闪闪的飞刀，双手不停地将六把飞刀在手中颠来倒去，却没有一把落地。周围响起了雷鸣般的喝彩声，刘阿寿看呆了眼，都忘了鼓掌。

过了一会儿，男子收起飞刀，随手一挥，六把飞刀就整整齐齐地插进旁边的木桩上。他又拿出一把明晃晃的长剑，与旁边一位持刀的少年对战起来，两人你来我往，刀光剑影，不时有细小的火花从刀剑相撞处迸发出来。

刘阿寿看得津津有味，魏阿林却觉得有些无趣了："每年都是舞刀弄剑，然后就是剑舞，一点意思都没有嘛。阿寿，我们走吧，我带你去看猴戏。那猴子还会骑羊翻坎呢！"

刘阿寿却舍不得就这么走，"阿林哥，我们再看一会吧。"

正说着，男子和少年的对战结束了，男子被少年打败

了,他怒气冲冲地说:"某学艺十余年,今日却不如一竖子。某无颜苟活。"说完就拿起长剑,从自己的嘴里插进去。周围的人都还没意识到发生了什么事情,就看那男子已经把长剑吞了一半,抽气声、惊呼声四起。持刀的少年也吓呆了,伏在男子的脚下哀哀哭泣。人群中有人说道:"这两兄弟卖艺也不容易,现在眼看着大哥就要活不了,留下年幼的弟弟也太可怜,大家不如援助一二。"周围的人经过提示,恍然大悟,都纷纷向少年和男子身边投钱,不一会儿就聚集了数十枚铜钱。那男子已经将宝剑完全吞入口中,只留了个剑柄在外面,听得铜钱叮咚响,他又慢慢抽出长剑,长剑上完全没有血迹,众人瞠目结舌。男子扶起少年跟众人行礼道谢。

魏阿林这才反应过来:"他学了新戏法啦!"众人遂醒悟过来,又好气又好笑,纷纷拊掌大乐。刘阿寿一边用手抚着胸口,一边呼气:"可吓死人哩!"

头一次看百戏的刘阿寿还不知道,这晚上注定会是他的惊喜,或是惊吓之旅。

走几步,他看见一个垂髫小童,

拂袖女舞俑·西汉

⊙1954年陕西省西安市白家口出土。中国国家博物馆藏。西汉繁荣时期,乐舞艺术得到蓬勃的发展,长袖舞就是当时所盛行的舞蹈之一。这两件陶俑长袖舒展飘扬,面含微笑,翩翩起舞,再现了中国汉代舞蹈艺术的无穷魅力,给人以优美的艺术享受。

身轻如燕,两三下就翻到五张叠成一摞的小几上去了,然后就在那小几上翻转腾挪,团成一个大球,滴溜溜地滚来滚去,不时滚到边沿,叫人看得惊险无比,但就是不会掉下去。

又有一个中年汉子,双手扶着一根足有两三人高的竹竿,竹竿的顶部绑着一根短小的横木,三个小童在横木上翩翩起舞,中年汉子抱着竹竿满场走,三个小童却好像脚下生根一样在横木上站得稳稳当当。

还有一队安息人,带着猛虎、骆

驼做戏，那白皙美貌的安息少女，竟然能让猛虎乖顺得像猫一样，还能指挥着猛虎越过竖放的竹圈。

打扮得仙风道骨的老者，一挥手变出一枚水灵灵的桃子，一挥手又变出一只白鹅。连魏阿林也说不清楚这老者的戏法。

高高的楼台上，穿着华丽舞衣的舞女正踏着鼓盘舞动长长的衣袖，宛如月宫仙女，楼台下人们也尽兴地唱着歌，手挽手地跳着舞。刘阿寿看得眼都不眨，魏阿林也上蹿下跳，高兴得很。一位胖胖的大叔跳得非常尽兴，就像被弄丸人上下左右抛掷着。促狭的魏阿林故意跑到胖大叔身边做出蹴鞠的动作，逗得周围的人哈哈大笑，然后被胖大叔瞪着眼睛赶走了。

直到夜深，人群才渐渐散去，魏阿林才拉着刘阿寿回家，一路上都是少年的嬉笑声。刘阿寿决定了，自己一定要好好学习辨识药材，早点学到医术，以后也能让家人看到元宵节的乐舞百戏。

▪ 平乐观的艺术表演

在汉朝，连老百姓也有乐舞百戏看，更别说王公贵族了。这不，机会来了。西域乌孙、楼兰等边陲小国派遣使者到长安来觐见皇帝啦，为了表现我天朝上国热情好客和文治武功的威仪，陛下准备在皇家园林上林苑的平乐观举办一场国宴，招待使者，让他们开开眼界，见识见识我大汉天朝的繁华与富庶。

这命令一下，乐府和上林苑的官员忙翻了天。这位说："我们新排了掌上舞，正等着表演给陛下看呢！"那位说："我们虎苑训的猛虎，正好能表演角斗，这才是大汉的威仪所在。"第三位发了话："嗤，都是些靡靡之音和消不掉的血腥味，还是让我们的象人戏上场吧，弘扬我大汉朝的礼仪孝道。"

众人你一言我一语，吵得长官耳朵都疼："行了，都别嚷嚷了，把你们的新戏都列上来，我请陛下亲断吧。"

到了宴会这一天，平乐观的广场上早早安设好了位置，等着皇帝与使臣们入场。皇帝非常亲切友好地慰问了各国国主，然后邀请使臣们一起看戏。

平乐观表演当然和街市上的表演不一样。这不，首先上场的就是马术表演，五位骑手驾驶着骏马入场，马上马下翻飞如燕，甚至还能来个马上倒立，跑完一圈之后，五人又围成一圈匀速跑起来，前面的骑手射箭，后面的骑手徒手抓住箭身，再射向后一人。

使臣们纷纷赞叹："大汉的骑手真是天下第一，我等的安危都寄望陛下保佑！"

皇帝捻须不语，下一个节目更加精彩，一队骑手驾车出场，三人驾驭马车成锥形，马车上又各有乘客三人，乘客们不在车内，反而在车顶做戏，马车跑得飞快，乘客在车顶跳跃翻腾，却好像感觉不到车辆的移动，不时从这辆车跳到那辆车，让使臣们看得目不转睛。

随后，一队衣饰华美的舞姬出场，她们手持大鼓，边跳边唱，双脚交替踏在鼓上，发出洪亮的响声。使臣们听得摇头晃脑，好不满足。

鼓上舞刚刚结束，场外就传来雷鸣一样的叫声，脚下的地面也有隐隐的震动，使臣们惊疑不定，皇帝却端坐不动。一队身材矮小的越人驱使两头巨大的野兽来到场上。胆小的使臣两腿发抖，差点就准备从座席上逃跑了。外交大臣赶紧向使臣们解释："这是来自南方的野兽——象，体型虽大，性情却最温驯，并不吃人。"

使臣们就看见越人指挥着两头大象摇头摆尾地跳舞，它们用长鼻子做武器交战。最后还有驯兽人驱使着一头狮子与大象搏斗，凶猛的狮子被大象的长鼻子卷起

八人乐舞鎏金铜扣饰·西汉
⊙1956年晋宁县石寨山古墓群出土。云南省博物馆藏。通体鎏金。分上下两层。下层四人并坐，皆戴冕形冠，冠后有长带下垂，双手上举作舞；下层四人奏乐，其中一人击錞于，一人吹短柄乐器，一人吹直管葫芦笙，一人吹曲管葫芦笙。另置一盂形器于两人之间。此扣饰对研究古滇国的社会生活具有重要的参考价值。

第六章 花样繁多的娱乐生活

玉舞人·西汉

⊙广州象岗南越王墓出土。西汉南越王博物馆藏。南越王墓中共出土10件玉舞人,这是其中的两件。舞人均着长袖舞衣,翩然起舞。与其他地方西汉墓出土的玉舞人不同,南越王墓玉舞人舞姿动作较大,身体扭曲呈斜体"S"形,甚至腿呈跪姿,呈现出极为热烈的舞蹈氛围。

来,狠狠往地上一抛,就再也站不起来了。

使臣们面面相觑,汉朝的皇帝和大臣却拍手叫好。至于吞刀吐火、鱼龙变幻、傀儡戏法、仙人变幻、摔跤角斗、高空走索等表演,更让使臣们看得如痴如醉,恍然如梦。

总之,这国宴上精彩纷呈,来自大汉朝的艺术家们向西域使者们表演了各种歌舞、杂技、驯兽、魔术项目,让使者们充分意识到,大汉不但国力强盛,连娱乐活动都精彩无比,心里无不对大汉产生了强烈的向往和热爱!事后,乐府和上林苑的官员都受到皇帝陛下的嘉奖,还有名为《西京赋》的文章流传出来,受到全国上下知识分子的疯狂追捧。

你看,有了这乐舞百戏,汉代的生活,也不见得那么单调无味吧?虽然现在有电视、电脑,也能收看很多节目,但古代看的是现场版,惊险刺激的感受肯定比看电视转播有过之而无不及。

[历史旅行指南 · 活在大汉]

没有麻将的日子，我们都这么玩

——六博、射覆、藏钩

"走起，三缺一呀！""又开始'修长城'了！"听到这样的话，你忍不住会心一笑，没错，这就是现代人推崇的"国粹"之——打麻将。这项游戏可谓深受国人欢迎，特别是到了春节期间，更是家家户户、时时刻刻都能听到清脆的麻将声。

可惜，游戏也有它的发展历程，这项风靡全国乃至全世界的游戏，在汉代还没被发明出来呢！那咱们到了汉代，该用什么游戏来打发闲暇时间呢？

汉代特有的游戏叫六博

可别以为汉代比较久远，能玩的游戏都很单调乏味。其实，在汉代，人们能玩的游戏比现在也差不到哪儿去。让我们一起到聚会上去看看吧！

三月踏春时节，远远就能看到小山坡上聚集着一大群男男女女，他们散坐在草地上，有的在饮酒唱歌，还有人围成一圈，不时爆发出阵阵喝彩声。走近一看，只见那小几上画着纵横交错的回字形格子，一位少女正在和一位少年对阵，两人轮流投掷竹片，按照竹片上的数字来走棋，你来我往，十分精彩。最后还是少女技高一筹，指挥着自己的将棋，吃掉了少年的将棋，取

六博木俑·东汉

⊙甘肃武威出土。甘肃省博物馆藏。两位老人相对席地而坐，中间放置一张博局，一老人左手前伸，右手抚膝；另一老人左手下垂，右手伸出指向博局，似乎二人在争论六博的输赢。这组木俑人物姿态生动，是一件极富生活情趣的东汉木雕佳作。

博具"木骰"·西汉

得这一局的胜利。

原来他们是在玩六博啊！这六博在汉代游戏中的地位，大概就等同于我们现在的麻将，是一种深受老百姓喜爱的全民游戏。六博是一种两人对阵的游戏，双方各执六枚棋子，其中一枚为主帅，通过投掷骰子在棋盘上行动，以吃掉对方的主帅棋子为胜。看似简单的规则中，包含的内容可一点也不少，交战双方可以自行约定骰子的数量，最多可以使用六枚，也可以自行约定游戏规则，甚至绘制不同的棋盘。六博变化多样的游戏方式和简便易得的游戏用具让它同时得到王公贵族和平民百姓的喜爱。

悄悄给你爆个料，就连汉代的天子也是六博的忠实爱好者呢！一手缔造了"文景之治"的汉景帝刘启就是其中之一。他年轻的时候，特别喜欢玩六博，可是他玩游戏的水平却不怎么样，而且棋品还差，长安城里都没人敢跟他玩六博。好不容易有一次分封到吴地的吴王刘濞打发他的太子到长安拜见汉文帝。刘启就邀请吴太子跟他一起玩六博，可怜吴太子不知底细，在对博的时候毫不谦让，让刘启输了个底儿掉。这下刘启可愤怒了："你个诸侯小国，居然敢赢我的棋！！"于是，他毫不客气，掀起棋盘就往吴太子的头上砸，生生砸出一条人命。吴王刘濞从此记恨上他，最后联合其他诸侯国，发动了"七国之乱"，那简直就是"一场六博引发的血案"！哎，哎，你怎么了？腿

髹漆博具·西汉

⊙1974年长沙马王堆三号汉墓出土。湖南省博物馆藏。

怎么在发抖啊？别价，我这不是还没说完嘛！

既然有玩六博倒霉丢了命的，就也有玩六博得了荣华富贵的，你再听我讲一段！咱们汉宣帝也是一位六博爱好者，他水平也不高，又特别爱玩。

汉宣帝没有即位之前，一直生活在民间，经常和好朋友陈遂一起玩六博，老玩老输，老输老玩。这位天子当时还没钱还账，便说："输了的，先欠着啊，等我发达了就一起还给你！"陈遂还能怎么着？只好让他欠着呗。谁知道，这汉宣帝还真有翻身的一天，他即位后，想起还欠着陈遂好多钱呢，于是就写了个诏书，说："太原太守这个位置尊贵，俸禄丰厚，正好用来偿还赌债啦！"把陈遂高兴得不行。你看，这玩六博

有趣吧！万一遇上贵人，那不就发达了吗？

不过，游戏有风险，选择对手需谨慎，遇到宣帝固然好，遇到景帝可就倒了八辈子的霉啦！

高智商游戏射覆

《西游记》里有这样一个故事，唐僧师徒三人路过车迟国，结果被车迟国的三个国师拦住了要比赛，其中羊力大仙擅长猜谜，要和唐僧比隔板猜物。羊力大仙掐指一算就能算出柜

← 游大汉指南 →

汉代的投壶也是社会上层阶级喜爱的消闲娱乐。投壶游戏最早起源于西周，流行于汉代。投壶，也称射壶，是由古代射箭礼仪演变而来的传统游戏。投壶之礼，需将箭矢的端首掷入壶内才算投中，要依次投矢，抢先连投者投入亦不予计分，投中一箭叫一"算"。"算"放在盛算器中的8个圆孔里，宾中一箭，抽出一支"算"放右边；主中一箭，抽出一支"算"放左边。投中次数多者胜出，罚不胜者饮酒。输者说"赐灌"，胜者说"敬养"。宾主各投4支，依次投壶，将8支矢投完，为一局。

第六章 花样繁多的娱乐生活

子里的东西。这就是射覆。

所谓射覆呢，说它简单也简单，就是猜谜，把一件东西放到碗、盆底下，然后卜算、起卦猜底下是什么东西，并用一段"射覆词"来说出它的特点。说它不简单也确实不简单，一般人肯定毫无头绪，但高手却能轻易猜中。

至于他们是怎样猜中的，咳，不是我贬低你，说了你也不懂啊！这样吧，我还是给你讲段八卦怎么样？说到射覆高手，就不能不提汉武帝的臣子东方朔，东方大人真乃神人啊！一次汉武帝玩射覆，想提高难度，不玩平时经常猜的什么手绢啊、扇子啊、砚台之类的东西，而是让宫人放了一条壁虎进去。这下子可难住了不少大臣，谁能想到皇帝他怎么就不按游戏规则来呢！只有东方大人，围着盆子转了几圈，然后掐指一算，张口说："说它是龙它又没有角，说它是蛇它又长着脚，攀攀爬爬擅长飞檐走壁，不是壁虎就是蜥蜴。"这射覆词一说，被其他大臣笑惨了："怎么可能是壁虎和蜥蜴！开国际玩笑呢这是！"结果汉武帝让宫人打开盆子一看，果然一只壁虎趴在盘子上。汉武帝龙心大悦，慷慨地赏赐了十匹帛给东方大人！

看到东方大人每猜每中，就有侍从想要向他学习秘诀。东方大人故弄玄虚地拿出《易经》："什么时候你把这本书弄懂了，我再教你秘诀吧。"哎，你说，如果侍从都能读懂《易经》了，那他哪里还需要靠射覆来赚钱呢？

所以你也别琢磨了，射覆它就不是一般人玩的游戏，玩得好的，都是擅长此道的高手。咱们普通小老百姓，看个热闹就行！

▫ 神奇的钩弋夫人和藏钩游戏

不过，如果你确实喜欢猜谜，咱们汉朝也有简单一些的猜谜游戏——藏钩可以玩。这个游戏的来历可不一般。

这故事的主人公还是咱们汉武大帝。据说有一次，他外出狩猎，路过一个地方，就听人说这个地方不一般啊，一看就知道有奇人。汉武帝就好奇了，到底怎么回事啊？派人去打探，打探回来说："这里有个奇女子，从出生到现在，双手就一直握成拳头，怎么都打不开。"

汉武帝来了兴致，就准备去围观一下。这个女子年约十五六，容貌非常漂亮，双手也确实跟传闻中的一样，握成拳头。汉武帝抓住她的手，居然就让这女子握了十多年的拳头给打开了。打开一看，拳头里面是一只小小的玉钩，非常精致。

汉武帝就把这个赵姓女子带回了宫，还专门为她建了一座钩弋宫，封她为钩弋夫人。这段奇事传开之后，藏钩的游戏就盛行起来啦。人多人少都可以玩，一队人把手背在背后，暗中传递一只玉钩，然后一起把手拿出来，让另一队人猜玉钩在哪个拳头里面。这就是藏钩游戏啦！够简单吧！

▢ 一大拨游戏正在向你袭来

其实汉代流行的游戏远不只如此，斗鸡、挎蒱、蹴鞠等都是人们喜爱的游戏。而且不同年龄、不同性别的人还有不同的游戏可选择。不信你问问路边的小朋友，看他都爱玩什么！

《钩弋夫人像》·清·王翙

一个垂髫小童把手里的盒子递了过来。木盒子里装着一些不规则的薄木片，木片上还涂着不同的颜色。这不是拼图吗？原来汉代的小朋友就已经开始玩拼图啦。这拼图虽然简陋了点，但图案却很精致，一盒拼图只有十来片，稍微拨弄一下就能看出它大致的轮廓，是一个人坐在马车上的图案。

你可别觉得惊讶，据我所知啊，贵族家的小孩还有比这更精致更复杂的拼图呢！上次我就看见一大盒玉片做成的拼图，真是让人眼红啊！除了拼图，踢毽子也很受欢迎。冬天的时候小孩子就爱玩这个，成群结队的，鸡毛满天飞。

"哎哟！这什么玩意儿？"正说着一块方木片从头上掉了下来。

"哎，小伙子，别发呆啊！快把壤头给我们丢回来！"

你抬头一看，一群白发苍苍的老头子正热切地望着你——手里的木片。哈哈，没啥，这就是老头子们的游戏啦，叫作击壤。你看你脚下不远处，是不是还有一片木头？这个击壤就是把一片木头放到地上，然后人站在三四十步以外，抛出另一片木头去撞击地上的木头，撞到了就获胜啦！你还是赶紧把木片给他们吧！咱们再去看看别的游戏！

版画《击壤图》·明

两人渐渐走远，还能听到老人们一边玩击壤一边大声唱歌的声音，日子可真悠闲啊！

你是不是觉得这些游戏都不适合女孩子玩？哦，那当然啦，女孩子的游戏另有其他嘛。

荡秋千就是女孩子最喜欢的游戏之一，站在秋千上，高高地荡起来，能够看得又高又远，也是很有趣的。如果你喜欢文雅一点的游戏，那斗草怎么样？只要你对植物了解得多，又眼疾手快，肯定能找到最大、最健壮的花草。

要是你不想动弹，你可以唤歌女乐师来演奏解闷，要是你心烦了想出去散散心，骑马溜一圈也没人说你不优雅。咱们汉代的女子，可不流行风一吹就倒的柔弱美，高大、健美才是美女的标准呢！

总之，汉代游戏应有尽有，就看你喜欢什么类型了。

[历史旅行指南 · 活在大汉]

公元前140年，我们这样过节

—◦ 节日

第六章 花样繁多的娱乐生活

如果让你选择一个时间到西双版纳去旅游，你会选择什么时间呢？估计大多数人的第一反应就是三月三。为啥？有泼水节啊！旅游嘛，不就是为了见识不同地方的风俗民情嘛，而最能体现风俗民情的，不就是当地的各种节日吗？能够成为举族欢庆的节日，意义一定非同一般，它不仅仅是一个民族生活方式的展示，还是一种源远流长的精神寄托，更是一时一地历史文化的汇聚。

▫ 上巳佳节除不祥

所以，想要真正体会到公元前140年汉朝的魅力，认识那个带着彪悍民风、锐意昂扬又不失细腻柔婉的时代，就一定不能错过汉朝的节日。节日的起源是原始社会的祭祀和鬼神传说，先秦时期，节日和祭祀是分不开的，不过到了汉代，节日的原始崇拜和鬼神祭祀的分量已经大大减少了，更具备游戏、娱乐等意义。接下来，就请跟随着我的步伐，一起来体会大中华在汉代时期的风采吧！

在汉代，上巳节是最重要的节日之一，所谓的上巳，其实指的就是节日的时间，夏历三月的第一个巳日。什么？你居然不知道什么叫夏历？哎，是在下疏忽了。汉朝在汉武帝之前，一直用的是夏历，就是从夏朝流传下来的老祖宗的历法啦。后来汉武帝命人制作了太初历，也就是大家说的汉历，使用夏历的人就不多了，不过这上巳节也是从周朝就兴起的节日了，所以我们一般还用夏历来计算上巳节的时间。

说了这么多，你一定觉得很枯燥吧，别急，咱们这就跟着汉武帝一起去过一次上巳节吧。

"来人，仪仗队还没准备好吗？朕每天都对着一群老家伙，还要哄阿娇，真是烦死个人了。赶紧收拾起来，朕要到灞上去祭祀，好好洗洗霉气。"汉武帝刘彻此时刚登上王位，对内，得听老祖母窦太后的话，哄着她最喜爱的外孙女陈阿娇，对外，还没什么亲信，做什么事儿都要被老臣唠叨，这皇帝做得真心憋屈。

皇帝发话，侍从们一个个跑得飞快，不一会就准备好了皇帝出游的仪仗，一群人骑着高头大马兴冲冲地往宫外跑。平时热闹的街市上，行人不多，但到了郊外，行人就渐渐多起来了，不少百姓携老扶幼，举家外出，都准备到城外的河水边洗洗脸，洗洗脚，祛除身体上的污秽，求得一年的

帛画《车马仪仗图》（局部）·西汉

健康。不少大户人家还准备了歌舞宴会，一边沐浴，一边饮酒作乐，好不快活。

小娘子们尤其高兴，一年里难得有机会到风光秀美的水边玩耍，到了适婚年龄的少女还期盼着能够找到一个心上人呢！小伙子们当然更加高兴，那么多小娘子，即便官员家中的女眷有步障遮挡，那也阻挡不了少年们思春的心啊！

汉武帝出行，当然惊动了不少官吏，顶头上司出来祭祀，既然遇到了，就不能不去拜见啊。这一来二去的，好好的散心之旅又变成朝廷会议了。

本来想好好玩一下的刘彻非常不高兴，这都没见到美女呢，净看到些不想见的人。乘兴而来、败兴而归，说的就是刘彻。不过，他的姐姐平阳公主听说弟弟出宫来玩，赶紧派人请他到家里来，一边沟通感情，一边给他介绍美女。刘彻这心不在焉的，平阳公主准备的人更是一个都没看上。平阳公主只好让这些美女都退下，拍手安排歌舞队上场。

谁知就那么巧，刘彻就看上了歌舞队里一个名叫卫子夫的女子，平阳公主乐开了花，赶紧把卫子夫全家

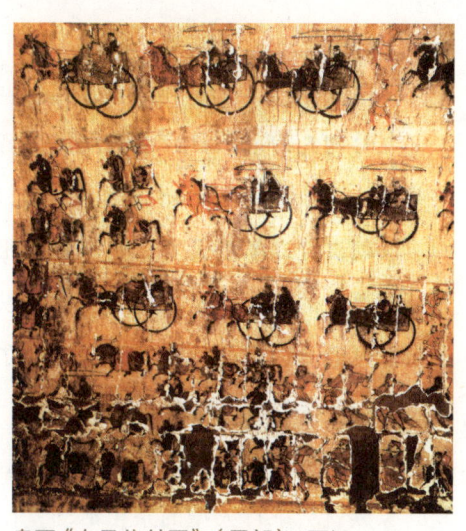

帛画《车马仪仗图》（局部）·西汉

⊙1974年长沙马王堆三号汉墓出土。湖南省博物馆藏。画面是横式构图，内容是车马人物，可分成四个部分。左页图片和此图均为同一幅作品的不同部分。

"打包"，送给了刘彻。汉武帝的上巳之行才算有了一个舒心点的结果。

你瞧瞧，连天子也选在上巳节外出游玩，还顺带收了一个美女。而一般人家，还真有不少小娘子小郎君在上巳节喜结连理的。不过，咱们看重上巳倒并不是为了男女情爱，而是真心相信这一天能够扫除污秽，祛除不祥，让人身心安宁。

到了晋朝王羲之写了著名的《兰亭序》，实际上就是上巳节在兰亭举行祭祀活动的一场诗会，因而后世画兰亭往往称之为《兰亭修禊图》，修禊指的就是上巳的祭祀活动。

第六章 花样繁多的娱乐生活

重阳不是老人节

九月初九的重阳日，也是汉代有名的节日，虽然也有登高望远、插茱萸、喝菊花酒的习俗，但与现代社会过的老人节没有太大关系。

汉朝讲究以孝治天下，也讲究事死如事生，所以对老人尤其是家里的长辈是特别尊敬的，在长辈去世之后，也以隆重的丧事和陪葬品的丰盛为荣。这尊老敬老已经是国家的治国方针，体现在日常生活的方方面面，当然也不需要专门设立一个什么老人节啦。你觉得呢？

而且，咱们对祖宗的供奉祭祀，是不带一点水分的，每到了时令变换的时候，家族就会举行大型的祭祀活动，比如腊日、夏至、三伏、立秋、冬至等，都会很郑重地祭祀先祖，祈求鬼神保佑。

告诉你一个小道消息，民间流行过重阳节，还是汉高祖刘邦时候的事情呢。以前重阳节都是皇家的祭祀节日，汉高祖刘邦去世之后，吕太后很忌恨戚夫人，把她的宫女都放归了民间。好多宫廷秘史就是这样流传出来的。戚夫人的宫女说，九月初九那一天，如果喝菊花酒、佩戴茱萸、登高望远就能够长寿，皇帝也是这么过的。大家一听，就照做了，九月九重阳节就这么流行起来啦。

你别笑啊，这里头还有个传说故事。传说东汉有个方士费长房，很厉害。他收了个徒弟叫桓景。有一天，他为徒弟卜算了一卦，算完后告诉桓景说："大事不好啦，九月初九这一天，你的家乡恐怕会有一场大瘟疫，你赶紧写信给你的家人，让他们多多准备茱萸和菊花酒，九月初九那天到山上去，或许可以逃过一劫。"桓景吓了一跳，赶紧写信回去通知家人，让他们四处宣传，做好准备。自己也赶紧上路，准备回去看望家人。桓景的家人收到信之后，马上准备起来，可惜他们的邻居都不相信。

结果到了九月初九那天，没有戴茱萸和饮菊花酒的人都病倒了，就连牲畜也病倒了。大家这才相信了桓景的话，赶紧拖家带口地跑到山上去避灾，等他们到了山顶一看，山下的村子居然着火了。幸好所有人都跑了出来，才得以保住性命。

桓景到家的时候，大家都激动地跑来迎接他，感谢他的救命之恩。

你看，这故事不少人都知道，也不是我的杜撰，所以你还是入乡随俗，在九月初九这一天，插一把茱萸，再饮一杯菊花酒吧！

国之大事，在祀与戎

《左传》有云，"国之大事，在祀与戎"，意思就是说，一个国家的大事，就是祭祀和战争，可见祭祀的重要性。汉朝初期，受到楚地重鬼神风俗的影响，举国上下都对祭祀非常上心。

"可怜夜半虚前席，不问苍生问鬼神"的典故，你一定不陌生。汉武帝为李夫人招魂的故事你一定也听说过。"天地君亲师"，更是汉代人人遵循的行为宝典。所以，还真有好多节日，就是专门因祭祀而产生的。

由国家统一主持的，称为"腊日祭"。哪一天是腊日，也是由礼官根据历法专门选定的吉祥日子。到了这一天，无论富有如天子，还是贫困如奴婢，都会精心准备五谷杂粮等祭品，祭祀八位农神和门神、户神、灶神、路神、土地神五位神明。

当然，你可千万记得，若是去了汉朝，一定要准备一只羊作为祭品啊！据说羊是灶神最喜欢的祭品，他老人家高兴了，你一家可就兴旺发达了，说不定还能惠及子孙呢。传说有一位大善人特别尊重灶神，腊日第一次祭祀就是用一只黄羊来祭拜，结果灶神看到了，非常高兴，赐福给他，他的孙子就当上了万户侯哩！

除了上供之外，皇帝还会在皇宫内组织专门的驱鬼仪式——傩祭，选择10到12岁的童子120人作为辅助，一名法师率领12只由人装扮的野兽，一边敲鼓跳舞，一边大声呼喝，围绕整个皇宫转一圈，以祛除邪恶，求得安宁。

傩戏面具·现代

⊙傩是一种古老的汉族民俗及民间宗教信仰。图为伴随傩祭而产生和发展的傩戏面具，无论是傩祭活动还是傩戏演出，傩戏面具都被赋予了神秘的宗教与民俗含义。

《傩舞图》画像砖·东汉

  腊日除了祭祀神灵之外，还需要祭祀先祖，以祈求祖先的庇佑。咱们汉朝讲究家族人口越多越好，在祭祖这件事儿上，尤其不能马虎，必须由一家之主来主持，家中长辈一同出场，儿子、媳妇、孙辈都列席在旁。祭祀之后，合家欢聚一堂，共享天伦之乐。这样的节日，按说是非常开心的，不过，也有在外地当官，没法回家过节的，这时候，家里的长辈还会赶到子孙身边，陪伴他们过节。有些慈悲的父母官，甚至会让牢中的囚犯也回家过节呢！

  对了，其他祭祀神明和先祖的重要节日，还有正旦，也就是我们的春节，以及初伏、夏至、冬至等。除了祭祀神明和先祖之外，还有一些节日是专门祭祀先贤的，比如寒食节，为了纪念被烧死的高士介子推，当天不能动烟火，全家人都得吃冷的食物。汉初的时候，有些地方被战火吓怕了，在整个寒食节那个月都不吃热的食物，也不喝热水，导致老人和幼童大量病倒死亡。最后惊动了官府，皇帝还下命令不许百姓过寒食节呢！这也是陛下的一片爱民之心啊。

  还有五月初五，这个说法就多了。有些地方是为了祭祀春秋时期的名士伍子胥，每到五月初五就会举行盛大的歌舞宴会，组织船队迎接水神伍子胥。而另一些地方是纪念有名的文士屈原，每到五月初五就会用竹叶包裹江米投入江水里祭祀。

  你看，这许多的节日虽然已经随着时代的变迁发生了变化，但也有许多习俗代代相传，流传至今。无论是敬仰天地神明的虔诚，对亲人的孝顺，还是自得其乐的生活态度，都是咱们大汉子民最可贵，也是最值得骄傲的地方。

[历史旅行指南 · 活在大汉]

HUOZAI DAHAN

汉乐府建好了，咱们去K歌

—— 宫廷娱乐项目

第六章 花样繁多的娱乐生活

"大风起兮云飞扬，威加海内兮归故乡，安得猛士兮守四方。"一首《大风歌》雄壮豪迈，唱出了汉高祖刘邦衣锦还乡的得意，也唱出了他开疆拓土建立大汉帝国的豪情。正所谓上有所好，下有所效，一代开国君主刘邦在行军打仗之余，就只有K歌这么一个小小的爱好，打仗的时候没条件，只能一个人清唱，虽然身边也有一众谋士和将领的喝彩，但总感觉少了点味道。这不，等他当了皇帝之后，就有人考虑到皇帝的爱好，建议成立一个"欢乐迪"汉朝分店——汉乐府——专为皇室成员提供黄金VIP唱片发行、民间好歌速递、未央宫新年演奏会等高大上的服务。

乐府的字面意义

虽然我们现在说到乐府就自动给它加了个朝代"汉"，要是秦朝的人听到了，肯定得嗤之以鼻，凭什么要叫"汉乐府"啊？这乐府乃是从周天子时代就有的音乐机构，又不是你们汉朝人创立的，真是岂有此理！

没错，乐府呢，从字面意义上理解，就是收藏音乐文件资料的地方，是从秦代开始完善的，但是秦朝人也只是继承先秦时期收集民歌的传统，专门设立

213

灰陶说唱俑·东汉

⊙1963年郫县宋家林砖室墓出土。四川博物院藏。这件俑赤裸上身,下穿长裤,但肚皮凸露于裤腰之上,赤着双足,布满皱纹的面孔充满笑意,还半吐舌头做出滑稽的表情,一臂挟鼓,另一手持桴随意敲击。这类俑极为真实地刻画出当年豪族地主为了享乐,驱使那些身体有缺陷的侏儒在人们面前故作滑稽姿态供人笑乐的情景。这些俑常被今人视为东汉陶俑中艺术水平颇高的作品。

了乐府而已。你看,咱们现在读的《诗经》,不就是孔圣人根据当时收集的民歌编纂而成的上古歌曲手册吗?

只不过,秦代存在的时间太短,乐府没能发挥它应有的作用,而汉代存在时间长,西汉时期的皇帝们又个个都喜欢K歌,在全国范围内掀起了歌曲创作和歌曲演唱的热潮。一时间,涌现出《孔雀东南飞》《陌上桑》《梅花落》《行路难》等优秀作品,就连皇帝刘邦也没忍住,高调发布了新作《大风歌》。

大家都知道,一个国家刚刚创立的时候,往往都不会太富裕,经历过戎马战争的皇帝,一般也更加能够体恤百姓的辛苦。汉高祖刘邦,原本只是沛县的小混混,年轻的时候,偷鸡摸狗的事儿也没少做,谁知道时势造英雄,这么个莽汉匹夫居然做了皇帝,还做得挺不错,也是出乎大家意料了。因此,诸位大臣也就没怎么批判他爱唱歌这么个爱好,安排乐府把他创作的《大风歌》排演起来,作为祭祀先祖和宫廷宴会的礼曲。

什么是礼曲呢?简单来说,就是举行国家重大活动时演奏的乐曲,它们都会用在国家大会、阅兵典礼、欢迎外国来宾、祭祀天地鬼神先祖等非常庄重严肃的场合上。

《大风歌》歌词简短,曲调当然比较简单,乐府最高长官乐府令一看,哎哟,高祖陛下为我们减轻负担了,排练这首歌简便容易,既不耗时,又不费力,得嘞,以后祭天的时候就演奏它啦!不得不说,乐府令这记马屁是把汉高祖拍得通体舒畅了。从此以后,每年汉家祭天第一乐曲就是它了。

◘ 歌诗不是你想唱，想唱就能唱

我们今天管歌曲叫歌曲，不过在汉代，歌曲被叫作"歌诗"。这名字一听就不一般啊，为啥呢？没办法，古代知识普及率略低，一般小老百姓连字都不会写，更别说作曲作词啦。在汉代，能够写出好歌的可不是一般人，至少也得是国家机关工作人员，比如乐府里专门负责收集乐曲的乐工，或者是文臣里文笔风流的大才子之类。不同的人写的歌，自有不同的用处。在这里，我得给你提个醒，歌诗不是你想唱，想唱就能唱的，这还得分个时间、地点和场合。

孔圣人说了，唱歌就是人的情感浓烈到一定程度，需要抒发了，自然就唱出来了，歌声也是咱们的心声。所以呢，你听到一首好听的歌，可别嘴里就开始哼哼了，你得先搞清楚它是为什么情感而唱的。

比如，你路过一家人的大门口，突然听到里边传来一阵歌声，曲调哀婉动人，你听到他们在唱："蒿里谁家地，聚敛魂魄无贤愚。鬼伯一何相催促，今乃不得少踟蹰。"一唱三叹，余音袅袅，你听得入了神，回到家里也忍不住哼哼了两句。正好被家人听见，这下可不得了了，你的父亲脾气本身就暴躁，听到你唱这样的歌，更气不打一处来："好个不孝子，是嫌弃父母年老，故意唱丧歌诅咒父母吗？！"你的母亲乃是温柔妇人，此时也泣涕涟涟，叫人看得好不难过。

你被父亲骂得一头雾水，但你聪明的仆从赶紧给你解围了："仆今日侍奉大郎路过居丧之家，大郎听得《蒿里》之曲，一时间恐怕感怀生死之事，并非有意啊。请大人和夫人明鉴！"

闹了半天，你才终于弄明白，你听到的歌诗名叫《蒿里》，乃是百姓为家人送葬时吟唱的歌曲，能且只能用于葬礼，别的时候唱出来，难免有诅咒他人的意味。要知道，汉代尤其重视生死大事，对待丧礼也是极其慎重的，丧礼上的歌曲既要满怀哀思，又要饱含深情，可不能像现代人办丧事一样，什么歌曲流行就唱什么，也不管歌曲意义如何、是不是有悼念意味，把明明应该严肃静穆的丧礼闹得乌烟瘴气。

除了送葬歌诗不能乱唱之外，专门用于皇家祭祀的礼曲《郊祀歌十九章》、军乐曲《新声二十八解》和请神送神的《迎神曲》也是不好随便乱唱的。当然，这并不是出于不吉利的考虑，而是出于对皇家、军队和神明的尊重。生活在汉朝的百姓，对皇室和神明是发自内心地尊重和敬畏的，要是在非正式的场合听到这些歌曲，对他们而言，就好比是把国歌改编成打油诗一样。这种行为太狂放不羁了，哪怕不被当成罪犯，也会被当成另类。

你或许会觉得郁闷，这也不能唱，那也不能唱，到底还有没有娱乐了？其实，这里有个很直观的证据，你翻一翻《诗经》，看看里边的记载，《国风》是先秦时期的民歌荟萃，你看它是不是篇幅最多的？是不是文辞最美的？是不是最朗朗上口的？《大雅》《小雅》《颂》是先秦贵族的音乐和祭祀用的音乐，你看它是不是篇幅最少的？文字最佶屈聱牙的？内容最空泛无趣的？

看到这儿，你该明白了吧？歌诗里边，民歌是最多最好听的，而且随便你唱，你爱怎么唱就怎么唱，唱得好了，还有乐府的乐工专门找上门来，给你做记录，把你的歌唱给皇帝听。至于其他的礼乐、军乐、迎神曲，都不是单曲，而是大型交响乐，你就甭老惦记着用嗓子唱出交响乐的效果来了啊！

汉朝流行歌曲知多少

都说一个时代有一个时代的风格，在汉代，受人欢迎的歌诗是怎样的呢？

如果按照曲调来分，在汉代，最火爆的就是西域音乐。俗话说，民族的就是世界的。就像我们今天也爱给歌曲金榜分一个欧美榜和日韩榜一样，汉代的歌曲金榜上，赫然挂着西域榜和朝鲜榜。

自从汉武帝派张骞出使西域后，汉朝与西域各国的联系日益密切，两地截然不同的文化形态引起了汉朝人民的猎奇心理。汉朝人把西域各国统称为"胡人"，于是就有了"胡服""胡姬""胡舞""胡乐"等说法。汉武帝时期的大音乐家、乐府协律都尉李延年就把胡乐《摩柯兜勒》改编成了《新声二十八解》，因为歌曲雄浑有力，还被当作汉朝军队的军乐。从西域流传过来的横笛也在大汉盛行起来，李延年写的需横笛演奏的《横吹曲》就曾经在大汉西域金曲榜上挂了上百年。

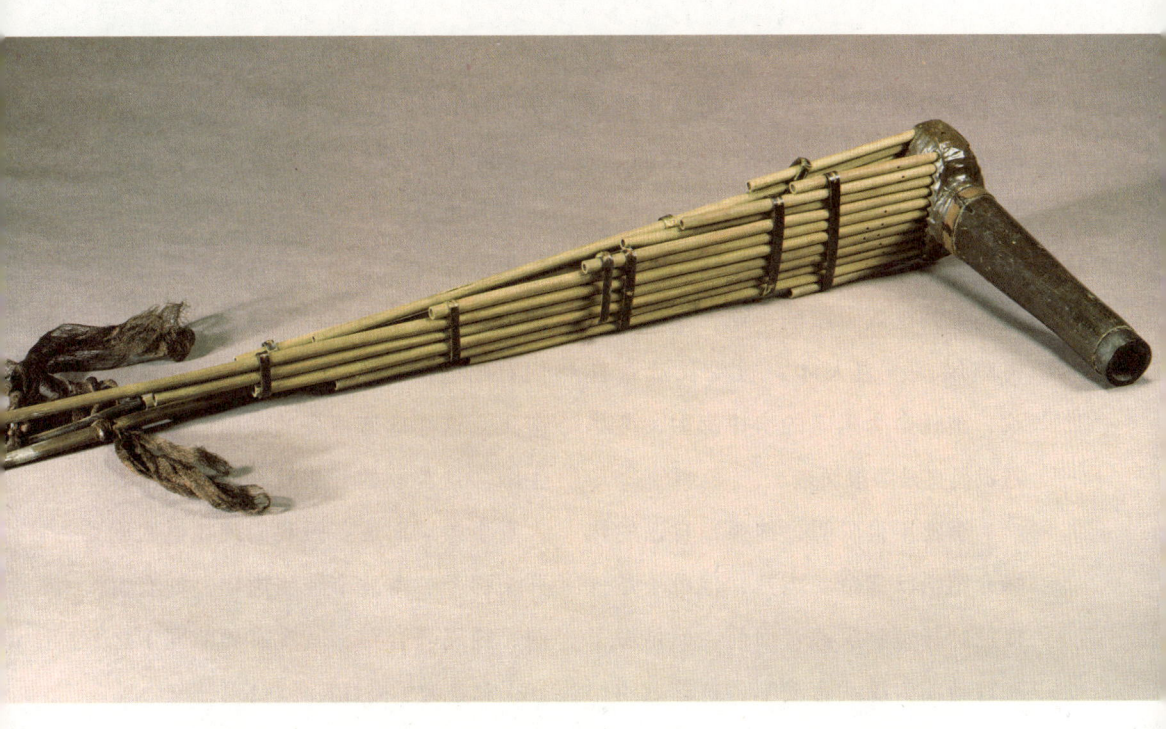

挂在朝鲜金曲榜的歌曲名叫《箜篌引》。箜篌是一种乐器，类似于今天的竖琴，它可以竖起来弹，也可以横放着弹。也有不少人用《箜篌引》的曲调唱歌，可惜现在曲调都散佚了。只能遥想它当年风靡长安的火爆场景啦。

如果按歌曲内容来分，最受汉代人民喜爱的歌曲类型当之无愧是传奇故事型。简单地说，这种类型的歌词本身就是一个展现完整悲欢离合的故事，再用唱歌的方式讲述出来，实在别有一番趣味。

之前我们提到过，汉武帝时期最有名的大音乐家名叫李延年，此人音乐才华出众。别误会，这句话不是在介绍李延年的才能，而是暗指他的身份。咱们大汉朝的百姓，各有所职，比如我吧，就是个田舍翁，种田的。再比如说对门刘小二，他就是个商户，做小生意的。隔壁李阿三，他是个读书人，还是个孝子，被举孝廉，做了官，那就是官大人。由此可见，一般人其实是没法展现音乐才能的。那李延年他到底是什么人呢？他们家，是倡家乐籍，一家

管乐器竽·西汉

⊙长沙马王堆一号墓出土。湖南省博物馆藏。竹木制成，外形完整。竽是一种音域较广的簧管乐器，在春秋至秦汉时期，它是各种乐器的首领，所谓"竽先则钟瑟皆随，竽唱则诸乐皆和"。竽常与瑟等一起演奏，深受时人喜爱。

人都是为达官贵人表演歌舞音乐的，出身于音乐世家，自然有先天优势。

李延年歌唱得好，人也长得好看，出身倡家，追求荣华富贵是本能。他到汉武帝跟前一站，小伙子玉树临风，一表人才，很受汉武帝喜欢，被任命为乐府的协律都尉，荣华富贵简直是滚滚而来。

李延年很聪明，他想把自己的妹妹介绍给汉武帝。当然，他可不是直接把妹妹带到汉武帝面前，而是做了一首新曲为汉武帝演唱，这首歌叫作《佳人曲》。

"北方有佳人，绝世而独立；一顾倾人城，再顾倾人国；宁不知倾城与倾国，佳人难再得。"

这首歌实在太动听了，李延年的嗓子也太迷人了，汉武帝听得如痴如醉，忍不住问，这世上真有倾国倾城的女子吗？

旁人赶紧告诉他，听说李延年还有个妹妹，长得美貌异常，这首歌就是写给她的。汉武帝一听，赶紧命人把李氏带来，一看果然是个倾国倾城的女子。最后，李氏就成为汉武帝最宠爱的女人之一。李延年的家族由此更加富贵逼人。

你看，这首《佳人曲》的故事，是不是足够曲折动人呢？

除了《佳人曲》之外，《孔雀东南飞》也是一首极受欢迎的长歌。汉代虽然没有肥皂剧，但喜欢看肥皂剧的大娘大婶们却不少啊，为了满足她们看肥皂剧的愿望，类似于《孔雀东南飞》这样虐恋情深的歌曲就应运而生啦。这首歌的开头就表明，是由真人真事改编而成，跟我们现在电视剧开头那个"本故事纯属虚构，如有雷同，纯属巧合"，其实有异曲同工之妙，都是为了搞好宣传啊！

随后，歌者就开始为我们演唱这个故事了，有个美丽又勤劳的媳妇，跟相公感情很好，但是婆婆非常不喜欢她，就想让儿子休妻另娶。啧啧，可见这婆媳问题，从古至今都是大问题啊！儿子不愿意，但也不能不听老妈的话，就对媳妇说，媳妇，委屈你先回家，等我做通了老妈的思想工作，就来接你回家啊。这媳妇就只好和相公惜别回家了，约定要同生共死，做不成夫妻也要做鬼夫妻。媳妇回家之后，丈母娘和舅爷都惊呆了，咱们家这么好的女儿也会被休啊，婆家真是瞎了狗眼。果真，就有比相公更显赫的追求者上门了，相公一听着急了，偷偷跑来看媳妇，你是不是变心了，要抛弃我了？媳妇说，我哥非要让我嫁，我只能听我哥的呀。相公就生气了，那好，你嫁我就去跳河。这媳妇委屈啊，找着机会就去跳河了。相公一听，媳妇死了，就在家里上吊了。

这故事简直一波三折，环环入扣，放到今天也是一部好剧本，可想而知在古代会多么受欢迎了，简直赚够了大姑娘小媳妇的眼泪，不但王公贵族看得起劲，就是一般的小老百姓，也爱看个热闹。

汉乐府诗歌里的时尚

汉乐府诗歌中还有不少对女性的描述，从中我们能探得汉代女性的装扮、地位、婚姻等状况。例如古诗《城中谣》中："城中好高髻，四方高一尺。"我们从中却可看出当时的流行时尚。高髻在当时首都女性中比较流行，而全国其他地方纷纷进行跟风模仿。当时妇女的发型，最初是两鬓高髻，最后演变成了往一边侧的堕马髻，即倭堕髻。《陌上桑》中描写秦罗敷发型是"头上倭堕髻"，"倭堕髻"发展到东汉中后期，成为京都乃至全国最流行的发型了。从乐府诗《陌上桑》中"耳中明月珠"，《巧林郎》中"耳后大秦珠"，《焦仲卿妻》中"耳著明月巧"可以看出汉代妇女喜欢戴耳环，耳饰并缀以珠宝，借此显示主人的美丽与高贵。而在先秦时期，受"身体发肤，受之父母，不敢毁伤，孝之始也"的思想影响，社会上都还没有穿耳戴耳环的习俗，尤其在统治阶级穿耳更是不为所容，甚至整个周代都以穿耳为耻。到了汉代，风气渐渐转变，特别是东汉时期，女性以穿耳戴耳环为美，所以耳环成了东汉妇女普遍的装饰。

专题

汉朝的足球比赛

说到足球，那可是风靡全球的热门运动，四年一度的世界杯，不知牵动了多少人的眼泪。可惜，咱们中国人提起足球啊，总是难免有种爱恨交错的情怀，谁让国足萎靡不振数十年呢？！不过，即便如此，一边痛骂国足，一边场场比赛不落的球迷也比比皆是。爱之深，责之切，说多了都是泪啊！为何我们会对足球这项运动有这么深的感情呢？那就得回溯一下足球的前生今世了。

足球的前生今世

足球与咱们中国人的缘分，说起来那可就非同一般了。就连世界足联也承认，足球起源于中国。

早在西周时期，足球的前身——蹴鞠就已经出现在历史典籍上，更有传言，它是黄帝专门用来练兵的活动之一。周朝的王公贵族都非常喜欢这项热血运动，军队甚至将蹴鞠作为评价士兵体能和技巧的标准。一个好的士兵，必定是一个蹴鞠高手。到了汉代，蹴鞠已经成为一项国民运动，上至王公贵族，下至平民百姓，无论男女老少，说起蹴鞠来，那都是如数家珍，头头是道。

蹴鞠里面的蹴，就是踢的意思，而鞠，就是皮革制成的球。这项活动的最大优势在于材料和场地的便利。达官贵人固然可以用上等皮革制成弹力十足的球，在平坦的专业球场上练习。平民百姓也能用便利的竹木布片等制成简陋的足球，

蹴鞠·汉

在坊间小巷里追逐为戏。相信对于喜欢蹴鞠这项活动的人来说，无论球是精致还是简陋，给人们带来的乐趣是一致的。

听了这段简介，你大概会明白古代人对蹴鞠的热爱之心了吧？在各种娱乐活动极其丰富的现代，足球都能做到风靡全世界，让无数人从中找到乐趣，那么，在娱乐活动简单的古代，人们对蹴鞠的狂热也应该是理所当然了吧？闲话就不多说啦，景福宫里正在举行一场精彩的蹴鞠比赛，咱们先去饱饱眼福吧！

来自汉代足球比赛的现场报道

"各位观众，各位观众：激动人心，万众瞩目的羽林队与虎贲队本年度第12场蹴鞠比赛即将在景福宫球场举行。据悉，本次比赛受到大汉皇帝陛下本人的独家赞助，陛下还盛情邀请了文武重臣、皇室贵胄等诸多爱好蹴鞠的人士入场观战。为此，羽林队与虎贲队已经闭关训练达半年之久，即便是本台神通广大的记者们也没能找到机会，打探两队的训练情况。不过，据知情者透露，羽林队的队长信心满满，曾暗示己方得到了一位极其厉害的外援。

"听到这里，支持虎贲队的球迷朋友们一定在为虎贲队担心了吧，毕竟上次比赛虎贲队虽然取得最后的胜利，但也付出了两位主力重伤下场的代价，实在是一场惨胜！那么，本场比赛究竟谁胜谁负呢？相信这一定会是一番激烈的龙争虎斗。好了，赛前报道到此结束。各位球迷请抓紧时间排队入场，一场精彩的比赛即将为你呈现。你的忠实朋友鹿人甲为你解说本场比赛。"

"首先是裁判员入场，场内响起一片欢呼！哦，原来是号称铁面无私的金吾将军和号称明察秋毫的建章将军！让我们再次为两位将军献上掌声和欢呼声！相信有这样两位裁判员，比赛一定会公平公正，不偏不倚！"

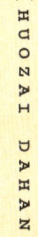

蹴鞠图

⊙汉代宫苑的蹴鞠图,作训练士兵使用;竞赛时,军队排成行列,互作攻守。

"接下来出场的是我们本场的两支队伍。他们向我们走来了!毫无疑问,身着玄衣的正是我们的羽林队12位健儿以黑巾缠头,身着黑色布甲,神情肃穆,不愧是皇帝陛下的亲卫军,个个都如此器宇轩昂。

"在羽林队不远处,身着黄衣的就是我们的虎贲队!虎贲队队员头裹黄巾,身披薄衫,毫不犹豫地秀出了他们的好身材,啧啧!看来这次虎贲队的队服是完胜了羽林队,这似乎引起了羽林队的不满。羽林队的队长向虎贲队队长走去,眼睛几乎要喷出火来了。虽然比赛还没开始,我们已经感受到浓浓的战斗气息!

"两位队长间的对峙如此火热,但是在赛前斗殴是严重违规的。裁判员建章将军出动了,他快速走到两人中间,示意他们各归各位,真不愧是明察秋毫。

"让我们将注意力回归到比赛现场。金吾将军挥动小旗了,示意两队的6位守门员各自就位。建章将军在一旁监督。双方的守门员已经就位,现在场中央还剩下12位双方队员,黑黄交错,围成一个圈。金吾将军示意两位队长上前猜球,取得开球权。比赛正式开始了!

"羽林队拔得头筹,队长大脚一开,就把足球向对方的场地推进过去,羽林队的其他5位进攻球员也配合得相当默契,纷纷向虎贲的场地突进。虎贲的队员也不甘示弱,他毫不客气地抓住羽林3号的轻甲,两人快速过招,羽林3号不敌虎

贲队队员，被掀翻在地。不过羽林3号也顺势抓住虎贲4号的脚踝，虎贲4号摔倒了。羽林队队长在羽林2号和羽林4号的护卫下，快速向虎贲的1号球门冲去。虎贲的1号守门员非常紧张，同时2号守门员也准备协防1号守门员。

"近了，距离很近了，羽林队队长准备抬脚射门。虎贲队队长赶上来了，他没有与羽林2号和羽林4号纠缠，于是直接撞上了羽林队队长。球射歪了，虎贲3号守门员扑住了足球。羽林队的首次进攻失败了，不过这次射门非常具有威慑力。

"裁判金吾将军挥动小旗，示意虎贲队反攻。虎贲3号守门员将足球踢向虎贲4号，没错，就是最早摔倒的那位，他站在距羽林队最近的位置上。只见3号守门员一个'鹞子翻身'将足球高高踢起，虎贲4号反应机敏，一个鱼跃龙门将下坠的足球向羽林队的半场顶去，两个精彩的传球预示着一次精彩的反击，虎贲队神勇无比，冲锋向前，羽林队也不甘示弱。裁判员跟随队员向羽林队的半场移动。

"不得不说，羽林队一对一盯人的策略取得一定成效，虎贲队被迫放慢了步伐，加快了传球频率。这确实缓解了羽林队的攻势，不过，也加大了进球的难度。传球越多，就越容易出现失误！

"糟糕！虎贲2号传球失误，虎贲队队长反应灵敏，一个神龙摆尾将球向羽林3号门踢去。这个时机把握得非常好！"

"球……球没进，撞到了羽林3号守门员的手臂上，在羽林3号守门员准备开大脚将球传给自己的队友时，球不见了。"

"不！球进了！裁判金吾将军举起小旗，示意虎贲队进球了！让我们看看精彩回放。羽林3号守门员准备开球，一只脚比他更快贴地勾走足球，足球撞到羽林2号的腿上，正在防守羽林2号的虎贲3号迈步向前，球被这股力道推进了羽林2号球门。我们从大屏幕上可以看到2号守门员惊愕的表情，他当时正在协助3号守门员防守，完全没注意到足球轻飘飘地从他脚边划过。可怜的孩子！

"场上一片欢呼，虎贲队的支持者们举起了大旗，一边摇晃一边欢呼，虎贲必胜虎贲勇武！羽林队虽先输一球并没有丧失斗志，不愧是大汉顶尖球队！"

听了鹿人甲热血沸腾的解说，你大概会目瞪口呆吧。在现代足球比赛中，冲撞、拉扯绝对是黄牌下场，为何汉代足球比赛却视若无睹呢？这可不是裁判不

公，要知道，冷兵器时代的战斗本来就是非常残酷的，作为训练士兵的运动，蹴鞠其实就是一场攻防演练，只有平时多流汗，才能避免战场多流血啊！

汉代的花式蹴鞠比赛

除了军人们热血对抗的蹴鞠比赛之外，汉代还有一种应用更广泛的花式蹴鞠比赛。老人、小孩、女子都可以参与。汉高祖刘邦的父亲刘太公就是花式蹴鞠的死忠粉。刘太公的儿子做了皇帝之后，就把老父亲接到皇宫来享福，没想到刘太公在金碧辉煌的皇宫里住了一段时间就开始闷闷不乐茶饭不思了。

刘邦责怪侍从们侍奉不周到，刘太公还为他们求情说："儿子啊，不是侍从们伺候得不好，是我在这皇宫里住不习惯啊！"这让刘邦没了主意，总不能自己住在皇宫里，让老父亲住在乡下吧？

最后，还是一位机灵的侍从想到办法，他偷偷向刘邦建议："太公一辈子和街坊邻居住在一起，这老了搬进皇宫，平时只有老两口闲聊，生活太无趣啦，不如陛下你将老家的街坊邻居都接过来，在皇都里安置，老太公见到故人，肯定会生活得很开心。"刘邦半信半疑地建了一座城中城，接来了街坊老邻居，专门安置他们，再请太公去新城居住。太公一看，昔日的街坊邻居都在，又能自在地穿街走巷，以蹴鞠为乐，自然就安定下来，再也不提回老家的事儿了。

你瞧瞧，皇帝儿子的魅力也比不上和老朋友们一起玩蹴鞠呢！

近代出土的汉墓画像砖，更是汉代花式蹴鞠流行的佐证。不少画像砖上都绘有女子穿着舞衣，披着飘带，围着鞠载歌载舞的场景。这足以表明，鞠甚至可以作为女艺人的舞蹈道具。看到精致的鞠在衣饰华美的女子足下旋转，也别有一番风情吧！

第七章 那些年，大家一起追过的潮流

大汉的美，在风韵，也在眼角眉梢。这里的女人最懂得时尚，这里的男人也有自己的审美，这里有你追也追不上的流行风潮，也有你看也看不懂的名士风流。「汉范儿」明星都是什么样儿的？他们引领的潮流又是如何迷倒世人的？各具风采的偶像、女神和男神都在这里，别犹豫了，点个赞吧！

愁眉、啼妆、堕马髻、折腰步、龋齿笑

——本朝最时尚扮相

我要比日光灯还白！我要瘦成一道闪电！

别惊悚，这不正是现代女性的美丽宣言吗？不过我们也都知道，潮流都是在轮回中进行的，你现在觉得新潮得不得了的东西，其实在很多年前就已经流行过了，只是你不知道罢了。比如咱们现代女性都追求的又瘦又白，早在大汉朝时期的女性就已经开始追求这种极致的美了。不单如此，生在汉朝，各路美女有的是大把时间和机会挖空心思来打扮自己，博得男人的荣宠。

◘ 美女御夫术

说到打扮，相信你不会陌生，不过咱们今天还是先去拜访一位名人，看看她是怎样打扮自己的吧。

这位名人，就是东汉权臣梁冀的结发妻子孙寿。说到这对夫妻，你一定会大跌眼镜，不信你仔细地瞅瞅……吓坏了吧？

没错，这梁冀就是一个丑得让人不忍直视的男人，他的背是驼的，肩膀向上耸着，整个一佝偻样。再说说他的脸蛋，当真是极丑陋，眼睛斜，鼻子歪，就像小时候被人用力揉作一团，从此再没有完全展开一样。更"难能可贵"的是，梁冀还是个口吃，平时说话就挺费力的，一着急上火，更是能把人憋死。

但就是这一位，却娶了一个大美女为妻，也就是咱们今天拜访的孙寿姑娘。《后汉书·梁冀传》里面是这么描述她的："色美而善为妖态，作愁眉、啼妆、堕马髻、折腰步、龋齿笑，以为媚惑。"

哎，只叹那个时候还没有照相技术，不然这对夫妻的结婚照该是什么样子……此刻你可以尽情发挥想象，只是"画面太美，我不敢看"，什么"一朵鲜花插在牛粪上"，什么"暴殄天物"，那都弱爆了。

但不管咱们怎么想不通，这美女孙寿的确就风风光光、喜气洋洋地嫁给丑男子梁冀了，并从此过上了幸福的生活。

孙寿是个聪明的女人，她知道，不管自己的老公再丑，她也不能变丑了去拉近与对方的距离，而是应该变得更美，让老公被自己彻底迷倒。而且，这长得丑的人对美的追求似乎更甚。梁冀抱着个美女老婆，真的是爱不释手，虽然他在宫里面是个为非作歹叱咤风云的人，但是回到家，对老婆孙寿可谓又宠又怕又迷恋。

版画《孙寿像》·清·无款

有这么一个体贴的老公，孙寿当然非常享受，不过她是一个妒忌心非常强的女人，她认为这世上没有不偷腥的猫，但她又非常不能容忍老公在外面偷腥，于是别出心裁地独创了她的"孙氏扮相法宝"。

此法宝包含五项内容。第一项是"愁眉"。

孙寿的长相十分符合汉朝美女的标准，瓜子脸、细眉细眼、小嘴唇。于是她锦上添花地把自己的眉毛画得纤细曲折，看上去就是一副愁容。这

第七章 那些年，大家一起追过的潮流

227

在呼吁正能量的今天真心不应该被推崇，但是正因了这副发愁的样子，才让老公梁冀时刻挂牵，担心不已。《风俗通》中就说了："愁眉者，细而曲折，梁冀家所为，京师皆效之。"

孙寿的第二项法宝是"啼妆"。

"啼"，顾名思义是哭哭啼啼，也就是在眼睛下面化妆，看上去就像哭过的样子，所谓的"梨花带雨"也不过就是这个模样。不知你还记得否，在咱们现代，也流行过这种"泪妆"，只不过今时今日的眼影看上去更加丰富多彩，泪妆也越发闪闪发亮，但不得不承认，这种妆容与2000年前孙寿发明的"啼妆"有着异曲同工之效，真是惹人怜，惹人爱呀。

第三项法宝名为"堕马髻"。听名字你肯定知道这是指的发型了，想象一下，一个裙裾飘飘的美人从马的一侧坠落下来的情景吧，哎，你别着急啊，不是让你想象那个摔得有多惨的情况，而是定格于美人歪在马一侧的画面。这堕马髻呀就有点那个感觉，把发髻梳向一边，慵懒地耷拉着，看上去虽然没有什么形状，却有一种挑逗意味，是为"慵懒的性感"。

第四项法宝叫作"折腰步"。意思就是走起路来纤腰不断扭动，看上去就好像一不小心就能折断了似的。当然，要走出这种步子，还是需要有前提条件的，那就是走路者至少要纤瘦，而且腰形要好，柔若无骨的样子为最佳。不然你试想一下一个七八十千克的胖女人走路扭啊扭的，再怎么使劲扭，估计也看不出"腰要折断了"的效果吧……

那孙寿的最后一项法宝，就是"龋齿笑"了。这是个啥玩意儿呢？我来给你解释解释。"龋齿"你知道，就是

木雕彩绘堕马髻侍女俑·西汉

指坏掉的虫牙，"难道龋齿笑就是笑得露出虫牙吗？"你别着急呀，这当然不是，不过要是长了虫牙，肯定会牙疼吧，你要是牙疼的时候，肯定无法爽朗地哈哈大笑吧？

这龋齿笑就是要这种效果，笑起来就像牙疼一样，微微抿嘴一笑就行了，最好嘴角还留着一丝疼痛的感觉，给对方留下一个"你连笑起来都不快乐"的印象。

你想想，一个漂亮的、娇小纤瘦的美女，梳着慵懒的堕马髻，走路像蛇一样扭动着细细的腰肢，再仔细看这脸上的妆容，细挑的眉头好像在发愁着什么事情，眼底还有淡淡的泪痕，即便对你莞尔一笑，也觉得暗藏悲伤，你是不是有一种想立刻将她搂入怀中的冲动呢？如果你是一位男士，并且点头了，那恭喜你，你很可能成为孙寿美眉的"花下鬼"。

▫ 美容美发的先驱

可以说，孙寿是将美容美发当作事业来发展的鼻祖。她对化妆和发型进行大胆的改革，并不是单纯地朝着"好看"的方向去发展的，而是赋予其更深刻的内涵，那就是如何以此扮相抓住男人的心。一个女人一旦想

四猴纹镜·西汉

⊙古人认为猴子长寿，有"猴寿八百岁"之说。汉代铜镜上的兽纹种类繁多，有凤凰、四神等神兽，还有羊、鹿等动物，唯独少见猴纹。这枚四猴纹镜乃是为数不多的汉代猴镜中的珍稀品。

要取悦并且想拴住一个男人的心时，其力量不可谓不大，态度不可谓不笃定，行为不可谓不坚持。当然，孙寿美人也达到了自己的目的。

在东汉，梁冀和孙寿夫妻是政治名人，"出镜率"很高，因此孙寿的扮相不可能只在家中让梁冀看见，而是很快传遍了大街小巷。虽然稍微知道点朝政事宜的人都对梁冀恨之入骨，但是孙寿这堪称完美的"御夫扮相"，又让很多女性羡慕不已，纷纷效仿。因此在这一时期，女人们大多成了"病猫"，走路慵懒无力，软弱无骨，像是一阵风就能吹倒一般。

彼时在洛阳城里有一个比较有名的诊所，一段时间内客人多得应接不

丝囊·西汉

⊙荆州谢家桥1号墓出土，长34.6厘米，宽19.3厘米，先藏于荆州博物馆。谢家桥1号汉墓出土了大量丝织品，这是其中保存较好的1件丝囊。整体为两个正方形相连。正面沿对角线分为8个三角形区域，并用金黄色丝线刺绣出云气纹。背面缝有两条系带，以便随身佩戴。

暇，而且都是男人到访，咨询大夫，家里女人突然得了怪病，病征就是脸色苍白，一副愁容，就连笑起来都是浑身疼痛的样子。以前走路脚下生风，最近却变得慵懒，走几步就要摔倒。问起来，却又说不出哪里不舒服。

老实的大夫抓破了头皮也给不出答案，只好晚上挑灯翻看医书，希望在前人的经验中找到答案。大夫的妻子见老公大半夜还不来睡觉，有些生气，便来到书房催促。只见老公一副疲倦且迷茫的样子，细问之下得知原因，这老婆觉得又可气又可笑，扬起手拍了一下老公的脑袋说道："人家那些女人没有生病，她们不过是学习梁冀的夫人在迷惑自己的丈夫呢！这招我也会……"说完故作站不稳的样子，朝着老公怀里倒去……

汉朝化妆品小览

好了，八卦了那么半天"孙氏扮相法宝"，咱们得回过头来好好说说咱大汉朝女子的美容用品和方式了，咱们不妨从头说起。

汉代女子很注重头发的清洁程度，从一些影视作品中你也看到，汉朝女子多喜欢让长发垂直于后背，在中段用发带束起来，这样看上去既保持了长发的自然美，也因为适当的束缚不再妨碍日常工作，可谓一举两得。但不盘发，头发自然容易脏，如果不经常清洗，头发就会打结，

妆具·西汉

第七章 那些年，大家一起追过的潮流

灰陶侍女头饰·汉（中左）

双面木雕梳·西汉（中右）

⊙上部呈圆弧形，下部有17根齿。长8.8厘米、宽8.6厘米。整木雕制。两面均有浮雕，一面为奔马，马头作鸟头状，另一面为怪兽，边框为圆圈纹。

双层九子漆奁·西汉

⊙1972年湖南长沙马王堆一号墓出土。湖南省博物馆藏。器表髹黑漆，贴金箔，以金、白、红三色绘饰云气纹。上层隔板放置素罗绮手套等物。下层底板厚5厘米，凿出九个凹槽，内各放一小奁，小奁内分放化妆品和梳、篦等物，制工精美。

231

那再美丽的长发都显不出魅力了。

你可能要问了，这及腰的长发，难道整天就披散着，不做点发型吗？

当然不是。女人们为了彰显地位和美丽，肯定是要在头饰上下功夫的，如果头发只是披散着，能够用于衬托的头饰也有限，如果盘成不同的发髻，便能够用簪子、发钗等美物。在等级森严的后宫，什么品级的女人配什么档次的头饰，也是有一些不成文的规则的，你不得不小心谨慎，要是哪天不小心和皇后"撞饰"了，那可就吃不了兜着走了。

一般说来，中老年女性的发型都比较保守，因为已经过了那个青春无畏的阶段了。她们通常将头发梳成"银锭式"，也叫作"马鞍翘式"，也就是将长发全部结成髻，整个发髻向后倾斜，像一个银锭模样。

年轻一点的女子呢，则会更加花点心思，将头发先编成辫子，然后再将发辫或盘成双环，或盘成单髻，或在头发末端绕成圆锥形。虽然样式各有不同，但相信你还是能看出一点相同的，那就是咱们汉朝女人不管散发还是盘发，多在脑后进行，而在后面的历史时期，女性的发型则有越挽越高的趋势。

说完了头发，咱们再来说道说道这美妆。别以为这涂脂抹粉各式彩妆是现代人才有的玩意儿，自古女人都爱美，化妆那是几千年前就开始的行当了。在咱们大汉朝，女性尤其注重眉毛的修饰，她们喜欢用很黑的炭笔来画眉，而且在画眉之前，要先把不规则的眉毛都拔掉，以保持整体的美观。《释名·释首饰》中记载道："黛，代也，灭眉毛去之，以此画代其处也。"意思是说去眉就是为了修饰美观。

不信咱们去翻看一些汉代的绘画，多见细眉俑，相信一定是参照了当时女性流行的眉形塑造的。而咱们前面拜访的那位孙寿美女，她的眉毛不也是在细眉的前提下改良的吗？

纤细浓黑的眉毛自然要配上比日光灯还白的脸蛋，这样才能形成鲜明的对比。没错，女人们就是这么做的，不要觉得影视作品中那些女人惨白的脸很吓人，这的确是那个时候的潮流。而她们用来抹脸的东西，也叫作粉。《急就篇》里面记述道："谓铅粉及米粉，皆以傅面。"也就是说，有的女人为了漂亮，不惜用铅粉来敷脸，原来这在化妆品中加入铅的历史是如此悠久！

不过大部分粉还是正规原料制成的,用高粱米等谷物经过一次次的精细研磨之后,再经过过滤、沉淀、曝晒等工艺,最终制成米粉,这些步骤,在《齐民要术》中均有详细记载。

随着粉的出现和大规模使用,胭脂自然不能落后,有人发现,在两颊抹上淡淡的腮红更能衬托出整张脸的洁白,于是便在米粉中掺入了某种花的汁液和朱砂,不断变换比例,终于制成了绝美的胭脂。

据传,胭脂的产生和张骞有关。这位"中国最美大使"从西域带回了很多稀奇古怪的东西,其中一种叫作"红蓝",这种花开花之后非常美丽,而且花瓣里面含有红色和蓝色两种色素,收集花瓣不断捶捣研磨,淘去黄色的汁液后就能够获得鲜艳的红色颜料。

而实际上,我们所说的"胭脂",用途有二,其一是作为腮红,其二作为口红。说起这口红,在咱们汉朝是非常有特点的,女子画红唇,只画唇中间的部分,活脱脱一张"樱桃小口",的确又个性,又迷人。重要的是,这与汉朝的审美观非常契合,瓜子脸、细挑眉、高鼻梁和樱桃小嘴。你是不是也喜欢上了这种极具东方特征的美呢?

汉代时尚打扮

汉代的妇女以梳高髻为美,发簪将必不可少。发髻上的文章大有可为,装饰发髻的配饰中要佩带珠花、步摇等各种饰物。后宫的皇妃们的装扮彰显国家财力雄厚。同时也将汉代的装饰之美达到顶峰。其中以皇后为首的首饰有金步摇、笄、珈等。笄、珈多用于固定发髻和头型用的。而垂落在簪子两端的垂饰,走起路来一步一摇称为步摇。步摇以黄金为主体,贯百珠为桂枝相缪。由此可知,汉代皇后拜庙祭祀时所戴步摇有一个山形的基座,上有用串了珠子的金丝或银丝宛转屈曲成像树枝状的花枝,考究一些的还在上面缀以花形饰或鸟雀禽兽等,步行时金枝、饰物摇颤,成为受人喜爱的步摇。

[历史旅行指南 · 活在大汉]

长裙虽好，裙摆记得撩

——留仙裙引领的女装风潮

历史上因为某个女人的一句话或者一种装扮引发的潮流或历史事件并不少。你还记得《甄嬛传》里面，皇帝亲自为甄嬛化的那"姣梨妆"吗？虽然看上去不怎么样，但因为是皇帝为爱妃亲手所绘，迅速红遍大江南北，成为宫里宫外竞相效仿的妆容。

▫ 差点飞走的美人

所以说，女人真是这个世界上最可爱的动物，虽然在男权至上的封建社会，女人几乎没有什么地位，但如果这个世界只有男人，那将会变得多么了无生趣。还是有一些男人是知道这个道理的，由他们对女人的着迷可见一斑。

比如我们西汉的其中一位皇帝——刘骜。

说起这个名字，你可能会觉得有点陌生，这也不奇怪，咱们平时看的影视作品，听的野史八卦，提到的皇帝都不会直呼其名。不过要说起这刘骜的皇后赵飞燕……你是不是已经会心一笑了呢？

咱们今天就要去拜访一下这位大名鼎鼎的美人。

此时的赵飞燕还非常年轻，入宫以后被封为婕妤，她不但长得漂亮，而且舞跳得特别好，因此颇得汉成帝刘骜的宠爱。

宫中太液池中心有一个小岛，名为瀛洲。因为我们的汉成帝太喜欢赵飞燕了，因此他非常愿意花心思来制造浪漫。他命人在瀛洲上搭起了一座高台，据说有40尺那么高，也就相当于十多米的高度。为的就是让赵飞燕在这个高台上跳舞。这样一来可以突显赵飞燕的与众不同，二来也能满足皇帝的审美需求。

然后，他又命人找来了无数的小船置于湖面，围绕着瀛洲，制造出了"千人舟"的效果。一切就绪，只等美人登场了。

这一天，微风拂面，花园里的花姹紫嫣红，芳香怡人。太液池碧波荡漾，千人舟随着波浪起起伏伏，摇摇晃晃，人都要醉了。汉成帝心情大好，邀请亲爱的飞燕美人同游太液池，泛舟到了中心瀛洲。

"亲爱的，此高台为你而搭，丝竹管弦为你而备，满园芬芳不及你分毫，一潭碧波亦为你倾倒……你不妨

《十宫词图册》之《汉宫图》·清·冷枚

第七章 那些年，大家一起追过的潮流

为朕舞一曲吧！让冯无方为你吹笙伴奏，朕为你打节拍……"

皇帝都这么要求了，赵飞燕哪有不从的道理，她原本就爱好跳舞，也是凭着自己曼妙舞姿来吸引皇帝的，这么一吹捧，她当然更乐得表现一下了。

于是，穿着南越国进贡的"云英紫裙"的飞燕美女就登上了高台，伴着《归风送远》的音乐，翩翩起舞。一边跳着，一边嘴里还哼唱着："我现在飘飘然就如登仙一样啊，马上就要告别旧有的一切去迎接新的生活了……"

这时候，忽然刮起了一阵大风，飞燕美女站在高处，那么纤瘦，那么孱弱，风狠狠扬起她的衣裙，似乎连她都要一起卷走了。要知道，据史学家推测，当时的赵飞燕体重可能只有38千克左右，那简直可以用"瘦骨嶙峋"来形容啊，这不正是一阵风就能吹走吗？

皇帝老公也立刻意识到了这一点，他不顾形象地站起来对离赵飞燕最近的伴奏冯无方喊道："无方，快帮我抓住她！"冯无方眼疾手快，一把抓住了赵飞燕那薄如蝉翼的裙裾，这一扑腾间，大风已经刮过去了。

冯无方松手后，发现赵飞燕的裙摆因为他太用力而抓出了一把皱褶，心里暗呼不妙，也不知道皇帝这位爱美的婕妤会怎么发火呢，谁承想，皇帝倒先鼓起掌来，笑道："这裙裾有了这般褶皱，似乎更显风情啊！"顿时将冯无方从战战兢兢中拯救了出来。而赵飞燕本人似乎也很喜欢这个无意中制造出来的效果，柳眉一挑，发嗲地说道："那不妨照此制几身衣裳，还望皇上赐名。"

汉成帝沉思片刻后说道："刚才大风过境，朕见你似乎要被这风带走了，你是如仙女般美丽的人，朕怎么舍得失去你？不如就叫留仙裙吧。"

自此，这款因意外而设计出来的裙子便得名"留仙裙"。而这个款式也迅速在宫里面流行起来。具体的款式就是改变了从前女性裙子下摆垂直发散的传统，改为略带褶皱发散，就像一朵盛放的喇叭花，花瓣纵向褶皱起来。这样不但看上去更增添了蓬松自然的感觉，而且走路的时候更加摇曳生姿。这样的裙子穿在练过体型、注重步态的赵飞燕身上，真是把裙子自身的优点发挥到了极致。

▫ 美美裙子惹人爱

美人配衣服，衣服配美人，甭提

有多美了。

留仙裙的产生并不单只美艳了赵飞燕一人,也不仅仅让后宫中的女子竞相效仿,实际上,在很短的时间内,这一裙装就流行到了祖国各地,家里稍微有点节余的,女子都开始改穿留仙裙,这样虽然制衣成本有所增加,但魅力值也是直线飙升,正所谓"人靠衣裳马靠鞍"嘛。

当然,想要在褶皱中找到飘逸的效果,布料的选择是非常重要的。普通的粗布即便能够织出褶皱,想来也不会有摇曳生姿的感觉;丝绸面料虽然也很飘逸,但光滑的表面如若勉强做成褶皱,看起来反倒很烦琐,还非得那薄如蝉翼的纱才行。

赵飞燕最后贵为皇后,为非作歹且不说,在女人靠美貌和身材赢天下的大环境中,她应该是相当自信且有资本自信的,即便是这样,估计当年的她也没有想到,因为太过瘦弱差点被风吹走而诞生的留仙裙,会成为引领时尚的潮流,而且,彻底改变了汉朝女性的服饰传统,使之朝着更加美丽,更凸显女性风韵的方向发展。所以说,我们也不得不佩服女人对时代的影响力。

不过长裙虽好,却总归是有些不方便,不管如厕也好,沐浴也罢,要是不注意撩起裙摆,估计得把昂贵的长裙弄脏。你说啥?幸好那个时候没有短裙,不然赵飞燕美女凭借着无可挑剔的身材,定会把裙子裁剪得都不知道有多短了。

嗯,也许这种情况真的会发生。不过长裙也好,短裙也罢,由知名人士掀起的潮流力量的确不可小觑,尽管效仿的人群不乏东施效颦之辈,但正因为有无数人追捧,才能将美的东西发扬光大,但也正因为有太多人追捧,才会促使那些有才华、有创造力的人去开辟更新的领域,创造更美好的东西,推动时代进步,你说,是不是这个理儿?

绛紫绢裙·西汉

⊙1972年湖南长沙马王堆一号墓出土。湖南省博物馆藏。此件为西汉时期的衬裙,一般穿在直裾、曲裾衣服之内。用4幅上窄下宽的绛紫色绢缝成,上部加缝裙腰,裙腰两端加长作裙带。

第七章 那些年,大家一起追过的潮流

[历史旅行指南·活在大汉]

HUOZAI DAHAN

"奇葩"无数，彪悍人物辈出的年代

——游侠之风

司马迁在《史记》中专门开辟了一章，为汉朝一个特殊的群体留下了难能可贵的文字记录，也真真实实地剖析了这些人的种种好与坏，这群人被称为"游侠"。你是不是觉得这个词语陌生又熟悉呢？是不是瞬间又想起《堂吉诃德》里面的主人公呢？要知道，在咱们中国，那是在公元前就已经有游侠进行着边旅行边工作的生活了！

汉朝第一大侠

怎么样，你是不是也跃跃欲试，想要身披铠甲跳上战马，英姿飒爽地周游世界了呢？别着急，不要把游侠这个职业想得那么简单，除了骑马看风景之外，你还得发挥"侠"的作用，做些行侠仗义的事情，在必要的时候，出于工作职能的要求还要与"流氓"相重合……

不信，你先看看郭解郭大侠是怎样混迹江湖的吧。这位可是司马迁浓墨重彩讲述的一个人，而且从其语气可以看出，司马迁是真觉得郭解堪称"汉朝第一大侠"。

这时候，你脑海中是不是已经浮现出一个高大威猛、血气方刚的男儿形象

第七章 那些年，大家一起追过的潮流

玉韘·西汉

⊙哈佛艺术博物馆藏。黄白玉制，有黄褐色斑沁。韘形，阴线刻几何纹。纹饰刻画细腻，造型简洁大方。西汉早期主要有两种玉韘，一种保留了较多的东周战国时期韘形玉器的特征，上端一侧有柄形凸出，器身扁平且有凹面，纵截面呈弧形；另一种仅少数器身仍保留凹面，大多数的器身为扁平。此玉韘属于前一种。在西汉，佩玉是明显的身份和地位的象征。

了呢？不过你可要失望了，因为这位郭解不但身材矮小，而且相貌看上去还有些猥琐，总之与什么"浩然正气""帅到没朋友"一点关系都没有。

其貌不扬的郭解倒是天生有着阴鸷凶狠的血统，在少年时候，他就借着"快意恩仇"的说法，扬刀杀人，而且杀死过不止一个，刀起头落间，似乎从来没有感到过害怕或者自责。他的行为虽然残忍，但却有着一个"行侠仗义"的名号，因此获得了很多人崇拜，也有了那么些兄弟，愿意和他一起出生入死。

也许是郭解此人还算讲义气，所以他竟有些幸运，违法乱纪之后很少被抓住，即便被抓了，也都能侥幸逃脱厄运，他的前半生就这样有惊无险地过来了。

年纪稍微大些的时候，郭解开始反省自己，他觉得自己的侠义之风断没有错，只是有时候脾气急躁了些，处事方式过于冷酷。于是他开始注重改进自己的行为，对身边的人多了些付出和关心，也不再期待获得等同的回报。他做了一些仗义的事情，也不再到处自夸了。郭解之所以被司马迁肯定为"侠"，与他后半生的处事风格不无关系。今天我就给你挑出几件说说，你自个儿也判断判断，汉朝的侠义之士到底是什么样子。

事件一

郭解的外甥，也就是他姐姐的儿子自小在郭解身边长大，学到的是郭解"用暴力解决问题"式的残忍。有一次，这位少年在街边与人斗酒，逼着对方干杯，对方的酒量小，一再推辞。少年觉得对方非常不给面子，于是端起酒壶二话不说就要往对方嘴里灌。

少年平时欺行霸市惯了，这次却遇到了一个狠角色，人家一再礼让他却得寸进尺，惹毛了人家，只见那人以迅雷不及掩耳之势从腰间拔出一把刀，朝着少年捅去，当场就将少年捅死了。

郭解的姐姐听闻此事悲痛欲绝，她很想不通，凭着他们郭家在当地的"恶势力"，居然有人敢杀了自己的儿子又逃逸了！这种羞辱要如何忍耐？于是，性格有些极端的她把儿子的尸首放在路边，拒绝殓葬，阴阳怪气地对郭解说道："弟弟你是讲义气的人，一向和姐姐要好，谁承想如今有人杀了姐姐的儿子，你却连凶手都没办法找到……"以此羞辱郭解。

要说郭解怎么会不恼怒呢？死的毕竟是他的亲外甥，于是他托朋友找

240

关系，四处打听凶手的下落，终于被他找到了。郭解决定亲自去解决这个杀人凶手。

当郭解见到凶手时，对方既没有立刻冲过来为捍卫生命而动手，也没有恶狠狠地挑衅，而是非常愧疚地向郭解道歉，承认错误，而且详详细细地说出了当时的经过。

一贯行侠仗义的郭解内心明白了过错在谁，于是他对凶手说道："这件事情是我的孩子错在先，你杀了他本也不为过。"于是他便放了这个凶手，然后好好地掩埋了外甥的尸体。

这件事情很快就在乡里乡亲之间传遍了，人人都称赞郭解的道义，对他是又敬重又害怕。

事件二

郭解在当地的声名除了"讲义气"之外，还有"狠辣"，所以一般百姓见到他还是会感到害怕，每当他回到县城或者出门溜达，胆小一些的人都躲着他靠边走，但独有一个人，见到郭解从来都是目光直视，不闪不避，没有丝毫敬畏，也从不主动上来招呼，态度十分傲慢。

郭解的门客有很多都看这个人不顺眼，扬言要宰了他，但郭解却阻拦道："我在这个地方混，不是为了烧杀抢掠，我希望以我的言行赢得大家的尊重。这个人有什么错？他不把我放在眼里，只能证明我做得还不够好。我应该从自身努力，你们不要再喊打喊杀了。"

此后，郭解暗暗盼咐手底下的人，要多多关照这个人："我很关心这个人，如果轮到他服役，希望能够加以免除。"

此后多次服役，县衙里面都没有这个人的名字，和郭解相熟的人感到奇怪，都听说这个人对郭解傲慢无礼，何以不直接征收他来服役呢？而当事人也感到奇怪，细细打听之下才知道，原来是郭解免除了他的差役之苦。

傲慢的人低头了，上门找郭解"负荆请罪"，而郭解也好言相待，绝口不提以前种种好与不好。他这样的行为令少年们佩服不已。

看了这两件事，你是不是觉得郭解后来简直就是一个头顶光环的大善人呢？不但为人谦厚，而且乐善好施，同时拥有着绝对的支持率，堪称完美。哪有这么好的事儿呢？倘若如此，郭解也就不能被称为"游侠"，而是"慈善家"了。

▫ 这个职业不轻松

汉武帝元朔二年（前127），朝廷颁布了一道命令，要求各郡国的有钱人统一搬迁到茂陵居住。而判断是否需要搬迁的标准就是家中产业与流动现金数目加起来在300万钱以上。按照咱们前面的算法，这300万钱大概相当于现如今4500万元人民币……的确，这只是在跟有钱人说事儿，和大头百姓毫不相干。

这件事情原本与郭解也不相干。虽然他在城中很有名望，但他并没有多少钱，这些年不是忙着走这里调解纠纷，就是去那里视察风土人情，钱都花在"旅游"上了，也未曾开辟什么大的产业。况且慕名而来投靠他的人很多，豢养门客也是一大笔钱哪。因此，郭解和有钱人并没有画上等号。

但还是出问题了。

杨季主的儿子是郭解所在县城的县长，不知道他是妒忌郭解的好人缘，还是性格本身具有的阴暗面，总之他将

陶彩绘人物屋宇·西汉

⊙哈佛艺术博物馆藏。灰陶制，屋宇为单檐歇山顶，屋脊、瓦垄塑造分明。正面留有窗口，应该是商肆售卖之处。正面红、黑、白三彩绘制人物，一地痞持物强买，三士人畏缩欲逃。画面很好地表现了西汉的市井风情，是研究西汉社会生活的重要资料。

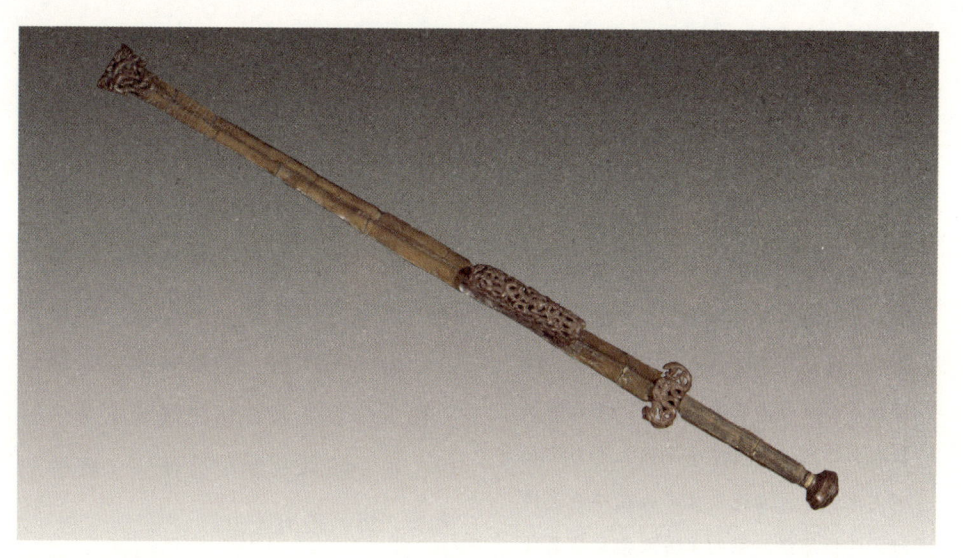

铁具剑·西汉

⊙大英博物馆藏。剑柄、剑鞘皆为漆木制成,外髹黄色漆,虽经千年而颜色如故。铁剑与剑鞘已经融为一体。剑璏、剑珌、剑琫皆为铁制,镂雕成蟠螭纹,具有很强的实用性和艺术性。汉承秦制,对武器的管控还是比较严格的,比如"剑履上殿"就是皇帝特赐的一种荣誉。而对于朱家、郭解这样"教父"级的游侠来说,佩剑则是身份的象征。

> 第七章　那些年,大家一起追过的潮流

原本不符合条件的郭解写在了迁徙名单中。底下具体办事的官员见上司有意如此,也不敢违拗。这事儿恰好被当时叱咤风云的卫青将军知道了,于是卫青就跑到汉武帝面前为郭解求情,说这位郭解家里没有钱,实在不符合迁徙标准。

可是皇帝却回答道:"这个郭解只是一介平民,却能动用你大将军来为他求情,可见他并不穷。"于是郭解只能与那些有钱人一起迁到了茂陵。

这件事情让郭家人很是生气,这县长挟私报复,以权谋私,该杀!因此郭解哥哥家的儿子谋划了一顿之后,找到杨县长,并砍掉了对方的头。自此,郭家和杨家就结下了深仇大恨。

郭解家真的没有钱,换个地方,一切都要重新开始,置地盖房子、装修买家具,哪一样不要用钱?幸好郭解人缘好,之前那些朋友、门客,相互奔走相告,居然为他筹了很多钱,这下郭解不用为钱的事情发愁了。可欠的人情总是要还的,要不是杨家,他又何必离乡背井,还欠下这么多债呢?

反正现在,郭杨两家这个梁子是结下了,干脆一不做二不休,连老头子杨季主也一并解决了吧。于是在一个夜黑风高夜,郭解伺机跳入杨家,把杨老头些所谓的"侠士"纵容手底下的人胡作非为，于是本着"擒贼先擒王"的道理，命人将郭解抓回来问罪。

郭解早早收到了消息，赶紧收拾东西跑路。他把老母亲安顿好了，便只身逃到了临晋。这里有一位籍少公，以仁义闻名，郭解冒昧地去拜访了籍少公。二人在房内倾谈了几个时辰，很是投缘，籍少公便应了郭解的请求，将其送出关去。

郭解所路过投宿的地方，他都会和主人成为很好的朋友，大家同情他遭遇的同时也为他宰了杨季主拍手称快。

朝廷却不这么看，郭解的行为毕竟目无法纪，理当问斩，于是便派遣了追兵寻着郭解的线索追查，一来二去查到了临晋籍少公家。籍少公这个人非常看重朋友情谊，宁愿死也不愿意出卖郭解，最后在官军的逼迫下上吊自杀了。郭解的线索也就此断了。

很长时间之后，郭解才在一个偏远的地方被抓获。抓获之后需要做的事情就是要给这个人定罪。主审官非常不喜欢郭解，于是很刻意地翻查了郭解之前的"档案"，这一查，就找出了很多陈芝麻烂谷子的事情，如郭解自己背着的杀人案件，以及郭解的

> **← 游大汉指南 →**
>
> 剧孟，洛阳人，他具体的行事为人在司马迁《游侠列传》中并没有明确的记载，不过司马迁用两件小事侧面反映了剧孟在国家生活和游侠世界中的地位。汉景帝三年（前154），吴、楚等诸侯国发动了声势浩大的七国之乱，汉景帝刘启任命周亚夫为太尉，率领西汉政府军平乱。当周亚夫率领大军匆忙赶到河南境内，发现剧孟率人在路边迎接时，这位历经两朝的军方大佬竟然高兴得语无伦次，高声大叫道："吴楚起兵叛乱，居然不联系剧孟作为帮手，这场叛乱掀不起什么风浪了！"一位国家重臣居然把一个游侠当作决定战争胜败的关键要素，剧孟在民间的声望以及他身后隐藏的巨大影响力可见一斑。后来，剧孟的母亲因病去世，闻讯赶来祭拜的游侠、世家子弟和官员们数不胜数，光是剧家门口停下的马车就有上千辆，礼金何止万金。

杀死了。

杨季主家人早晨发现了老头的尸体，又惊又怒，立刻写了诉状就往皇帝那里告状。然而有忠于郭解的朋友，在半路就将告状之人拦下宰杀了。

这件事传到了皇帝耳朵里，皇帝遂感关中地区治安不好，主要就是这

朋友、门客为了他所犯下的罪行等，这些都算到了郭解的头上。最后，郭解被判了非常重的刑，诛三族。一代游侠便这样呜呼哀哉了。

司马迁想来是非常喜欢郭解的，不惜花很大篇幅讲述了郭解的一生。而且你也可以看出来，在汉朝，游侠这种职业是非常特殊的，既要奔波，又要逃避追捕，重要的是在这个过程中还得不停地结交江湖好汉，所谓"多一个敌人不如多一个朋友"嘛，省得关键时刻被人出卖。总之就是既要有胆识，又要有见识；既要脸皮厚，又要口才好；既要能骑马，又要能跑路，简直是响当当的全能选手。

而且游侠这种职业完全与外貌无关，看这个郭解个子又小，长相又普通，完全没有什么风范可言。可人家在这个时代，的确造就了一段"传奇"，也成了汉朝游侠的代表人物。此后想干这个职业的人大都以他为榜样，本着个人意志和能力去行事。

不得不说，这的确是一个危险的职业，而且并不值得推崇。如果人人都以自我的判断标准和行事风格来处理事情，罔顾国家律法，那天下该乱成什么样子了？你说是不是？

画像石《对谈图》·西汉

⊙1915年洛阳八里台汉墓出土。美国波士顿艺术博物馆藏。此图和《上林苑斗兽图》属于同一墓门楣画像石。图绘身着汉服的两名男子对立交谈，人物眼神相貌生动传神。此图是研究西汉时期社会生活、人物形象的重要文物，也在中国绘画史上留下了浓墨重彩的一笔。

第七章　那些年，大家一起追过的潮流

汉武帝的神仙梦

——求仙问道

传说在渤海湾里有三座"仙山",分别叫作蓬莱、方丈和瀛洲。在三座山上住着三位神仙,他们手上有一种非常奇妙的药,名为"长生不老药"。当然,有幸吃了这种药的人,就可以长生不老了。当一个叫徐福的方士把这个消息告诉秦始皇的时候,始皇帝的眼睛一亮,即刻密令徐福率领三千童男童女出海去访仙,定要找到这长生不老药带回来。始皇帝心里的小算盘打得噼啪响:"这坐拥天下的感觉那简直太美妙了,我要永远这么活下去!不管用什么方法!"

▫ 求仙路的开始

当然,徐福没有找到长生不老药,出海后一去不复返。而始皇帝当然也就没逃过生老病死的"厄运",死在了他周游天下的马车中。相信你肯定比我更清楚,即便徐福真的访到仙人,捧着几粒药丸回来进献,秦始皇该驾崩的时候还是得驾崩,一点不耽搁,而且就连他建立起来的强大帝国,也在不久之后全盘崩塌了。

所以关于长生不老这种传说,搁你身上,你肯定直摇头,因为不管从生物学、细胞学还是其他学科的理论和实践都能证明，生老病死乃人之常态，谁也不可能生下来就一直活着不死。

可是，就这么个简单易懂的道理，自古君王将相，却装作不知道的样子，对各种与"长生不老"相关的东西，关注得不亦乐乎。而且最为可笑的是，他们不是不知道人活着总有一死，却依然固执地希望，自己作为"君权神授"的享有者，必然能得到神的庇护。

其实始皇帝并不是特例。他死了之后，秦二世没享受几年就把江山拱手让出，这位略带神经质的皇帝唯一比他老爸强的地方就是心里清楚明白，自己成了亡国奴，结局不外乎一个死。于是他极不情愿地自杀了。

江山落到了刘邦手上。这个时候的天下一团乱麻，刘邦先生整天忙得不亦乐乎，幸好他颇懂得用人，把合适的人摆在合适的位置，他也乐得有大把时间风花雪月。不过即便他成了皇帝，人人捧着他，无数的走方人士也试图到他面前推销各种灵丹妙药（首推长生不老药），但刘邦对于死生之命还是比较清醒的。

有一个事例可以佐证。

刘邦晚年独宠戚夫人，无数次想废了太子刘盈改立戚夫人的儿子刘如意。但是大臣们已经在吕雉的多方努力运筹下，结成了庞大的"太子党"，刘邦想要违背大家的建议一意孤行，还是很有难度的。而且他也发现了问题，第一，他可能活不了多长时间了；第二，他死了之后，留下一堆斗争了小半辈子的女人冤家，而戚夫人无论情商还是智商都比不上吕雉。

若论为儿子争地位，戚夫人是输定了。

羽人·西汉

⊙陕西西安出土。西安博物院藏。羽人高15.3厘米，呈坐姿，长耳上耸，赤膊，肩生毛羽。汉朝时人认为人升仙得道，即体生毛羽，且发短耳长，耳朵要出乎头颠，所谓羽化升仙，故仙人也称羽人。因此这件西汉铜羽人像，正是汉代仙人之生动写照。

第七章　那些年，大家一起追过的潮流

作为皇帝的刘邦也只能无奈地对戚夫人说道:"我欲易之,彼四人辅之,羽翼已成,难动矣。吕后真而主矣。"说罢借着酒意高歌,成就了千古绝唱《鸿鹄歌》。

当然,不管刘邦再怎么宠爱戚夫人,中意刘如意,他也无法撼动吕雉为刘盈铺垫好的前程,这恰好从侧面反映了一个问题,刘邦知道自己是不可能长生不老的,如果他内心有这种期许或者自信的话,他完全可以熬着,熬到吕雉死了,熬到一帮大臣死了,他自己也干不动皇帝这行了,到时候再把位子让给刘如意,岂不是顺理成章?

事实上,刘邦在位也没有多少年就死了,前些年忙着南征北战,后几年忙着开辟新帝国,他真心没有多少时间来考虑有关长生不老的事情。因此在他的时代里,并没有出现什么求仙问道之类的事情。

▫ 我要活得更久!

吕后干政,一番大乱之后,代王刘恒被推到了皇帝宝座上,这个颇通韬晦

羽人天马玉饰·西汉
⊙陕西咸阳出土。咸阳博物馆藏。塑造了一个飞驰于云端的天马上承载着一个羽人。汉代认为仙人们浑身长满羽毛,因此玉雕的羽人像大多遍身羽毛,肩生羽翼,这才符合当时人们心目中的仙人形象。

的男人白捡了个皇帝当，而且当得还不错。这个时候的西汉才慢慢向着利好的方向发展。日子舒服了，人们开始有闲心琢磨点其他事情了。

你别笑，你能不能想点别的？没错，皇帝充实自己的后宫那是无可厚非的事情，然而当如花似玉的美女成群地站在面前，男人最担心的问题是什么？是怕自己无福消受！的确，在这个问题上，汉武帝最有发言权，因为他对女色的渴求远胜于他的父亲或是爷爷，而这种渴求也唤起了他强烈的"长生"愿望。于是，他也陷入了"找神仙"的"无尽游戏"当中。

当然，我这么说是有点开玩笑，也有点贬低汉武帝了，实际上他对于长生不老的追求，只是信仰的一部分，整体来说，"求仙"是自秦延续到汉的一种传统信仰，这种信仰是基于人们力图调整自己的思想和行为，来顺应天地万物的永恒运转的理念。

咱可以解释得稍微通俗点。也就是说，汉朝人一直以来都敬畏神明，敬畏自然。他们发现了自然的变化是有周期性的，比如花开花落、季节变换等，而这些变化会根据一定的周期永恒地运转下去。这是一种非常强大的力量，非人力能够改变，但是人们却可以通过一定的渠道与这些力量进行交流，避免祸端。这个渠道的代表就是神。基于此，人们对神是非常信任的。而期望神能在长生不老方面给自己指点迷津，只是对神的信仰的一部分。

司马迁在《史记·封禅书》中记载了汉武帝在位40余载对于神仙孜孜不倦的追求，以及相应的一系列祭祀天地山川的事件，充分说明了咱们汉武大帝，的确是一个非常虔诚的信仰者。

在汉武帝时期，先后出现过几个非常知名的方士，第一个也就是最著名的一个叫李少君。

在说这个李少君的故事前，咱们先普及一下什么叫作方士。

所谓方士，就是有方之士的简称，又叫"方术士"，实际上就是道士的前身。《史记·秦始皇本纪》中有言："方士欲炼以求奇药。"

方士这个职业发展到汉朝，人逐渐多了起来，形成了庞大的"方士集团"，专门作为神仙的"形象代言人"游走天下。而他们所修炼的方术据说是受到神仙的指引，主要操作有服食仙丹、祠灶炼金、行气吐纳、召神劾鬼，根

第七章 那些年，大家一起追过的潮流

据不同的方式分为不同的派别。

当李少君方士裙裾飘飘，似腾云驾雾般出现在24岁的汉武帝面前时，汉武帝眼睛都亮了，虽然他嘴上不承认，但实际上心里触动还是比较大的，因为眼前这个人看上去似乎就是为神仙"传话"而来的。

李少君像是一眼就看穿了汉武帝的内心需求，他用一种飘乎乎带着仙气似的语调告诉汉武帝，他曾经见过那个名叫安期生的仙人，在仙人修炼的山洞旁边，安仙人赠予了他一颗仙家享用的巨枣。这下可把汉武帝羡慕得不轻，睁眼闭眼都在幻想自己与安期生仙人的对话。

然后，李少君又神秘兮兮地告诉汉武帝，如果祭祀灶神，就能够招来神物，而这神物可以将丹砂变成黄金。如果皇帝用这种黄金打造的器皿吃饭喝水，就能够延年益寿，而且还能见到蓬莱仙境的神仙。只要见到神仙，剩下的事情就好办了，因为神仙是不会轻易见凡人的。到那个时候，皇帝只需要和神仙搞好关系，求神仙给自己封禅，就能够长生不死了。

从最后的结果开始回溯，那最初的准备工作，就是祭祀灶神。"于是天子始亲祠灶，遣方士入海求蓬莱安期生之属，而事化丹沙诸药齐为黄金矣。"你有幸看到了宫中搞笑的一幕，汉武帝拜完祖宗之后，又去祭拜灶神，煞有介事。可见他对李少君所说的话深信不疑。

接下来没几年，李少君病死了，那神仙给的巨枣当然也没能留住他的生命。但他对汉武帝实施的"洗脑术"的效应却一直延续。汉武帝不但没有因此怀疑神仙的神力，反而找了很多人按照李少君留下的方术继续研究，以求升华。

你也知道，在封建帝王统治的年代，皇帝喜欢干什么，那是全天下都要知道并且跟风的。听说他那么虔诚地求仙，全国各地的方士都齐聚到长安城里，想要毛遂自荐，在汉武帝那里"博上位"。

这个时期的方士们像是改行了，从修炼改成了写小说（只不过小说还在腹稿阶段）。几乎每个人都在内心编造了几个与神仙互动的故事，而且渲染了很浓厚的神秘色彩。他们绘声绘色地在汉武帝面前讲述这些故事，而我们英明神武的汉武帝呢？听得津津有味，不断问这问那，一副好学生的模样。最后，还

第七章　那些年，大家一起追过的潮流

承露高足玉杯·西汉

⊙广州南越王墓出土。西汉南越王博物馆藏。承盘高足玉杯放在南越王棺椁的头端，由高足青玉玉杯、游龙衔花瓣玉托架、铜承盘三部分组成，造型呈三龙拱杯之势。它共由金、银、玉、铜、木五种材料做成，工艺精巧、造型奇特。在南越王墓中出土有五色药石的实物，所以这件承盘高足玉杯可能是南越王生前用来承聚甘露、服用长生不老药的器具。

一丝不苟地按照方士们提供的思路进行求仙活动，不管规模有多大，有多么不可思议……你是不是觉得大跌眼镜呢？

▫ 术士的荣辱兴衰

先别这么感叹，有道是"伴君如伴虎"，事情远没有那么简单。

这一年，宫里来了一个名叫少翁的方士，称自己精通鬼神。为了显示自己的能耐，他在一个伸手不见五指的夜里，为汉武帝"招"来了其宠妃李夫人的"魂魄"。亲身体会了一把招魂术的汉武帝非常欣赏少翁，他深深地相信，既然少翁能够招来魂魄，一定也能够请来神仙。于是他封少翁为文成将军，赏赐了很多值钱的东西，每日好吃好喝地供养着。

少翁一看汉武帝这么好忽悠，便升级了自己的欲望。想要获得更多的赏赐，当然要想办法戳到汉武帝的心坎上。于是少翁告诉汉武帝，宫里面的被服不招神仙待见，所以神仙不想来这里。如果皇帝要迎接神仙，那得建造一座宫殿，把宫里的被服全部换掉，按时祭祀天、地、太一诸神，天神应该就会降临了。

汉武帝这时候正宠信少翁呢，对这些话当然深信不疑，一一照做。可是宫殿修好一年多，还是没见着神仙的影子，汉武帝不高兴了，让少翁过来给自己解释解释。

少翁心里清楚，要是没个交代，恐怕是说不过去了。于是他想出了一个主意，把帛书和着草喂给牛吃了。然后把牛带到汉武帝面前，再施展自己的"神术"，透视到了牛肚子里面有奇物。汉武帝遂令人杀了牛，果然从牛胃里翻出了一本书。

然而汉武帝还真不是那么好忽悠的，他一眼就看出了这件事情有假，但皇帝就是皇帝，他微笑着，一如既往，对少翁露出了信赖的眼神，少翁长舒了一口气，为自己的能耐自鸣得意，他当然不会料到，在寝殿里等待着他的，是刽子手。

少翁被汉武帝诛杀了，而且这件事情整个宫廷秘而不宣。你觉得这是为什么呢？说到底，还是因为汉武帝觉得没面子。你想想，这少翁说什么，汉武帝就做什么，改了被服，建了"神仙殿"，可连神仙的影子都没见到……且不说汉武帝迷信，这所托非人一项就够没面子的了。

另一个方面，汉武帝虽然杀了少翁，但是他对求仙问道这件事依然没有死心，他顶多觉得少翁学艺不精，使用诈术罢了。所以即便杀了少翁他也不声张，要是传开了，哪里还有方士敢来进献方术呢？

由对待少翁的态度和方式我们可以看出来，汉武帝绝对不是一个整天心心念念只想找神仙的傻瓜，他对世事有着相当的洞察力，可你肯定会问，为什么这些方士的伎俩看起来如此拙劣，何以每次都能在汉武帝面前行之有效呢？

也许就是因为汉武帝太怕死了吧，骨子里那种对神仙的信仰结合了想长生不老的欲望，让这位饱受争议的皇帝在各类方士面前乱了手脚。他在位的几十年中，对长生不死的追求可谓相当执着。除了宠信方士，在宫里面搞些"怪力乱神"之外，他还无数次出巡，上过山顶，到过海上，一路浩浩荡荡，耗费的钱财无以计数，对当地百姓带来的不良影响更是无法估计。

所幸，到老的时候，汉武帝似乎慢慢领悟，即使作为天子，也依然无法逃脱死亡的命运，而且由于自己的执念，导致社会危机四伏，宫中巫蛊作祟，由此酿成的家庭悲剧、社会悲剧简直可以书写一部血泪史了。他不得不收拾心情，重新来考虑江山的事。

然而，他对于长生不死的追求似乎已经融进了血液，又遗传给了子孙们。在他之后，汉昭帝刘弗陵、汉宣帝刘询对于神仙的崇拜和追求依然孜孜不倦。可以说，在武、昭、宣三朝，神仙的地位是颇高的。而民间对于神仙最直接的诉求便是希望神仙能保佑其能长生不死。不信，你去翻翻这三朝各地的户口册，诸如"寿""长生""永生"等与寿命有关的字词被广泛用于姓名当中，即便长生不死不能成真，也象征着美好的愿望。

由皇帝带动黎民百姓的"无脑"行动还有一则，那就是对蝉的喜爱。蝉的幼虫只能够在泥地里蠕动，可是经过一段时间的"修炼"，竟然能够破壳而出，飞上树顶，完全变了一个模样，宛若获得了新的生命。那个时候的达尔文还没有出生，"进化论"更是陌生的词语，人们对于这种奇妙的现象以及蝉这种神奇的生命，可谓佩服得五体投地。比如班固在《终南山赋》中就说道："彭祖宅以蝉蜕，安期飧以延年，唯至德之为美。"

蓝料蝉·汉

⊙美国弗利尔-塞克勒美术馆藏。为蓝色料器（即玻璃制品），有黄褐色沁斑。刻工简洁大方，属于典型的汉八刀风格。两汉出土蝉多为玉质，而料制蝉则十分罕见。

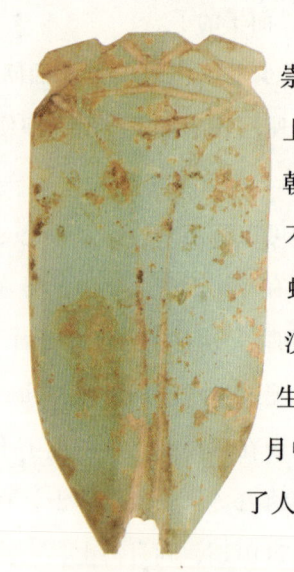

既然对蝉这种生物充满喜欢和崇拜之情，自然也会将希望寄托其上，因此"蝉"这个形象也成了汉朝的"流行风"。写蝉的诗词层出不穷，以及绣有蝉的花纹、雕刻成蝉状的玉石等也都随处可见。自汉代始，皆以蝉的羽化比喻人能重生，所以在整个汉朝以及以后的岁月中，"蝉"的形象无可替代地活在了人们长生的梦里。

功能饮料有"露屑"

汉武帝刘彻晚年国富兵强、妻妾成群、儿女众多，由于当皇帝的日子太好过了，刘彻越来越舍不得死。为求长生不老，他轻信方士的胡言，在长安建章宫造神明台，作仙人承露盘，以酿制仙药。

建章宫内的承露盘高达三十丈（约70米），这是一个高大的铜人，双手高举过头托一铜盘，以接由北斗星降下的仙露。用此仙露调美玉碎屑一起喝，可延年益寿。

铸成这么高大的建筑物，当时的工匠想必是下了一番功夫。抛开承露盘本身的用途不谈，如果它能保留到现在，也可以与"自由女神像"相媲美了。自由女神像高47米，底座46米，共高93米。汉代的仙人承露盘，绝对有资格成为中国的又一标志性建筑物！

虽然时至今日，大家都知道"甘露"不过是水蒸气而已。但古人认为，这种漂亮的小水珠是从天而降的，而且比雨水珍贵得多。汉武帝命人将承接下来的露水交给方士。方士再将露水和美玉的碎屑调和而成后，让汉武帝服下，并且告诉汉武帝这样就能长生不老了。可是公元前87年，不到70岁的汉武帝还是死了。

第八章 婚姻围城里的那些奇趣事儿

汉朝里可净是奇女子，比起我们现代女性那是魅力丝毫不减，她们开放、自由、独立，在面对婚姻问题上更是遵循着「开心就好」的原则，她们可以协议离婚，寡妇可以再嫁，情侣可以私奔。可以说在汉朝，这婚姻里的奇趣事儿可比现在好看多了。

[历史旅行指南·活在大汉]

刘邦后宫里出了个女汉子

⊙宫斗

有人的地方,就有江湖;有江湖的地方,就有斗争。而在皇帝的后宫,那占地广阔的深宅大院中,成堆的女人就围绕着一个男人转,且不说女人天生善妒,就光是这竞争之激烈,失败代价之惨痛,也逼得人不得不从柔弱变骄横,从单纯变深沉。瞅你,走神得厉害?看来咱们还是得一起去瞧瞧,亲自感受一下那云谲波诡、尔虞我诈的宫斗氛围吧。

▫ 女汉子的复仇记

开头先给你来点重口味的,不过因为口味太重了,以至于流传千古,到现在说起来,都还能隐约感受到那恐怖的气息,你可得先坐稳喽!

你一定还记得这西汉开国皇帝刘邦一统江山之后没几年就驾鹤西去的事情吧。他死了之后,其强势厉害的老婆吕雉就掌管了江山。本来,管着这国家大事就已经很烦心了,但吕雉显然精力充沛得很,还能挪腾出时间来,一一收拾那些情敌。

当了半辈子怨妇,这事儿也不能全然怪吕雉,男人要是不花心,女人哪里来那么多醋坛子可以打翻。关键还是刘邦活着的时候太多情,左拥右抱尚不能满足，一夜风流的事情更是不计其数。作为原配夫人的吕雉与他相处的时间反而是最少的，待到刘邦功成名就，她已是人老珠黄，只能看着刘邦流连在美人堆里，而她自己则饱受嫉妒仇恨的煎熬。这种情绪在身体内持续酝酿，最终扭曲成一股异常强大的报复力量，而这股力量首先便在刘邦最宠爱的戚夫人身上体现了出来。

为什么是戚夫人首当其冲呢？当然是因为刘邦生前非常宠爱她，时时与她相伴左右，几乎忘记了发妻的存在。不过最重要的还不只因为戚夫人独获刘邦的恩宠，而是因为戚夫人育有一子刘如意，她一直在背后怂恿刘邦，废了太子刘盈，转而立刘如意为太子。

"抢了我的老公，还要来剥夺我儿子的太子之位？是可忍孰不可忍！你早些年太得意了，现在就来尝尝自己酿的苦果吧！"于是，吕雉以雷霆之势迅速囚禁了戚夫人，又毒杀了刘如意，然后开始慢慢地折磨戚夫人……

你戚夫人不是脸蛋漂亮吗？那我就挖掉你的双眼，用火一点一点把你耳朵烧聋，看你还怎么漂亮？你戚夫人不是身姿曼妙吗？那我就砍掉你的双手双脚，看你再怎么摇曳生姿？你戚夫人不是嗓音清澈动听吗？喝下这碗哑药吧，你将一辈子无法再发出声音……

就这样，曾经美丽动人的戚夫人，经过吕雉一顿变态至极的折腾后，变成了一团血淋淋的"肉球"，且有了个名字叫作"人彘"。这种酷刑，那是吕雉专门研发出来对付戚夫人的。

"彘"，是猪的意思，"人彘"，便是将人变成猪的一种酷刑。具体的执行方法没有什么严格的规定，胳膊和腿肯定是保不住的，至于到底是挖眼睛，还是割鼻子或耳朵，也全凭下令者的兴致，最重要的是，要让这个人彘不能再发出声音，然后像猪一样扔到又脏又臭的地方去，这最好的地方当然就是厕所了。

据说吕雉将已经不成人形的戚夫人扔到厕所之后，还专门命人带着惠帝刘盈去"参观"，当刘盈得知这团血肉模糊的肉球就是曾经的戚夫人时，差点没吓疯，他失声说道："人彘之事，非人所为，戚夫人随侍先帝有年，如何使她如此惨苦？臣为太后子，终不能治天下。"随后，惠帝大病了一场，对朝政更是漠不关心了。

第八章 婚姻围城里的那些奇趣事儿

257

版画《宫人勒死戚姬》《吕后囚戚妃於永巷》·明

⊙《宫人勒死戚姬》（上图），出自明刻本《两汉开国中兴志传》。汉高祖刘邦死后，吕后执掌生杀大权，残害刘邦宠妃戚姬。《吕后囚戚妃於永巷》（下图），出自明刻本《新刻按鉴编集二十四帝通俗演义全汉志传》。史载：汉高祖刘邦死后，吕后执掌生杀大权，将刘邦宠妃戚姬囚禁于永巷（宫中监狱）做苦役。

原本吕雉让惠帝去看看戚夫人的下场，是想鼓励一下儿子，治理天下需有杀伐决断的决心和狠心，没想到反而弄巧成拙，让惠帝彻底断了当个好皇帝的念头。好吧，没办法，儿子不理天下，只得老娘来兜着，好在吕雉也挺喜欢这个工作，干得不亦乐乎。

▫ 阴差阳错的皇帝

自古宫斗，无非就是为着两件事情，其一是皇帝的恩宠，其二是下一代的地位。其实说到底也是一件事情，女人们斗来斗去，拼妖媚、拼智慧、拼勇气、拼儿子、拼老子，最终也是为了自己能在宫中好好活着。由此可见，这后宫之中果然水深，就算只想好好活着，也得先不懈地战斗。

也正因为此，在封建王朝，宫斗始终是不变的主题。吕雉的斗争，最后让戚夫人死得很难看，而后面的岁月中，有五个女人的拉锯斗争，巧合地成就了一位圣君。嘿，你猜猜，是谁？

没错，这位圣君呢，就是花很多时间也说不完道不尽的汉武大帝。不过咱这会儿可不是来论述他的功勋的，而是八卦一下，这位爷是怎样机缘巧合坐上皇帝的宝座的。

在西汉，储君的确立一般遵循两条依据：第一，立嫡子；第二，立长子。也就是说，如果正宫皇后有儿子，那太子就应该让皇后的儿子来当。如果皇后没有儿子，那就立皇帝的第一个儿子来当太子。

而汉武帝刘彻呢，那时候是他老爸汉景帝的第十个儿子，被称为"皇十子"，他的母亲王娡呢，只是一个夫人。他既非嫡子，又非长子，放到谁那儿，都不相信他有一天会成为太子。

哎，不过世事难料，难料到你大跌眼镜都不够。因为几个女人各占一角的权力争斗，生生把这位"皇十子"刘彻绕到了旋涡中心。这几个女人分别是谁呢？听我给你一一说道说道。

第一位，便是汉景帝的正室——薄皇后。说起汉景帝与薄皇后的婚姻呢，完全属于政治婚姻，因为薄皇后是汉景帝的奶奶薄姬的亲戚，为了巩固自己薄家的地位，老太太就硬把这个侄孙女塞给了自己的孙子当老婆，指望能生个儿子出来继续当皇帝，一统大汉天下。

可是呢，汉景帝却对这个薄皇后一点儿都不来电，虽然给了她皇后的名分，但那根本就是个摆设。

汉景帝也不去找她，所以这个正宫皇后一直没能怀上孩子，那些什么夫人美人之类的，倒是没闲着，一个个儿地生得个不亦乐乎，这叫皇后怎能不伤心？但她也只能伤心伤心了。一个无宠又无后的女人，哪怕位居后位，又能怎样呢？

皇后没有孩子，那太子之位自然就落到了长子刘荣的头上。如果事情就这么平稳地发展下去的话，过不了多少年，汉景帝一驾崩，刘荣自然继位，那么我国历史上也不会出现所谓的"汉武大帝"这个人了。当然，世事没什么如果。

汉武帝铜像

刘荣最幸运的事情，是他出生的时候早，是汉景帝的第一个儿子。但最不幸的是，他有一个智商和情商都有所欠缺的母亲，这位母亲身在后宫之中，却连宫斗的初级水平都达不到，生生断送了自己和儿子的前程，说出来都是泪啊。

刘荣的母亲叫栗姬，一开始还是颇得汉景帝宠爱。不过这个女人吧，有点小气，爱吃醋，爱闹小性子。可汉景帝呢偏偏又喜欢美女，总是时不时地给自己添加新宠，这栗姬就时常不高兴，时不时地和皇帝老公闹一闹。

原本这也只是夫妻间的问题，算不得什么大事儿。可中间有一个人却起了大作用，搅浑了一锅粥，这个人就是汉景帝的姐姐刘嫖，也就是我们常称呼的馆陶公主。

馆陶公主嫁人之后，生了个女儿叫阿娇。这位公主可不是省油的灯，她在夫家待不住，整天带着女儿回到宫里来，一副"唯恐天下不乱"的样子，在宫里横行霸道。最重要的是，汉景帝那些美女，都是她给引荐的，而且一介绍一个准，汉景帝觉得离不开她，宫里人自然都有些忌惮她。

刘嫖已经是公主了，虽然当不了权掌不了事，但一辈子锦衣玉食那是没问题的。可她觉得远远不够，她意欲为女儿搜罗一张更靠谱的"长期饭票"，最好能嫁给太子，以后坐上皇后宝座，那才更有保障。

这么想着，她就开始张罗了。孩子的事儿肯定是父母做主，于是她就先去找太子的母亲栗姬来谈这门婚事。

没想到，栗姬非常果断地拒绝了。拒绝的理由很简单，栗姬不喜欢馆陶公主，因为馆陶公主总给她老公介绍"女朋友"，这是赤裸裸的挑衅。栗姬倨傲的态度瞬间惹恼了馆陶公主，一个如此不识时务的女人，将来要是做了皇太后，还怎么了得？于是，一个巨大的阴谋开始在馆陶公主心里酝酿开了——她要搞垮栗姬！

其实到了这个时候，汉景帝后宫的斗争才正式拉开序幕，而他却丝毫没有察觉。他依然享受着姐姐时不时介绍来的美女，不亦乐乎。但有些敏感的人，却已经察觉到了变化。

这个人，就是汉武帝刘彻的母亲——王娡，她在宫中的封号是夫人，属于地位中上的妃嫔。关于她的"发家史"，我们在这里就不详细说了，只说一点，这是一个非常聪明，而且懂得玩弄权术的女人，她听说栗姬拒绝了馆陶公主结亲的要求，闲来无事儿，便带着儿子胶东王刘彻在馆陶公主面前晃悠。

这期间呢，就有了著名的"金屋藏娇"的故事。在班固所写的《汉武故事》中，是这样记述的："后长主还宫，胶东王数岁，公主抱置膝上，问曰：'儿欲得妇否？'长主指左右长御百余人，皆云'不用'。指其女曰：'阿娇好否？'笑对曰：'好，若得阿娇做妇，当作金屋贮之。'长主大悦，乃苦要上，遂成婚焉。"

描述得简单直接，一眼就能看明白，年少的刘彻哄得姑母很高兴，于是馆陶公主跑到皇帝面前好说歹说，给两个娃娃说成了这桩亲事。

王夫人和馆陶公主这就变成了儿女亲家，虽然她们起初各怀心思，但有一点是相同的，她们都要为自己的孩子博前程。而现在，这两个孩子的前程已经拴在一起了，不成功，便成仁！

可以说以上提到的薄皇后、栗姬、王夫人和馆陶公主这四个女人，都是汉武帝登上皇位的催化剂，当然她们的心思和力气并不是往一个方向使的，也正因为如此，才能够运多方之力相互拉扯，将原本看似稳固的局面搞到分崩离析。

你不信？跳出那个局面以"旁观者"的角度看看，是不是这么回事儿？

假设薄皇后有子，那这个儿子顺理成章地就该成为太子。即便日后有人想要打主意推翻太子，那也可能会因为成功的可能性太过渺小而放弃。而刘荣、刘彻等皇子，也就安安心心地守着封地当个王，彼此相安无事便是。

即便薄皇后无子是真，而栗姬的儿子也顺利成为太子，只要栗姬明事理，知进退，看得清格局，她儿子的位子应该能够坐得稳。可惜，她没有好好学习过"宫斗章程"，更不屑去研究所谓的人心人性，不但把自己推上了"边缘化"的地位，更是将自己的宝贝儿子置于风口浪尖。

至于王夫人，我们就不过多评价了，察言观色、见缝插针，并且喜怒不形于色，这本来就是宫斗至关重要的素质，这位美人姐姐不但遗传好、天赋高，而且很懂得触类旁通。在她身上，似乎没有什么假设，也许她从进宫的第一天，就是奔着最终目标去的。尽管那个时候理想很丰满，现实很骨感，但她依然熬败了那些沉不住气的女人。

第八章　婚姻围城里的那些奇趣事儿

《陈皇后像》·清·王翙
⊙此图出自清代颜希源编撰、王翙绘图的《百美新咏图传》。陈皇后即汉武帝皇后陈阿娇，有典故"金屋藏娇"。

让我们再将视线回到馆陶公主身上。实际上，这一位也无所谓假设，她的目标也很明确，就是想让自己的女儿成为未来的皇后。凭借着她在宫中的地位，还有她运筹帷幄的能力，实际上连她自己也没料到，傻乎乎的栗姬竟然想都没想就拒绝了她搭亲家的要求。你知道，这女人的心真是比针尖还要小，先是馆陶公主变相得罪了栗姬，然后栗姬又直接得罪了馆陶公主，这事情还了得？不斗个你死我活，真是枉费宫里大把的闲暇时光了……

讲到最后，汉武帝之所以成为汉武帝，还有一个女人的力量至关重要，那就是他的皇祖母，窦太后。

这位老太太非常有意思，她有两个最大的特点：第一个是走运；第二个是爱多管闲事。也许就是因为她年轻的时候太走运了，没有经过多少宫廷斗争就坐稳了位子，所以到了晚年，精力特别旺盛，非常喜欢管儿孙的闲事。

窦太后非常钟爱自己的小儿子梁王，虽然母爱无可厚非，但她爱得也实在有些过分，心心念念，希望自己的大儿子，也就是汉景帝，能够立梁王为储君。在这件事情上，老太太非常固执，想了很多的办法，完全不理会承欢膝下的几个可爱的孙子的感受，一而再、再而三地要求汉景帝表态，死后让梁王继位。

汉景帝也不是傻子呀，虽然他和梁王是兄弟情深，也不太敢忤逆母亲，但他也有好几个亲生儿子，这皇位总共就一个，自己儿子都还分不过来，哪有分给兄弟的道理。

因此，汉景帝一边哄住老母亲，一边要求廷议，力图用众臣之口来封住窦太后的嘴巴。就这样窦太后为梁王争取皇位的最后一次努力以失败告终，汉景帝不显山不露水地达成了目的，然后立了皇十子为太子。

每个人都是一颗棋子

一出储君之争的宫斗大剧就此落下了帷幕。五个女人，各自站在不同的位置，摆了一盘棋局，拉扯争斗，最后把刘彻这么一个7岁的孩子挤到了最高位。这是一盘非常有意思的棋局，不妨一起来看看。

第一，薄皇后的位子。她站在皇帝身边，把着皇后的大位，虽然没有子嗣，但她一日不被废，这个位子就一日不腾出来，即便刘荣被立为太子了，其母亲栗姬也没办法当上皇后。虽然薄皇后什么也没做，但她为其他人拖延了时间，确切地说，她为王夫人争取到了两年的时间。

第二，王夫人。虽然太子位已定，但她敏锐地看到了很多可能性，在儿子刘彻被封为胶东王后的两年，她一直在后宫中运作，拉拢馆陶公主，拉拢朝臣，离间栗姬，并且想办法栽赃嫁祸，让皇帝对栗姬起疑。当然做这一切的时候，相信王夫人也在心中默默感激过薄皇后，正因为这个悲剧皇后暂时还在后位，她才能够将这一切进行得如此顺利。

第三，馆陶公主。这位公主上蹿下跳，觉得自己是最精明的女人，但被王夫人狠狠利用了都不知道。不过幸好这种利用是双赢的，她当然也乐得用"姐弟情深"去皇帝面前诋毁栗姬。实际上，她充当了王夫人的"代言人"。

第四，就是栗姬。前面说过，这个女人智商和情商似乎都有些欠缺，当初博得皇帝欢心的仅仅是美貌。不过在后宫之中，美貌是最靠不住的东西之一，她连生了个长子都不知道为自己铺后路，得罪了其他女人不说，还在汉景帝对她托孤，属意要立她为皇后的时刻后知后觉，完全猜不到圣意，最终为自己和儿子挖了一个大大的坑。不过，她的存在，却也转移了窦太后的注意力，因为窦太后太想立梁王为太子，因此眼睛时刻盯着栗姬和刘荣。

第五，窦太后。老太太那时年事已高，又固执又狭隘，整天就惦记着自己的小儿子，根本不理后宫早已斗得烽烟四起，不过她最大的贡献就是给了汉景帝压力。与其让老母亲时时为小儿子惦念着这个储君之位，不如早点将其确定，因此汉景帝第一次立了刘荣，第二次立了刘彻，反正，与弟弟梁王没多大关系就是了。

怎么样，你不得不承认，这宫斗的确凶险无比吧？一步行差踏错，可能都会命运大变甚至性命不保。

▫ 宫斗法则

在刘彻坐上太子之位后，最大的赢家可谓其母亲王娡。可以说，这位王夫人不但熟练地掌握了"宫斗宝典"，而且早已心领神会，融会贯通，她的每一步看起来都走得漫不经心但其实都饱含智慧和手段，比起吕雉运用权力把人搞得那么惨兮兮来看，王夫人的手段可谓软刀子，杀人于无形，真能称得上是宫斗达人了。我看我们有必要来系统地了解一下。

宫斗第一招，狠得了心，放得下情！

王娡入宫前，可是个已婚女人，而且和前夫还生有一个女儿，并不是因为夫妻之间有什么矛盾，仅因为王娡的母亲一顿怂恿，以及对荣华富贵的描述，王娡就毅然决然地抛夫弃女来到了宫里，心不可谓不狠，赌注也不可谓不大，这说明要成大事，必须有一点杀伐决断的魄力。

宫斗第二招，懂得拉拢自己人，捕获圣心。

王娡既然已经入宫，而且看起来"升职"的机会也不小，证明这王家的姑娘还是比较迷人的，于是她便把自己的妹妹也介绍来宫里"上班"，为的就是姐妹两个一起努力，拴住皇帝。这种"任人唯亲"的事情在情场比比皆是。圣心难测，不多找几个人来测，怎么能猜得透呢？

事实证明，她还是比较有头脑有自信的，这点从子嗣数量上就能够充分说明问题，姐妹俩共给汉景帝生了8个孩子，足见恩宠。

宫斗第三招，要懂得包装宣传自己。

王娡在怀着汉武帝刘彻的时候，有一天，她告诉汉景帝，自己曾"梦日入怀"，意思就是梦见太阳落到了自己的肚子里。梦是她自己做的，到底是什么情景只有她自己知道，但王娡有心呀，她既敢想这么个梦，也敢说给老公听。

当时汉景帝并没有表示什么，只是哈哈笑笑，觉得王娡有福气罢了。待到孩子出生，发现是个男孩，便无意识地与那个梦对上号了。你知道，咱中国自古就信这些所谓"天命""天定"之类的说法，对于梦也有着各式各样的传说，尤其是对于与皇帝有关的梦或天象，更是被描绘得神乎其神，人人都信这个。

果然，几年之后，汉景帝欲废掉太子刘荣的当口，他就想起这个"梦日入怀"的王夫人和她的儿子刘彻了。

《汉景帝像》·明·无款

可见，王娡的包装宣传效应还是比较持久的。宫里那么多女人，谁都不懂得包装自己和孩子，只有她这么神乎其神地埋下了个噱头，并最终达到了最大的"广告效应"。

宫斗第四招，要懂得察言观色、审时度势，并警觉身边的风吹草动。

王娡是如何为儿子捕捉到机会的？除了她能够比其他人更清楚地看到后宫局势之外，还在于她懂得捕捉一些微妙的东西。栗姬骄横，心直口快，这她是知道的；栗姬为此得罪了很多人，她更是比谁都清楚。但知道放在心里就行了，难不成还去提醒栗姬？好吧，你栗姬既然要做出头鸟,在后宫树敌,那我就做老好人,谁都不得罪。她的为人首先给自己铺平了部分道路。

当栗姬和馆陶公主不对付的时候,她立马捕捉到机会了,有事儿没事儿地亲近馆陶公主母女。其实在大部分后宫妃嫔眼里,馆陶公主和她的女儿都是难伺候的主儿,甚至恨得牙痒痒。虽然阿娇还小,看不出什么性格来,但有其母必有其女,应该都不是省油的灯,谁会愿意和这样的人做亲家呢?

但王娡就很想得通。儿子与阿娇结婚怎么了?男人嘛,总是会有个三妻四妾的,要是儿子当上了皇帝,那全天下的女人都是他的,到时候还愁没有心仪的?这个阿娇嘛,娶回去放着,给个名分就行,难道在天下面前,还要计较点儿女私情吗?

彩漆云鸟纹圆盒·西汉
⊙湖北云梦睡虎地汉墓出土。湖北省博物馆藏。木胎,器身与盖相扣合,盒里涂红漆,外涂黑漆。在黑漆地上用红、褐漆绘卷云纹、云鸟纹、夔龙纹、波折纹、点纹等花纹图案。

色衰而爱弛，爱弛而恩绝

——皇帝艳遇的代价

有一个大家耳熟能详的故事是这么说的，汉武帝最为宠爱的李夫人因为体质不好，生下孩子之后就病倒了，形容枯槁，皮肤松弛了，头发也掉了不少。汉武帝那个着急啊，每每得空便跑过来看望心爱的女人。可这位李夫人偏就固执，直到死，也没让汉武帝看见她的病容。不过死之前，她留下了足以警示所有女性的千古名言："夫以色事人者，色衰而爱弛，爱弛则恩绝。"

◻ 北方佳人入宫

说到这里，你可能会觉得不解了，要说这汉武帝与李夫人，那也算是恩恩爱爱，伉俪情深，何至于一面都不让见呢？这事儿要搁你身上，到了病入膏肓的时候，怎么着也得和最爱的老公相拥而泣，交代一番后事再走吧。

然而，李夫人偏不，在她重病卧床的那段时间里，每每汉武帝来探望，她就用被子把自己包裹得严严实实，连一根头发都不让汉武帝看见。汉武帝乃一国之君啊，而且平时作风硬朗霸道，而今竟然被一个女人拒绝了，而且他还拿这个女人没有办法，这真够让汉武帝窝心的，几次生气得"拂袖而去"。

你觉得李夫人矫情过度了？不尽然。实际上啊，这位李夫人不但深谋远虑，而且非常了解汉武帝。

这事儿咱还得从头说起。

在西汉的历史上，汉武帝是一位了不起的皇帝，不但在位时间最长，而且对国家做出的贡献也最为突出。

当他执政到中年的时候，国力日渐强盛，他也有了一些闲心来提升精神素养。那时候，宫里有一位知名的音乐人叫李延年，音律词曲、编排舞蹈，简直是无所不通。有一次，他带着自己写的新歌来唱给汉武帝听。

那个词，写得可真叫一个精彩："北方有佳人，绝世而独立；一顾倾人城，再顾倾人国；宁不知倾城与倾国，佳人难再得。"汉武帝一听，简直就是眉飞色舞呀，世间真有如此美丽的女子？那还不赶快纳入宫中！

《李夫人像》·清·王翙
⊙此图出自清代颜希源编撰、王翙绘图的《百美新咏图传》。李夫人，汉武帝妃，宫廷乐工李延年的妹妹。

于是，李延年就势将自己的妹妹，也就是前面所讲的这位李夫人推荐给了汉武帝。汉武帝一见到李氏，那颗不再年轻的心竟然怦怦直跳，眼睛一刻也不愿从面前这个女子身上挪走，那一刻，什么皇后，什么儿子，什么江山，统统都是浮云，只有把眼前人揽入怀中才是最重要的。

龙颜大悦之际，汉武帝立刻封李氏为夫人。当然在这里得先跟你普及一下这所谓的"夫人"名号。这个"夫人"是有品级的，西汉建立之初，后宫佳丽沿袭秦朝的称号，后慢慢规范为八个等级，由高到低依次是皇后、夫人、美人、良人、八子、七子、长使和少使。当然，这些等级也代表着不同的爵位，是领朝廷俸禄的。不过这些呢，都是表面上规定的东西，你要是颇得皇帝的欢心，

那大笔的"灰色收入"肯定也会源源不断地流入你的腰包，这还不止，你的父亲、哥哥、弟弟等家人，都会因为你的得宠而"鸡犬升天"。

话题再回到咱们李夫人这里，根据汉朝后宫的品级来看，夫人仅仅排在皇后之下，也算是万万人之上的"大腕儿"了，可见汉武帝对她是有多么地一见钟情。当然，李夫人能够迅速捕获汉武帝的心，除了她的美丽之外，也是有其他原因的。

在此之前，李氏因为家境贫寒，曾沦落风尘。至于她到底是卖艺不卖身，还是身心皆卖，我们都无法定论。但可以肯定的是，这段青楼岁月不但让李氏练就了吸引男人的好手段，而且还颇懂得察言观色，什么时候该抛个媚眼，什么时候该轻蹙眉头，这些都有章有法，更不要说那些走路摇曳生姿、顾盼生辉等小伎俩了，汉武帝这回，可真算是"栽在女人手里了"。

▫ 佳人之亲戚，加官晋爵

李氏一入宫，便得封夫人，第二年，又顺顺当当地诞下一个小皇子，这真是让汉武帝喜出望外，赶紧封了这襁褓中的孩儿为昌邑王。可能正应了"红颜薄命"这句话，李夫人生下孩子后不久，就得了重病，不久便撒手人寰。

这过程中还有一个细节非常值得注意，李夫人在病中拒绝让汉武帝见到自己的病容，可她的家人却没那么大胆量，生怕得罪了皇帝，纷纷跑到李夫人床前来劝说她，李夫人生气地痛斥了这些目光短浅的家人，她说道："你们看我现在这个病病歪歪的样子，还有什么美貌可言吗？要是让皇帝看见了我这个模样，那之前苦心经营的美好形象不就全毁了吗？他要是懒得再多看我一眼，你们觉得，他还会照拂你们吗？到时候，什么地位，什么荣华富贵，都是浮云啦！"

人家李夫人，真可谓参透了男人，她近乎执拗地用被子蒙着脸，始终不愿面见汉武帝的行为，在她死后，果然为家人换来了无限荣宠。放不下她的汉武帝只能把哀思寄托在她的家人身上，上下嘴皮一碰撞，李夫人的大哥李延年就成了协律都尉，二哥李广利则被封了将军。这样还不够，汉武帝操心起了他们的后代。"我在位的时候可以罩着他们，如果我死之后，我的儿子会不会撤了他们的官？他们要是流落街头，让我怎么去见心爱的李夫人啊？"于是，汉武帝一咬牙，给二位亲家哥哥各自一个永远不过时的赏赐——爵位。这样，李家祖祖辈辈就能依赖着皇粮过日子了。

到这里你可能要问了，这协律都尉是个什么官儿？

咱不妨先说说都尉，这是战国时期就有的武官名，将军以下依次有国尉、都尉。而协律都尉呢，说白了，就是掌管乐府的人。汉武帝喜音律，重管弦，并专门立乐府，把音乐舞蹈这样的娱乐项目搞成了正规的国家机构，当然也要封官来掌管。原本李延年只是一个普通的作曲者，现在提成了协律都尉，领两千石俸禄，真是厚待。李延年在音乐方面也确实有造诣，是否具备管理才能姑且不说，这好歹专业对口。可对于李广利的封赏，就有些让人大跌眼镜了。李广利这人，一没有读过什么兵书，二没有扛枪上过战场，一来就给个将军当，真是十足的"空降兵"。汉武帝虽然是天下之主，但也不能逾越规矩地做事情，比如要给将军加封爵位，就必须有军功，他再怎么专制，也不好给李广利假造一个军功出来，怎么办呢？

只能让李广利上战场，不管是冲锋陷阵也好，缩在后面吆喝也罢，只要这层金镀上了，回来就一切都好办。

▫ 小试牛刀却吃大败仗

那个时候，西汉和匈奴打打停停已经成了家常便饭。这里先给你说说匈奴的事儿。作为游牧民族，匈奴人非常骁勇善战，当然，未开化的野蛮气息也是有的。秦始皇时期，也就是前215年，匈奴被逐出了黄河河套地区，此后一直在蒙古大漠和草原上生活。

匈奴和中原的拉锯战在秦统一中国之前就开始了，游牧的生活习性使得匈奴的小商品生产十分匮乏，按照正常的货币流通规则，他们可以带着牲口和各种皮草来到边境贸易区与汉人交换所需的其他东西。有常规当然就有例外，充满血性和征服欲的匈奴人根本不喜欢循规蹈矩地逛集市、讨价还价，他们更热衷于"抢"，一支马队浩浩荡荡冲入某个山村，一顿烧杀抢掠，然后走人。等过上两年，被抢的村镇缓过劲来了，他们便又卷土重来，不劳而获。

第八章 婚姻围城里的那些奇趣事儿

汉武帝李夫人墓

基于此,中央政府自然不乐意,百姓的损失巨大,整日惶恐度日,而且政府也很没面子呀,所谓的"铁桶江山"在北边就有如此大一个口子,不解决怎么行?但问题是这匈奴人彪悍凶猛,也不是那么好对付的,文雅的和亲政策似乎作用不太大,粗暴的战争又没有必胜的把握。就这样打打停停,匈奴始终独立于中原之外,不臣服,也无法扩大疆域。直到汉武帝时期,状况也没有多大改变。

不过汉武帝倒是不担心这打仗打到习以为常的匈奴,他更关心的是汉朝和西域的关系,因为西域不但地域辽阔,而且是中原北上收复匈奴的关键因素,西域的态度很大程度上决定着中国能否实现真正的统一。这个时候,张骞已经出使西域很多年了,基于他强大的外交才能,西域多国都很安分地臣服于汉朝,唯有一个国家例外,这个国家叫大宛。

说到大宛,你可能觉得陌生,但要是说起它的特产,相信你一定耳熟能详,那就是有名的汗血宝马。汗血宝马出名,汉武帝爱马,于是就发生了这么个事情,汉武帝命人带着一匹纯金制成的金马远渡沙漠去到大宛,目的就是想交换几匹汗血宝马回来。

这本来也是件好事儿,可大宛的国王毋寡是一个典型的投机主义者,

271

他觉得大宛与西汉距离遥远，有上千千米，而且中间还隔着难以穿越的大沙漠，既然这样，他偏安一隅当国王就好了，凭什么要向西汉王朝称臣呢？于是他做了一件挺不讲义气的事情，一面一口回绝了西汉金马换真马的要求，一面派人在半路截杀了汉武帝派去的使团。

这是怎样的一种行为！汉武帝这种血性男儿，一国之君，怎么受得了如此羞辱！他一拍龙椅，站起来，就封了李广利为将军，率领着6000多骑兵以及数万步兵西征大宛，这一年，是前104年。

这个拍脑袋决定让很多人心生质疑，难道汉武帝被这死去的李夫人迷了心窍，一心想要照拂李家人？否则怎么会做出如此显而易见的错误决定呢？西征大宛，可不是一件简单的事情，一来，路途非常遥远，往返再加上战斗时间，少说也要两年，这是典型的劳民伤财；二来，这事儿完全就是以劳待逸，实乃兵家大忌。将士们不远万里奔波过去，人困马乏，可人家大宛的军队就在原地休养生息等着迎接战斗，这气势上就输了一大截嘛。

而实际上，李广利这次出征，比

> **游大汉指南**
>
> 李夫人是目前动用汉语资源来赞颂最多的美女，先后有"倾国倾城""绝世佳人""姗姗来迟"等成语，以及西汉刘彻的《落叶哀蝉曲》《李夫人歌》《李夫人赋》，李延年的《佳人歌》，唐白居易的《李夫人》等诗、词、歌、赋、典故均因其而来。她也是汉武帝陵寝"茂陵"中的女性陪葬者之一。

想象中还要困难。西域各国虽然已经向西汉称臣，但还没坚决到要支持西汉对付"自己人"的地步。李广利的大军每到一个地方，几乎都吃了闭门羹，没有得到半分补给。出于无奈，李广利只好命令将士们一个国家接一个国家地打过去，结果等到达大宛的时候，雄赳赳气昂昂的几万大军已变成了几千人的"丐帮"，衣衫褴褛，困顿不堪。

这种时候，已经非常不适合打仗了，但李广利封侯心切，哪里顾得上这么多，下令马上进攻，指望将大宛军队打个落花流水。结果可想而知，反倒是他自己被打得落花流水，仓皇而逃。

汉武帝本来指望着亲家二哥给自

己去争点面子，谁想到却大大丢了面子，他生气得很，命令回逃的李广利原地待命，不得进玉门关。

荒唐将军乌龙战

这一待命，就是几年。汉武帝风流了一辈子，临了还是没能忘记李夫人。于是，他也默默地原谅了李广利，为其创造了又一次立军功的机会——再度远征大宛。这一次，汉武帝花了大手笔，拨给李广利6万精兵，而且还有18万大军作为后备军随时听候差遣，那些路上用的牛啊、马啊，更是不计其数。于是，消沉了几年的李广利又抬头挺胸地骑着高头大马向大宛进发了。

这一次，基于兵力、物力、财力和后备、后勤力量都准备得十分充足，李广利一口气打到了大宛。即便如此，这位皇亲国戚还是在路途中就损耗了一半兵力，而且最后花了40天，才把小小的大宛城攻了下来。

这一仗，让汉武帝有了那句千古名言："犯汉者，虽远必诛！"事实证明，他这近乎理想主义的野心家实际上还是很现实的，说了，就一定要做到。

而李广利也终于如愿以偿，被封为海西侯，赢得了铁饭碗。

不过只要你稍稍粗算一下就会发现，前后两次远征大宛，李广利损失的兵力近10万，更不要说那些花钱的武器、牲口了。而这位将自己的荣华富贵建立在10万将士鲜血上的海西侯也非善类，他恃宠而骄，私吞军饷不说，还动辄打骂士兵或直接制裁，不把任何人放在眼里。

各位，故事讲到这里，都有些累了，然而李广利的破坏力却远远不止如此，要不把它都说完了，实在意难平。

几年后，匈奴突然大举来犯。汉武帝似乎完全忘记了李广利的无能，又派他带兵还击匈奴。这任命一出，悲剧就开始了。

李广利虽然不是什么将才，但好歹也曾踏着10万人的血肉经历了一下沙场，这次即便不是驾轻就熟，也可以说有点经验了。当他来到匈奴的正面战场，杀得正欢呢，却接到消息：后院出事儿了！

什么事儿呢？就是西汉著名的巫蛊事件，这件事儿在这里就不细说了，关键是这件事牵扯到了李广利的妻儿，皇帝盛怒之下把其妻儿抓了起来。

李广利那个着急呀，现在即使跪求皇帝也无济于事，况且自己还远在边疆，唯一的办法便是用这场胜战来换得皇帝的欢心，才能使皇帝饶了自己的家人。

想来李广利这个打算也没有错，错就错在他实在是个饭桶……激进的他根本没动脑子，在郅居水附近，白白将7万大军送给匈奴当了见面礼。这前前后后算起来，李广利究竟是葬送了多少士兵相信你已经心中有数。李广利一人的"幸福"，造成千千万万家庭的痛苦！

纵观汉武帝的一生，"睿智"这个词还是配得上的，无论杀伐决断的魄力，还是不达目的誓不罢休的勇气，都值得人敬佩。但在对待李夫人及其家人这件事情上来说，却有些近乎"昏庸"了。一场与李夫人的"艳遇"，在此后多年竟然产生着如此巨大的蝴蝶效应，白白葬送了十几万将士的性命，真可以称得上代价惨重，这和当年宠幸卫子夫，爱屋及乌地重用了卫青相比，效果简直是两个极端。由此可见，这再牛的皇帝，还是有脑袋失灵的时候。

鎏金铜马·西汉

⊙1981年汉武帝茂陵东侧一号无名冢出土。陕西茂陵博物馆藏。该马造型以写实手法表现，外观肌肉丰满，筋骨强健，体态匀称，栩栩如生。马体铜铸而中空，外表鎏金，华丽雍容，显示出一股超凡气质；马姿呈站立状，马头轻秀，口微张，双耳直竖，昂首翘尾，肩长颈高，躯干细长。此马有一显著特征，即在两耳间生有一角状肉冠，比马耳还高！据东汉杨孚《异物志》记载："大宛马有肉角数寸。"表明该马是依大宛马铸造的。

冲破世俗 女追男

—— 女性的幸福生活

横空出世的新世纪女性以"上得了厅堂,下得了厨房;开得起好车,买得起好房;玩得溜海淘,打得过流氓"为榜样。没错,现代女性的确需要有那么一点"女汉子"精神,才能在这个新新世界中活得华丽丽、闪亮亮。不过你是否知道,早在几千年前的大汉朝,女性就已经英姿飒爽地拥有了半边天的地位?

◘ 大小姐私奔记

常言道,"男追女,隔堵墙;女追男,隔层纱",充分说明了当女性主动去追求爱情的时候,其成功率要比男性主动时高得多。原因之一在于女性一直被刻上了"矜持"的烙印,当矜持的女性都主动了,男人能不动心吗?

话虽这么说,要女性主动放下矜持去向男人表白,还是有些困难。谁让咱脸皮薄呢,要是被人拒绝了怎么办?要是被别人知道了怎么办?诸多顾虑让万千女性错过了原本应该属于自己的爱情。

不过这事儿在卓文君身上可没有发生。

生于公元前175年的小美女卓文君是一个真正的"白富美",她家是战国时

《司马相如像》·现代·王西京

期邯郸的冶铁大户，手艺和生意代代相传，虽然后来被迫迁居临邛，但在当地依然很有名气。家里又有钱，卓文君本人又长得很漂亮，是为"眉如远山，面若芙蓉"，娇娇贵贵养到16岁，家人便为其安排了一门门当户对的亲事。

不过往往上帝给了你一样，就不会给你另一样。"富二代"美女卓文君嫁到夫家还不满半年，老公就死了，她也未得个一男半女，只能收拾东西回家。美少女就这样莫名其妙地成了寡妇，引得街坊邻居那是又感慨又好奇。

这段时间，临邛县令王吉家来了一位客人，是一位相貌堂堂，满腹才华但又落魄的公子哥儿。二人交情甚好，王吉还很热情地打算帮其张罗一门婚事。

这位帅哥便是大名鼎鼎的司马相如。不过这个时候的他名气还不大，顶多是弹得一手好琴，同时写得一手好诗词罢了。但王吉很看好他，并且觉得，只有临邛首富家那寡居的女儿才配得上这样一位落魄才子。

王吉很热心地帮朋友张罗，并且很懂得宣传造势。他所处的位置刚好非常合适，于是就出现了这样的状况，县令大人力推一个才子，到哪里都要提到此人，直至将其美名传到卓文君的父亲卓王孙的耳朵里。

作为一方富户，自然要和当地有名望的人搞好关系了。于是卓王孙便专门宴请县令和司马相如来家中做客，且请了当地有头有脸的人作陪。

于是，一出好戏就此上演了。席间，县令王吉又在不遗余力地推介司马相如，而司马相如也半推半就地抱着那把出名的"绿绮"琴弹奏了一曲《凤求凰》。你可能要问了，环顾一圈，在卓王孙家的客厅里，忙碌的都是用人，喝得酒酣耳热、高谈阔论的都是客人，也没见卓家小姐的身影啊，司马相如这一出亮相，是亮给谁看？

这时，你只需回头瞄瞄就会发现，客厅那挂着的帷帐后面，露出了点白色的纱裙，还有一个小脑袋不时地露出来朝人群中张望，那不就是躲在那里"偷窥"的卓文君小姐吗？

其实，这个世界没有绝对的偶然，司马相如不是偶然来到卓家做客，王吉也不是偶然提起司马相如的琴和琴技，司马相如本人也不是偶然选择这曲《凤求凰》，为这一天，他们铺垫了很久，最后的结果当然是，司马相如深深地吸引了卓文君。

当然在这里，我可不是要和你探讨偶然中的必然性之类的哲学问题，而是，在这一天晚上，卓文君小姐收到了司马相如的一封求爱信，瞬间坠入爱河无法自拔，连夜逃出家门，和司马相如私奔了！

如此看来，美丽的卓文君小姐胆识过人，敢于主动去追求仅一面之缘的男子，而且丝毫不考虑"男人薄情是天性"之类的说法，义无反顾地就跟着人家私奔了，这可不仅仅证明了她是一个大胆的人，再将目光放远一点，要不是因为自小没有受到那么多有关"男尊女卑""从一而终""夫君是天"之类的

《文君听琴图》·现代·刘凌沧

第八章 婚姻围城里的那些奇趣事儿

教育，她又怎可能有如此清醒的认识和果断的决策呢？

▫ 公主很富有

卓文君小姐私奔，是冲着爱情去的，尽管后来她和司马相如先生的婚姻出现了不小的波折，但这位深谙女权主义的女性还是凭着自己的智慧和涵养，挽回了丈夫的心，演绎了一段千古佳话。然而，你要是觉得咱大汉朝女性的幸福生活只是可以私奔，那就想得太简单了。

实际上，所谓女性的幸福，除了有地位之外，还在于女性可以表达自己，顺着自己的心意去生活。这当然不是绝对的，其中的分水岭在于汉武帝朝。汉武帝在董仲舒的建议下，"废黜百家，独尊儒术"，确立了治国的精神方略。在此之前，汉朝女性还没有受到儒家礼教的禁锢，以及教条的束缚，因此不管在婚姻还是爱情方面，都比较自由。男人虽然也会因为多情而多养几个女人，但那时的女性甚至也可以豢养男人。

说起这个话题，咱不得不提到那位馆陶公主刘嫖。不过在八卦她的事件之前，咱们还得先学点知识。

这"馆陶公主"是怎么来的呢？

"馆陶"是一个县城，始建于西汉初年，位于华北平原南部，河北省南端。因为在它西北七里的地方有陶丘，赵国在那里修建了驿馆，因此这个地方就被称为馆陶。春秋时期，馆陶属于晋国的冠氏邑。

说到这里你肯定会问，这与公主有什么相干呢？还真是有很大相干。咱们汉朝的女性不是生活得幸福吗？不是有地位吗？在这里就有体现。女人是

《千秋绝艳图》之《卓文君像》·明·无款
⊙卓文君，西汉才女，辞赋家司马相如妻。

能够封侯封爵，并且领有封地的，公主当然也不例外，这就出现了以封地为名的公主名号。在《唐会要·公主》篇中就有记述："烦公主封有以国名者，郧国、代国、霍国是也；有以郡名者，平阳、宜阳、东阳是也；有以美名者，太平、安乐、长宁是也。"

这个"馆陶公主"，就是以郡为名的。实际上在咱们历史上，一共有四位封号为馆陶的公主，她们在不同的时代都得到了馆陶作为封邑。现在咱们要说的这一位，那是汉文帝的女儿刘嫖。

刘嫖你肯定不陌生，不管说起阿娇还是汉武帝，都和她有关系。她在皇宫里最风光的时候，呼风唤雨，虽然地位没有皇后或者皇太后那么高，但也没有谁敢招惹她。可是随着女儿的皇后地位被废，她也失势了，没有了在皇宫中那种颐指气使的威风，她也只能缩在家里，尽可能地收敛锋芒，多活些年岁。

给爱情一个名分

在刘嫖的家里，有一个人叫董偃，他的地位非常特殊。几年前，他跟着自己的母亲到处推销珠宝来到了刘嫖的家里，彼时的刘嫖还很得势，见到这个小男孩长得眉清目秀非常可爱，便花大价钱买了董偃母亲的珠宝，同时把这个男孩留在家里认作了干儿子。

随着干儿子一天天长大，刘嫖也一天天老去，她死了丈夫，而且也不能像从前那样嚣张，生活颇感寂寞。时间久了，她越看董偃就越觉得顺眼，一来二去，居然把董偃骗上了床。

你先把眼镜扶住，不要那么激动。别问我他们的年龄差，也别问我刘嫖到了晚年是不是依旧风韵犹存，对男人倍儿有吸引力……当两个人非常默契地认了这个关系的时候，其他的一切问题，统统都是浮云。

且不说董偃先生在长公主家生活了这么多年，见惯了名利、荣华富贵，也见惯了人与人之间的虚伪嘴脸，爱情什么的在他眼中可能还没发生就已经消失了。光看看长公主刘嫖对待他的方式吧，"凡是董偃所要的，只要一天内不超过一百斤金子、一百万钱、一千匹帛，任凭他，不必报我"。

虽然翻遍史料，也没有找到任何关于董偃对刘嫖之感情的描述，但看董偃的行为就知道，他很接受这段"忘年恋"并且懂得恰到好处地运用它。

董偃从不恃宠而骄，相反，他很会笼络人心。因此结下了不少好朋友。这其中就有一位叫袁叔的，是袁盎的侄子。袁叔和董偃的关系非常好，于是就提醒董偃说："你现在虽然和长公主这样交好，有长公主罩着你，但再大也大不过皇上，要是皇上对你不满，你的日子可就不好过了呀。"

这一句，真是说到了董偃的痛处。他自知和刘嫖的关系很不妥，大家要都睁只眼闭只眼也就算了，真的追究起来，他没什么好果子吃。再者，刘嫖是汉武帝的姑母加丈母娘，他现在当了皇帝的"便宜老丈人"，这事儿皇帝要较起真来，董偃分分钟身首异处。于是他惊恐地问袁叔讨主意。

精明的袁叔给他指了一条明路。

长公主在安陵旁边不是有个私家园林吗？你董偃就快点使出你的美男计，撺掇着公主主动将这个园子送给皇帝当别苑吧。你想啊，皇帝每年都来安陵祭祀，可是在附近却没有个像样的落脚地。说不定皇帝早就看上这个园子了，只是碍于面子不好开口要，等到皇帝真的开口，长公主还能不给？不如现在就主动进献，这样还能掌握点主动权。

董偃一听恍然大悟，便将这件事汇报给了刘嫖。刘嫖此时正对董偃喜欢得不得了，哪里有工夫多想，直接就应承下来，并且第二天一大早就进宫对汉武帝说了这番事情。

得一个这么好的园林，汉武帝自然满心欢喜，对姑母的态度也好了很多。刘嫖见目的已达成，便回家去了，然后对外界称患病不便出门。

汉武帝拿人的手短，何况内心对刘嫖和阿娇都怀有一些亏欠，便主动到姑母府上看望姑母。这正中了刘嫖的下怀。待到皇帝侄儿在她这里吃饱喝足，心情大好的时候，她便适当地将董偃推到了汉武帝面前，希望汉武帝能够成全他们，给董偃一个名分。

看来爱情对女人来说，真是没什么年龄限制啊，你甭管她几岁，情到深处依然会冲昏头脑。否则，刘嫖怎么会冒这么大风险，生生要给董偃求一个名分呢？

然而此刻，对汉武帝来说，没有任何退路。他仔细审视了一下跪在面前的董偃，发现这的确是个讨喜的男孩，于是大手一挥，答应了姑母的要求。从这个时候起，董偃就成了公主府正式的"主人翁"。

礼制之外的女性生活

关于董偃后来的事情,咱在这里就不多说了,需要给你唠叨一下的是,馆陶公主死后,不是与她的原配合葬,而是与小丈夫董偃合葬在了霸陵。这种事情在以后的朝代中,那是想都不敢想的。而这一桩老妻少夫的事情,在《汉书·东方朔列传》中只有一句评价:"是后,公主贵人多逾礼制,自董偃始。"相信你也明白其中之意,就是说从此以后,这后宫中的公主啊、皇太后之类的寡妇养男宠都成了明目张胆的事情,这也是从馆陶公主豢养董偃开始的。

之所以要把馆陶公主和董偃的事情翻出来说一说,只是想说明,在咱们大汉朝,对于男女关系,无论从制度,还是礼教来说,管理都是很宽松的。其实在馆陶公主之前,吕雉也有情人,因为各种原因,她无法将这个情人公之于世,但仍然凭借权势,为情人谋了很多好处。

而且在咱们汉朝还有一个奇怪的现象,就是寡母少儿非常多,年幼的孩子莫名其妙坐上了皇帝的宝座,就像年轻的母亲莫名其妙守寡了一样。

> **← 游大汉指南 →**
>
> 汉朝女性的幸福指数很高,平民之女卓文君可以"夜奔"司马相如,演绎出千古佳话,至高无上的皇后太后公主都可以再嫁乃至三嫁四嫁。汉文帝的母亲薄太后,汉景帝的王皇后也都是再嫁之身,大臣百姓既无人非议,也没有人没完没了地拿来说事儿。赫赫有名的开国大臣陈平的妻子在嫁给陈平之前居然嫁了五次,放之当下都让人目瞪口呆。
>
> 汉朝女子不仅婚姻自由,而且敢爱敢恨。《陌上桑》中的罗敷,《羽林郎》中的胡姬,《白头吟》中的女主人公,无论是爱是恨,都是一样的勇敢果决。汉朝女子,真是担当得起"自尊自爱、敢爱敢恨"的考语了。

在宫规不是那么严苛,偷情未必得死的大环境下,年轻男人出入皇太后寝宫的事情时有发生,大家也乐得睁只眼闭只眼。

虽然说这种影响实在不好,但站在人性的角度上来说,年轻女人渴望爱情是很正常的,而汉朝的女人不但内心渴望,而且有条件、有胆量去实现这种渴望。

[历史旅行指南 · 活在大汉]
HUOZAI DAHAN

王太后再婚，长公主改嫁，这都是家常便饭

—— 婚姻自主权

孟姜女哭长城的故事曾激励了万千女性，而一尊"望夫石"也成了女人们"从一而终""至死不渝"的榜样，更不要说那无情的、古板的、冷冰冰的贞节牌坊了……细细数起来，女人还真是有些悲哀，长期被当作传宗接代的工具不说，连正常的选择都被禁锢了。

夫死再婚是常事

汉朝女人不但可以作为家庭的决策者，还可以主动选择自己喜欢的人并追求自己想要的爱情。一旦爱情褪色了，或者男人变心的时候，你根本不必忍气吞声，给两个巴掌作惩罚，然后，踹了他，咱们另谋高就！

没错，咱汉朝的女人就是可以这么洒脱，而且不会被当作放荡不羁、水性杨花来唾骂，十分有"新时代女性"的风范。你不信？咱不妨就这事儿来说道说道。

首先要带你认识的这位杰出女性，名叫臧儿，她是西汉初开国异姓王臧荼的孙女。当然讲起她并不是要说她"官二代"的背景，而是想说明她的婚姻经历充分证明了汉朝女人在婚姻自主权方面享有的很大权利。

臧儿在十多岁的时候嫁给了槐里的王仲，且为其生了一子二女。原本一家人和和睦睦生活也挺好的，可惜王仲是个短命鬼，没过几年就死了。臧儿一个人拉扯着三个孩子着实不易，没熬两年，便改嫁给长陵的田氏。

臧儿骨子里并没有"出嫁从夫，夫死从子"的从一而终的保守观念，田氏似乎也并不介意臧儿曾经结婚生子过。两人就这么凑合着一起过了，并且很快生下了两个儿子。

这臧儿的人生看起来还是有些波折的，好在宽容的西汉社会接纳了她寡妇再嫁的行为，没有人觉得这有什么不正常。

有意思的事情还在后头。臧儿和第一任丈夫王仲生下的孩子中有一个女孩儿名叫王娡，你看这个名字是不是觉得很眼熟啊？没错，她就是汉武帝的母亲王夫人。不过这个时候，她根本不知道自己大富大贵的命运，只是到了出阁的年龄，便听从父母的安排嫁给了一位名叫金王孙的平民男子。

一年多后，王娡生下了一个女儿，然后她带着女儿回娘家省亲。这是再正常不过的探亲行为，却让王娡的命运发生了翻天覆地的变化。

◘ 换个好男人

王娡抱着熟睡的女儿进了娘家门，发现家中有客人，原来是母亲臧儿请来给自己的弟弟妹妹看相算命的先生。这位先生转身一见到王娡，眼睛都亮了，连连点头，然后神秘地告诉臧儿："此女是大贵之人，将来要生下天子的。"

按照正常的思维逻辑，此算命先生真可谓"敢想敢说"啊，人家王娡都抱着个孩子回娘家省亲了，这证明什么？证明这个女人已经嫁人生小孩了，而且，她嫁的肯定不会是大富大贵的人家，否则一定车马相送，仆役相拥，怎地一副寒酸相呢？既然不是大富大贵的人家，与皇亲国戚更是沾不上关系，所谓的"生下天子"一说又做何解释呢？

所以，要是我遇上这样一位相面先生，估计听听也就过了，该干吗干吗，顶多在夜深人静失眠的时候，幻想一下锦衣玉食的生活，感慨一下命运的"不公"罢了。但是，臧儿和王娡这母女俩居然深深相信了相面先生的话。

这其中信得更深的是王娡的母亲臧儿。为什么呢？咱们前面说过，这位大小姐实际上是一个"官二代",在她爷爷辈,整个家族那是风光无限。她虽然没有享过那种福,但骨子里的富贵气息是抹不去的,她对于自己的一生非常不满意,虽然嫁了两任老公,但都是平民百姓,大半辈子都为生活操劳,真是蹉跎了大好时光。可女儿不一样啊,女儿貌美如花,还那么年轻,难道要让她走自己的老路?

外力的作用加上自己内心的期许,臧儿做出了一个重要的决定,她要毁了女儿这段平凡的婚姻,重新为她铺一条康庄大道。

于是,臧儿开始撒泼卖蹱,每天上金王孙家里闹个不休,寻衅滋事地硬是把王娡给抢了回来,然后收拾打扮了一下,送进了太子宫。

这一局赌注下得很大,一着不慎就会满盘皆输。但与其说臧儿对女儿的美貌充满自信,不如说她骨子里就不是一个安分认命的人。

事实证明,这母女俩赌赢了。彼时的太子刘启很是喜欢王娡,对她宠爱有加,既然入得这样的豪门,看来生下"天子"的事情也不是没有可能了。

▫ 公主的婚姻

这母女俩的人生向我们充分印证了一个事实,在咱们汉朝,女人是可以随意选择男人的,选不好了还能重新选。你可能会问了,平常百姓这样子过可以,反正没有那么多人关注你,即便有人嚼舌根,过一段时间就会有新鲜事儿补上,不至于永远活在流言蜚语之中。但在宫廷里也能这样吗?那些古板的大臣难道不会一而再再而三地拿来说事儿吗?

你哪,真不用替他们操心。如果是涉及立太子、废太子的事情,大臣们可能会根据自己的立场说两句,跟皇帝关系不错的,也许会给出更多的意见或建议。但对于男女婚姻之事,女方是否门当户对,是否曾经嫁人生育,他们似乎不大关心。

不信你问问汉武帝的姐姐平阳公主,她第一次婚姻是嫁给了平阳侯曹寿,结果这哥们儿也是福薄命短,未到中年一命呜呼。可怜守寡的平阳公主还带着一个不是自己亲生的儿子。但长公主才不着急呢,因为没有哪条法律规定她死了老公不能改嫁,只要她喜欢,她愿意,完全可以再找一个好男人。

这时，汝阳侯夏侯颇出现在了她的生活中。公主配侯爷，这事儿刚刚好。于是平阳公主便二嫁给了夏侯颇。

话说起来平阳公主也是有点背，因为这第二个老公也短命，而且死于畏罪自杀。她再度成了寡妇。

可是，平阳公主也没觉得天塌下来了，这男人死了，女人还得活着呀，而且要好好活着，找一个靠谱的男人。因此，她为自己选择了第三任丈夫，这个人她很熟悉，那是当年从自己府上出去的小厮卫青。但人家卫青现在已经是一名驰骋沙场的大将军了。

平阳公主和卫青幸福地走完了他们的后半生，这是用彼此多年的光阴修来的福分。不得不说，这样的婚姻自主的确给汉朝女性带来了高度的幸福感，她们不必拘于礼法而克制自己的欲望、压制自己的选择。相比较于其他朝代，汉朝的女子个性是非常鲜明的，她们敢爱敢恨、果敢坚毅、胸襟磊落。她们能够从容不迫地面对生活、面对变故，原因就在于她们能够坦诚地面对自己的内心，并且能够对自己的事情做主。

▫ 燕雀不知鸿鹄之志

当然，追寻幸福是应该的，可也有些人眼拙，在太过宽容的婚姻自主权中丢失了本该属于自己的幸福。说起来，也是泪啊。

不知道你是否还记得在咱们西汉有一位叫朱买臣的人，不但是饱学之士，也是典型的大器晚成者。当然这里咱不说他到底出过多少本书，教育过多少学子，咱来八卦一下他老婆。

朱买臣年轻的时候很穷，只能靠打柴卖点钱换生活费。村里人常常能看到这样的情形，朱买臣挑着一担柴在前面走着,他的妻子也担着柴火在后面跟着。朱买臣大声吟诵诗歌,他的妻子在身后头也不抬。

这在读书人眼中很正常,咱汉朝的诗歌就是吟唱起来才过瘾,但朱买臣没读过书的妻子又怎么能理解这个呢?她只觉得他们两口子过这种穷得抬不起头的日子已经够丢人了,为什么老公每天砍柴回家还要边走边唱么大声,吸引那么多眼光来看他们的穷酸相?女人的虚荣心和自尊心都被深深触痛了,她悲愤地想,自己当年真是眼拙,居然挑了这么一个不知长进的男人。于是她向朱买臣提出了离婚。

朱买臣没想到自己喜欢读点书、爱吟诵点诗歌这个事情会如此触怒妻子,便嬉皮笑脸地对妻子说道:"算命的说我五十岁就要发达了,你看现在我都四十几了,你也跟了我这么多年,不妨再坚持坚持,待到我飞黄腾达,一定好好报答你。"

妻子正觉得他是个整天无所事事、异想天开的人呢,听他这么一说,更是气不打一处来,讽刺道:"像你这样的人啊,终究会饿死在路边的沟壑里,怎么可能富贵呢?"说完,毅然决然地离开了朱买臣。

离开后的女人像是赌气似的,迅速闪婚改嫁。朱买臣除了无奈,也毫无办法。他继续过着自己打柴吟唱的困苦生活,蓄势待发。

一次,朱买臣挑着柴从一片墓地经过,恰好碰到前妻和她现在的丈夫在上坟。前妻见朱买臣又累

《朱买臣负薪读书图》·明·无款

又饿，心生不忍，便招呼他过去，将供奉过的饭菜都招待了他。

后面的故事就有点老旧了，反正几年之后，朱买臣真的发达了，高头大马地回乡任职，而他的前妻两口子恰好接了为其扫清道路的活儿。风光无限的朱买臣在人群中看到了佝偻着腰不敢抬头的前妻，心里面酸酸的，于是赶紧招呼他们两口子到家里，好茶好饭端上来，还为这夫妻俩安排了好工作好住所。

这关系，那简直杠杠的！做不成夫妻，但毕竟有恩有义。现在各自成家了，帮一下故人也是可以的，没有谁会说三道四。可是，朱买臣的前妻心性不同常人，她像当年毅然决然离开朱买臣一样，现在，面对这样的情形，她心里非常不是滋味，果断地上吊自杀了。

▫ 改嫁，再改嫁

俗话说，"男怕入错行，女怕嫁错郎"，可我还真不知道这朱买臣的前妻到底有没有嫁错郎？如果错，到底是嫁错了第一位，还是嫁错了第二位？但这些问题现在已经没法儿追究了。只是，即便嫁错了，也不至于去死呀。你看看人家大才女蔡文姬，一而再再而三地改嫁，也照样在命运的激流中闯荡着，毫不示弱。

蔡文姬是标准的"官二代"，她父亲是东汉大名鼎鼎的大儒蔡邕，蔡邕不但书法写得好，精通文字，而且妙解音律，对天文地理也有很深入的研究。蔡文姬就是在这样的环境熏陶下长大的。但不管女子再怎么有才，

> **← 游大汉指南 →**
>
> 汉代贵族妇女在婚姻关系和家庭生活中占据较高地位，也留下了比较显著的社会历史印痕。在当时的社会，寡妇再嫁，是自然而合理的事。史书记载的社会上层妇女比较著名的实例，就有薄姬出嫁魏豹，再嫁刘邦；平阳公主初嫁曹寿，再嫁卫青；敬武公主初嫁张临，再嫁薛宣；王媪初嫁王更得，再嫁王乃始；臧儿初嫁王仲，再嫁长陵田氏；汉桓帝邓后母初嫁邓香，再嫁梁纪等。
>
> 可以看到汉代是个男女关系比较开放的社会。汉朝在离婚方面仍然实行"七去三不去"，但是有一个特殊的规定是允许妻子在被休时带走其陪嫁的财物。汉代对离婚有"七去三不去"的规定，"七去"是："不顺父母，去；无子，去；淫，去；妒，去；有恶疾，去；多言，去；窃盗，去。""三不去"是："有所取，无所归，不去；与更三年丧，不去；前贫贱，后富贵，不去。"

还是得为人妻为人母。

  于是她在十多岁的时候便嫁给了河东的卫仲道,这是一门门当户对的亲事,因为卫家在河东是数一数二的大户,而且卫仲道其人也是一个非常有情趣的美男子,夫妻二人可谓琴瑟和谐,幸福美满。

  可惜最好的时光总是最短暂的,婚后未满一年,卫仲道便因病离世了,蔡文姬那时还没能生育,于是便招来卫家人的闲话,说她克夫,对她的态度也是每况愈下。才高气傲的蔡文姬哪里受得了这个,不顾父亲的反对,毅然离开了婆家。

  回到娘家后,天下很快发生了翻天覆地的变化。董卓把持朝政,刻意笼络蔡邕,封其为高阳侯,但好景不长,董卓被吕布杀死之后,他的党羽也受到牵连,蔡邕虽然没与董卓沆瀣一气,但依然被收付廷尉治罪,蔡家也自此跌落谷底。

《文姬图》·宋·无款
⊙美国波士顿美术馆藏。描绘四人双马,蔡文姬与单于并辔而行,深情对望,怀中一双儿女亦相向而视。四人皆着胡服,双马一棕一青。东汉末年,蔡文姬被掳到南匈奴,嫁给了匈奴左贤王。本图描绘的是蔡文姬在匈奴期间与单于相处的情景。历代以文姬归汉的题材作图的屡见不鲜,而表达文姬与单于恩爱生活的内容并不多见。

第八章 婚姻围城里的那些奇趣事儿

"中土人脆弱，来兵皆胡羌。纵猎围城邑，所向悉破亡。马边悬男头，马后载妇女。长驱入朔漠，回路险且阻。"这首诗生动地描写了董卓死后东汉王朝的局面，实际上已经不存在什么王朝了，军阀混战，天下一片混乱。在这种背景下，我们美丽的蔡文姬小姐一个不小心被掳到了南匈奴，这一年，她23岁。

这是一个多么美好的年龄啊，虽然没有了少女的青涩，但平添了几分少妇的风韵，再加上她自己要才有才，要貌有貌，依然魅力无穷。

左贤王生得虎背熊腰，一看就是很大男子主义的那种人，但他对蔡文姬倒是很疼爱。在匈奴的12年，蔡文姬为左贤王生下了两个儿子，夫妻二人感情也颇为美满。

这时候的中原是什么情况呢？曹操基本肃清了北方群雄，挟天子以令诸侯，过得风风光光。他忽然想起了曾经教导过自己的恩师蔡邕。蔡老师没有儿子，独有一个很有才的女儿，可惜早已被掳到南匈奴去了。曹操为了证明自己是一个知恩图报的人，便派出使者，用黄金玉器想要将蔡文姬赎回来。

这回，蔡文姬小姐纠结了。当然，放在谁身上都要纠结一下。如果回去，自己毕竟在这里生活了12年，有疼自己的老公，有两个可爱的儿子，而且冰雪聪明的她已经学会了当地的语言，习惯了当地的生活方式。不回去？夜夜梦里都能见到家乡的模样，背井离乡的苦楚又有几个人能够真正体会？而今机会摆在面前，她内心也非常想回到魂牵梦绕的故乡。

几番挣扎，蔡文姬最终跟随着使者踏上了回家的道路，这就意味着，她必须割舍与老公和儿子的情谊，因为此去经年，谁知道什么时候能再相见，你心里想必也很清楚，就是不太可能了。蔡文姬著名的《胡笳十八拍》便是在这种情形下创作的。曾有诗《听董大弹胡笳》这样描述："蔡女昔造胡笳声，一弹一十有八拍，胡人落泪沾边草，汉使断肠对客归。"你即便没有亲耳听到蔡文姬弹奏的《胡笳十八拍》，但看看这首诗，恐怕也能够从中体会到那种万般矛盾、纠结的痛苦之情吧。

蔡文姬回到家乡陈留郡，在曹操的安排下，嫁给了屯田校尉董祀。董祀这时风华正茂，有才情、有理想、自视甚高。而蔡文姬呢，35岁，徐娘半老，心中总是挂念着远在他乡的儿子，时常精神恍惚,与董祀也较少交流。

这种关系真是尴尬,原本就没有什么感情基础,现在被一个位高权重的人强硬地将二人绑在一起,日子过起来肯定不顺心。这段婚姻仅仅维持了一年多,董祀就犯下了死罪。

虽然没有多少感情,但二人毕竟是夫妻,况且现在董祀是蔡文姬唯一的依靠了,她一听说丈夫犯事,顾不上梳头穿鞋,大冬天光着个脚就跑到曹操府上去求情。

这时候的曹丞相正在大宴宾客,听闻蔡文姬来访,高兴地为在座的人引见

《胡笳十八拍》图卷(局部)·明·无款

名人蔡邕的独生女。谁知迎接的竟是披头散发、着急上火的蔡文姬。一番哭诉之后，曹操决定帮帮这位恩师的女儿，于是派人快马加鞭追回了董祀的文状，救了董祀一命。

这是蔡文姬第三任老公，也是最后一位了。在婚姻的道路上，蔡文姬一直走得坎坎坷坷，才子配佳人的神话虽然出现过，但未免短暂。所幸最后董祀终于懂得珍惜，夫妻二人过上了幸福的生活。一嫁再嫁不是蔡文姬本意，多少掺杂着无奈之情，然而从匈奴左贤王的选择，到曹操的指婚，都可以看出，女子再婚在男人的眼中的确不算什么，他们没有那么固执地希望女人从一而终。

附录
帝王世系表
西汉·东汉

西汉

尊号	帝王原名	年号	公元
高祖	刘邦	(12)	前206—前195
惠帝	刘盈	(7)	前194—前188
高后	吕雉	(8)	前187—前180
文帝	刘恒	(前元) (16) (后元) (7)	前179—前164 前163—前157
景帝	刘启	(前元) (7) (中元) (6) (后元) (3)	前156—前150 前149—前144 前143—前141
武帝	刘彻	建元 (6) 元光 (6) 元朔 (6) 元狩 (6) 元鼎 (6) 元封 (6) 太初 (4) 天汉 (4) 太始 (4) 征和 (4) 后元 (2)	前140—前135 前134—前129 前128—前123 前122—前117 前116—前111 前110—前105 前104—前101 前100—前97 前96—前93 前92—前89 前88—前87
昭帝	刘弗陵	始元 (7) 元凤 (6) 元平 (1)	前86—前80 前80—前75 前74
宣帝	刘询	本始 (4) 地节 (4) 元康 (5) 神爵 (4) 五凤 (4) 甘露 (4) 黄龙 (1)	前73—前70 前69—前66 前65—前61 前61—前58 前57—前54 前53—前50 前49

前206—25

西汉

尊号	帝王原名	年号	公元
元帝	刘奭	初元（5） 永光（5） 建昭（5） 竟宁（1）	前48—前44 前43—前39 前38—前34 前33
成帝	刘骜	建始（4） 河平（4） 阳朔（4） 鸿嘉（4） 永始（4） 元延（4） 绥和（2）	前32—前29 前28—前25 前24—前21 前20—前17 前16—前13 前12—前9 前8—前7
哀帝	刘欣	建平（4） 元寿（2）	前6—前3 前2—前1
平帝	刘衎	元始（5）	公元1—5
孺子婴 （王莽摄政）	刘婴	居摄（3） 初始（1）	6—8 8
	王莽	始建国（5） 天凤（6） 地皇（4）	9—13 14—19 20—23
更始帝	刘玄	更始（3）	23—25

前206—25

东汉

25—220

尊号	帝王原名	年号	公元
光武帝	刘秀	建武（32） 建武中元（2）	25—56 56—57
明帝	刘庄	永平（18）	58—75
章帝	刘炟	建初（9） 元和（4） 章和（2）	76—84 84—87 87—88
和帝	刘肇	永元（17） 元兴（1）	89—105 105
殇帝	刘隆	延平（1）	106
安帝	刘祜	永初（7） 元初（7） 永宁（2） 建光（2） 延光（4）	107—113 114—120 120—121 121—122 122—125
顺帝	刘保	永建（7） 阳嘉（4） 永和（6） 汉安（3） 建康（1）	126—132 132—135 136—141 142—144 144
冲帝	刘炳	永憙（1）	145
质帝	刘缵	本初（1）	146
桓帝	刘志	建和（3） 和平（1） 元嘉（3） 永兴（2） 永寿（4） 延熹（10） 永康（1）	147—149 150 151—153 153—154 155—158 158—167 167
灵帝	刘宏	建宁（5） 熹平（7） 光和（7） 中平（6）	168—172 172—178 178—184 184—189

东汉			
尊号	帝王原名	年号	公元
献帝	刘协	初平（4） 兴平（2） 建安（25） 延康（1）	190—193 194—195 196—220 220

25—220

历史年表

前205年	刘邦、项羽战于彭城、汉军伤亡十余万。
前202年	刘邦围项羽于垓下，项羽自刎于乌江。
前200年	刘邦率军北击匈奴，被冒顿围于平城白登山。
前196年	吕后杀韩信。
前195年	刘邦卒，惠帝刘盈即位，吕后掌权。
前180年	吕后卒，周勃、陈平诛杀诸吕，迎代王刘恒为帝，是为汉文帝。
前157年	文帝刘恒卒，太子刘启立，是为汉景帝。
前154年	晁错议削藩，吴楚七国叛乱。
前141年	景帝刘启卒，太子刘彻即位，是为汉武帝。
前138年	张骞出使大月氏。
前134年	董仲舒上天人三策，罢黜百家，独尊儒术。
前104年	司马迁始著《史记》。
前91年	武帝使江充治巫蛊狱，太子据杀江充。
前87年	武帝卒，太子弗陵即位，是为昭帝，霍光、金日䃅、上官桀辅政。
前80年	上官桀、桑弘羊与燕王旦合谋政变，事败被杀。
前74年	霍光立卫太子孙刘询（病已）为帝，是为汉宣帝。
前66年	霍光子霍禹、霍山谋反事败，霍氏灭族。
前50年	呼韩邪单于朝汉。
前49年	汉宣帝卒，太子刘奭即位，是为汉元帝。
前34年	呼韩邪单于朝汉，元帝以后宫良家子王嫱嫁呼韩邪单于。
前34年	元帝卒，太子刘骜即位，是为汉成帝。
前27年	封王氏五侯。
前16年	封王莽为新都侯。
前7年	汉成帝卒，太子刘欣即位，是为汉哀帝。
前1年	汉哀帝卒，中山王刘衎即位，是为汉平帝。
1年	王莽为太傅，号安汉公，封二万八千户。
5年	王莽毒死平帝，立宣帝玄孙孺子婴为太子。
8年	王莽自称皇帝，改国号为新。
17年	荆州饥民推举王匡、王凤为首起义，藏于绿林山中。

18年	琅玡樊崇起义于莒。
23年	六月，刘秀、王匡大破莽军于昆阳城下。九月，商人杜吴杀王莽于渐台。
25年	刘秀称帝于鄗南，是为光武帝，赤眉军攻入长安。
31年	南阳太守杜诗作水排，造农具。
57年	正月，倭奴国王遣使奉献于汉，中日正式交通。
57年	二月，光武帝卒，太子刘庄即位，是为汉明帝。
73年	班超镇抚西域诸国，西域与汉绝六十五年，至此重归汉廷。
75年	明帝卒，太子刘炟即位，是为汉章帝。
88年	正月章帝卒，太子刘肇即位，是为汉和帝。
88年	七月，外戚窦宪使刺客刺杀都乡侯刘畅事败，窦宪惧罪，求击北匈奴以赎死。
89年	窦宪破北匈奴于稽落山，出塞三千余里。
91年	置西域都护、骑都尉、戊己校尉官，以班超为都护。
92年	和帝与中常侍郑众合谋诛杀窦宪，宦官自此弄权。
94年	班超斩杀焉耆王，西域五十五国纳质内属汉廷。
105年	和帝卒，邓太后临朝。
132年	太史令张衡作地动仪。
141年	梁商卒，以梁冀为大将军。
159年	汉桓帝与宦官唐衡、单超诛杀梁冀。
166年	第一次党锢之祸起。
168年	宦官曹节等杀窦武，陈蕃。
169年	第二次党锢之祸起。
184年	黄巾起义，张角自号天公将军，全国响应。
188年	设置西园八校尉，以宦官蹇硕为上军校尉。
189年	宦官张让等人杀大将军何进，虎贲中郎将袁绍等人引兵入宫，杀宦官两千余人。

历史年表

LISHI NIANBIAO

活在大汉

选题策划： 日知图书

文图编辑： 杨　静　樊文龙

美术编辑： 罗筱玲　张鹤飞

特约审校： 佟　洵　孙　勐

特约校对： 慧眼校对

图片提供：

王　露　郝勤建　视觉中国

北京全景视觉图片有限公司

中国台北故宫博物院

美国纽约大都会艺术博物馆

美国洛杉矶郡美术馆

英国不列颠博物馆

fotoe图片库　日本东京国立博物馆